GNOSTIČKA ONTOLOGIJA

Kwen Khan Khu

april
2021

Kolekcija AGEAC onlajn

info@ageac.org

www.ageac.org www.samael.org
www.vopus.org www.radiomaitreya.org

INTERESANTNA ANEGDOTA

Univerzitetski profesor isprovocirao je svoje studente sledećim pitanjem: „Da li je Bog stvorio sve što postoji?" Jedan od studenata hrabro odgovori: „Da, stvorio je." „Da li je Bog stvorio sve?" „Da gospodine", odgovori mladić.

Profesor je nastavio: „Ako je Bog sve stvorio, onda je stvorio i zlo, jer zlo postoji i prema preceptu (pravilu) da su naša dela refleksija nas samih, onda je Bog zao". Student je onemeo pred takvim profesorovim odgovorom, a profesor, srećan, bio je gord što je ponovo dokazao da je hrišćanska vera samo mit.

Drugi je student podigao ruku i rekao: „Mogu li postaviti pitanje, profesore?" „Sigurno", odgovori profesor. Mladić se podiže i upita: „Profesore, postoji li hladnoća?" „Kakvo je ovo pitanje? Dabome da postoji, zar vam nikada nije bilo hladno?" Mladić odgovori: „U stvari , gospodine, hladnoća ne postoji. U skladu sa fizičkim zakonima, ono što smatramo hladnoćom, u realnosti je odsutnost toplote. Svako telo ili predmet može da se ispituje samo ako ima ili prenosi energiju. Apsolutna nula je totalna i apsolutna odsutnost toplote, tada sva tela postaju inertna, nesposobna da reaguju, ali hladnoća ne postoji. Stvorili smo ovaj izraz da bi opisali kako se osećamo kada nam nedostaje toplota.

„A, postoji li mrak", nastavi student. Profesor odgovori: „Naravno". Student odgovori: „Ponovo se varate, gospodine, ni mrak ne postoji. Mrak je, *u stvari*, odsutnost svetlosti. Svetlost se može studirati, mrak ne, uključujući postojanje Nikolsove prizme za razlaganje bele svetlosti na razne sastavne boje, sa različitim talasnim dužinama. Mrak ne. Jednostavan zrak svetlosti najuriće tminu i osvetliti će površinu na kojoj se okončava. Kako se može odrediti koliko je mračan određeni prostor? Na osnovu količine svetlosti u tom prostoru, nije li tako? Mrak je izraz kojeg je čovek uveo da bi opisao šta se događa kada nema svetlosti".

I na kraju, mladić upita profesora: „Gospodine, da li postoji zlo?" Profesor odgovori: „Naravno da postoji, kao što sam naznačio i na početku, vidimo silovanja, zločine i nasilja u celom svetu, ove su stvari zla". Na ovome student odgovori: „Ne postoji zlo gospodine, ili bar ne postoji samo po sebi. Zlo jeste jednostavno odsutnost Boga; isto je kao i u prethodnim slučajevima, izraz kojeg je stvorio čovek da bi opisao odsutnost Boga. Bog nije stvorio zlo. Zlo nije kao vera ili ljubav, koje postoje kao što postoje toplota i svetlost. Zlo je rezultat činjenice da čovečanstvo nema Boga prisutnog u svojim srcima. To je isto tako kao što proizilazi hladnoća kada nema toplote i tama kada nema svetlosti".

Onda je profesor, nakon što je glavom potvrdio, ostao bez reči.

MLADIĆU JE BILO IME **ALBERT AJNŠTAJN**

RAZJAŠNJENJE

Autor je stavio pod znakove navoda
sve one odeljke koji su bili izvedeni
iz dela predsednika i osnivača
Savremenog gnosticizma,
V.M. Samaela Aun Weora.

PREDGOVOR

Knjiga koja danas stiže u naše ruke – „Gnostička Ontologija" – skup je pitanja i odgovora čija je namena da pomogne svim onim osobama koje su zainteresovane, ili će biti, da upoznaju Svet i njegove principe.

Reč Ontologija jeste izraz sa kojim se odredilo, počevši sa XVIII vekom, izučavanje isključivo bića; i Gnostička je, zato što je to izučavanje Transcendentnog Bića.

Kruti principi i ponekad pogrešni, koji su tokom istorije služili za objašnjavanje razvoja Života, jesu za sve ukuse i za sve epohe. Na ovaj način, u prastarim vremenima sve se objašnjavalo intervencijom božanskih ili polubožanskih sila, a u skorije vreme, pa do današnjih dana, sve se objašnjava slučajnošću, a ne „uzročnošću" prirodnih sila i njenih hemijskih komponenata.

Smeli odgovori, dobijeni posredstvom ove knjige, omogućiće da putujemo po mračnim stazama po kojima se kreću Principi i da brzo i bez napora uočimo potrebne ključeve, koji će da nam pomognu da razjasnimo različita pitanja koje nam život postavlja.

Istina i Laž, kao apsolutni izrazi, suprotstavljali su se iz davnina kako bi se konstituisali kao jedino objašnjenje opštih pojava, ali na nesreću smrtnika ovo je nemoguće, zbog nepobitnog principa, da Dualitet ne može da razume Unitet. Svi naši koncepti su dualistički u njihovom izlaganju i tripartitni u njihovom rešavanju (teza, antiteza i sinteza).

Čak i tako, jedna od najdelikatnijih obaveza koju je čovek imao u svom prohodu kroz ovaj svet, bila je da ide u potragu za Istinom, onom Istinom koja će nas osloboditi, po Opštim jevanđeljima, onom Istinom koja će kao Sunce da nam osvetli pamet i srce, odgovarajući na sva naša pitanja i da učini da se prosterniramo (kleknemo), kao što zbori hinduska maksima, pred nogama Onog, koji zna da nam obriše suze konfuzije.

Ali Istina, kao što smo ranije rekli, stalno delimična i subjektivna, imajući u vidu nivo naše Svesti, biva podvrgnuta nepravdama, strahovima i bojaznima, stvarajući okean tmina i nesigurnosti koji je čine nedostupnom ili neizvesnom.

Dualiet na kojeg smo se odnosili i kojemu smo potčinjeni ne nalazi se samo u spoljašnjem svetu, već naprotiv i govoreći psihološkim terminima imamo ga i u našoj unutrašnjosti, od najpovršnijih slojeva do najdubljih; a osvajanje Bića je upravo osvajanje Uniteta; znači napraviti od Dva, Jedan.

Prema tome, možemo i treba da kažemo, da je Gnostička ontologija put koji nas vodi prema Istini, Slobodi i Životu. Put, koji bi čovečanstvo trebalo da sledi kako bi prevazišlo osrednje stanje koje čini osnovu njegove materijalnosti.

Istina je, da otkad posedujemo sposobnost racionalnosti i otkad smo se našli iskrcani u ovom svetu, jurimo himere do kojih ćemo teško stići kao i do njihovih imena: Sreća i Istina. I jedni i drugi daju čak i svoje živote u potrazi za njima; jedni, hodajući u potrazi za ogromnim imanjem zato što misle da se tamo nalazi himera njihovih snova; drugi, nasuprot, udaljuju se od sveta i njegovih zala, i za koliko je veća njihova izolovanost i život usamljeniji, za toliko se smatraju bliži traženoj himeri. Većina smrtnika nalazi se u srednjem položaju između ovih dveju krajnosti, ali ne van okvira njihovih stremljenja, koja nas ponekad privlače jednom polu, a ponekad drugom.

Za ljude koji su tražili etiku i principe, prednost je uvek bila da uspostave ravnotežu u činjenici da se čini volja Tvorca, ali evo, ovde se čine svakojake greške pri pokušaju razumevanja ove volje Tvorca. Opšta spoznaja je oduvek znala da se sintetiše i da se preobrazi, na majstorski način, kao hrana za svaku dušu, koja je imala potrebu za njom, u bilo koje vreme. Ovo je slučaj Jevanđelja Esena ili Jevanđelja mira, gde Isus govori svojim sledbenicima, koji su na kraju krajeva svi oni koji imaju uši da čuju i um da shvate, rekavši im „blago onima koji ispunjavaju zakone života i ne lutaju stazama smrti". Mi zaključujemo, da blago svima koji znaju da stvore životni zakon od maksime sa kojom se Isus obratio svojim začuđenim sledbenicima, koji se upitaše o kakvom je zakonu života izlagao Majstor, jer su bili ubeđeni da su poštovali one zakone, napisane u civilnim i religijskim spisima toga vremena, koji su im obeležavali put života.

Majstor, shvativši njihova osećanja, odgovara im: „Ne tražite Zakon u vašim spisima, jer je Zakon Život, dok je pismo mrtvo. Zaista vam kažem da Mojsije nije primio od Boga napisane zakone, već preko žive reči. Zakon je živa Reč Živog Boga, data živim prorocima za žive ljude. U bilo kom životu postoji Zakon. Možete ga naći u travi, u stablu, u reci, u planini, u pticama nebeskim, u ribama morskim; ali naročito u vama samima. Jer zaista vam kažem da su sve žive stvari bliže Bogu od pisma koje je bez života. Bog je stvorio život i sve žive stvari kako bi učio čoveka, preko večite žive reči, zakonima pravog Boga. Bog nije napisao zakone na stranicama knjiga, već u vašim srcima i u vašem duhu".

Čitajući ove reči shvatamo da su Spoznaja i Mudrost atemporalne, kao dela Prirode.

Želimo da razjasnimo da, budući da smo ljudi našeg vremena, ne odbijamo napisanu reč, jer preko nje komuniciramo i manifestujemo se, ali primećujemo u ovoj izvanrednoj poruci potrebu za razmišljanjem i da unesemo unutar nas Reči Života, čineći da ove u nama stvaraju plodove kako bi uspeli da se njima hranimo, jer ne treba da zaboravimo, kako je rekao Veliki Kabir, da se čovek ne hrani samo hlebom... U skladu sa svim ovim lako je primetiti, slušajući i posmatrajući ljude, koji poseduju živu mudrost, a koji mrtva znanja, bez obzira koliko univerzitetskih titula kite njihova odela ili krunišu vlasi

njihove kose, pa tako prepoznajmo Mudraca po njegovim rasuđiva-
njima i papagaja po njegovim ponavljanjima.

Danas, ne želeći da idem dalje, posetio sam, kao i u mnogim drugim
popodnevima, knjižaru u kojoj sam proveo mnoge trenutke moga
odmora, a u ogromnom moru napisanih redova koji se tamo nalaze
zaustavio sam se „slučajno", ako ovaj postoji, na jednoj rečenici od
hiljada i hiljada koje su mi tomovi nudili, koja sinkretično zaključuje
o stavu ljudskog bića pred životom i pogotovo onog ljudskog bića
koje oseća život kao krstaški pohod. Rečenica o kojoj je reč, glasi:
„Ljudsko biće teži da poveže Sigurnost sa Slobodom ne sluteći da su
ove dve sile oprečne". Ne moramo mnogo razmišljati da bi shvatili
da je to tako i ako priđemo problemu, možemo biti razočarani, isto
kao i onaj koji želi da homogeno pomeša vodu i ulje, jer po mom
mišljenju – ne poznavajući vaše, ljubazni čitaoče, ali vam zato daje-
mo posla sa lektirom ove knjige – SLOBODA je najnesigurnije stanje.

I sada da bi zaključili, ne bih želeo da, iz greške, čitalac, koji se žuri,
otpočne lektiru ove knjige, a da ne pročita napomenu koju želim da
dostavim: ova knjiga nije napisana za profane, niti za profanatore,
već za ozbiljne ljude koji žele drugačije lektire. Lektire koje će pore-
ći puno nepotrebnih verovanja sa kojima se Čovečanstvo koristilo
vekovima. Dragi čitaoče, ako si ti jedan od onih koji veruje da će ga
crkvene slike i kajanje podići iznad ljudskog mediokriteta, zaboravi
na lektiru ove knjige, jer će se u ovoj predavati kao postulat i najviša
maksima koju ju je imao Majstor što je inspirisao autora: „Nebo se
jurišom osvaja i hrabri su ga već osvojili", tako da neka oni slabi i
nejaki grade svoje nebo od ružičastog papira, a svi oni koji u sebi
naslućuju da je „nadmašiti" plod obnovljenog napora, a ne blagog
elana, neka nastave i to sa budnim duhom, zato što Spoznaja nije
samo za pojedine, već je za sve, ali će stići da je utelovljuje samo
onaj voljan da je primi, da je svari i da je usvoji.

Neka večiti Mir bude vaš vodič na putevima presrećnih.

A.L. Ma

UVOD

Pre mnogo godina, naš Venerabilan Patrijarh ostavio nam je u zaostavštinu, svim studentima Gnoze, sveščicu naslovljenu: GNOSTIČKA KATEHETIKA. Izvanredan opuskulum i, u isto vreme, jednostavan, u kojem su se određivali, radi dobra napaćenog čovečanstva, osnovni pravci savremenog gnosticizma.

Danas, u ovim uzburkanim vremenima, hvatamo se ponovo pera kako bi izvukli, na amplijativan način i radi dobra naših studenata, one osnovne redove transcendentalnog gnosticizma, sa kojima bismo nastupili na sadašnjoj javnoj sceni i duboko naznačili precepte (pouke) našeg učenja u pogledu etičkog, mističnog i metafizičkog življenja svih onih, u čijoj unutrašnjosti, postoji čežnja za intimnom autorealizacijom.

Kako bismo ovo postigli, mi smo se obratili ONTOLOGIJI ili nauci ESENCIJE STVARI.

Nesumnjivo, GNOSTIČKA ONTOLOGIJA ima nameru da nas približi do saznanja egzistencije naših gnostičkih postulata kako bi učinila svesnim, sve one devotane kamenitog puta hristifikacije, u vezi sa shvatanjem Umetnosti življenja na inteligentan način.

Predmet Gnoze (ili nauke otkrovljene samospoznaje) nije nešto što se oslanja na nesupstancijalne himere ili dogmatske jeresi, kako su hteli pobornici religijskog dogmatizma svih vremena da se razume. Naprotiv, Gnoza je bila, jeste i uvek će biti SUMMUM (vrhunac) VEČITE SPOZNAJE, što je dozvolilo svim filozofskim oblicima da prodru na teren apsolutnih istina i, na ovaj način, da mogu dati čovečanstvu put kojim će se kretati kako bi se stiglo do nepromenljivog carstva istine.

Stvarno je, kao što dobro pokazuje V.M. Samael Aun Weor, da je istina „nepoznata trenutak za trenutkom i zato se nalazi u intimnoj dubini svakog ljudskog bića".

„ISTINA, tako shvaćena, nikad ne bi mogla biti zatvorena u nekoj knjizi ili izgovorena u nekom govoru, svako treba da je evocira, da je stvori i da je razvije..." i, zato, samo sa natčovečanskim naporom, oni koji su uporni u potrazi za njom, moći će jednoga dana, da je inkarniraju i tako će uspeti da kristalizuju, unutar samoga sebe, tajnu INKARNACIJE BIĆA.

Kristalizirati BIĆE tajne filozofije nije stvar koncepta ili ideološkog mišljenja. Reč je, dakle, o dobrovoljno prihvaćenoj disciplini, stalno praktikovane sve do uspeha, posle mnogostrukih fizičkih, etičkih ili duhovnih napora, da dotaknemo i doživimo u našem psihološkom aspektu strašnu realnost koja daje oblik našem božanskom duhu.

Da bi nešto dobili potrebno je poznavati metod koji će nas voditi tom cilju i, budući da je reč da dobijamo ono što je izvor našeg postojanja, ono što je izvan vremena i relativnosti (sa svim svojim varijantama), očigledno je da nam je potreban solidan vodič koji je u stanju da nam garantuje krajnju pobedu, kao nagradu za naše uspešne bitke.

Ovo bi bio razlog zbog kojeg GNOSTIČKA ONTOLOGIJA postaje neophodna da gradi most između naših iskrenih težnji i atemporalne sfere. Nepotrebno je kazivati da nam nije cilj, da ponovo definišemo Gnozu, zato što je ona SAMODOVOLJNA, SAMODIDAKTIČKA i SAMOPOZNAVAJUĆA. Odavde se pojavljuje ideja da "Gnoza pripada sakralnoj intimnosti svakog pojedinca". Želimo samo da tačno odredimo, pred svečanom presudom javne Svesti, one parametre koji identifikuju, sa filozofske i metafizičke tačke gledišta, stavove koje je gnosticizam svih vremena podržavao u okviru doktrinarnog konteksta.

Mnogo se priča, u ovim danima, u vezi sa postojećim sektama ili pseudoreligijama koje danas sačinjavaju stvaran ideološki lavirint. Svud se podižu glasovi protiv mnogih doktrina koje, nudeći raj na zemlji, uspevaju samo da udube čoveka u pakao konstantnih konfuzija što vodi, nepromenljivo, najstrašnijem neverništvu i moralnoj i duhovnoj obmani.

Neki mudri filozofi rekli su: „Gnoza se uvek pojavljuje u momentima raskršća u kojima se čovečanstvo oseća da su mu oduzeti njegovi božanski principi i pruža tada čoveku novo gledište u vezi sa motivom svog postojanja, a i same kreacije”.

Ova zasluga pripada Delu V.M. Samaela Aun Weora, predsedniku i osnivaču Savremene gnoze. Samajelski Gnosticizam dolazi da raščisti, na jasan način, tačno i kategorički, sve one neistine koje vezuju dušu ljudskog bića. I to čini služeći se višom logikom ili logikom Svesti koja je, uzgred rečeno, relevantnija od formalne logike ili skolastičke logike, koje su do sada poznate. Gnoza se zasniva na delima i vene u subjektivnim apstrakcijama intelektualizma. Gnoza otkriva na naučni način sve što je sadržano u raznim delima koja dolaze od onih muškaraca i žena koji su u svetu (fizičkom) poznavali BIĆE (unutrašnje božanstvo).

Hebrejski Talmud, hrišćanska Biblija, Bhagavad-Gita, Dhammapada, Knjiga prepostanja, Koran itd, itd, itd, sve su to presveta dela otkrovljena od strane BIĆA onih malobrojnih koji su imali smelosti „da se odreknu svega kako bi našli sve”...

Nesumnjivo, oni malobrojni umeli su da tumače svete doktrine, zato što nisu dozvolili da budu zatvoreni u spekulativnom racionamentu, bežeći svakog trenutka od doslovnih interpretacija koje proizvode samo bolne fanatizme i zaluđuju ljudstvo. Mi, Gnostičari, omalovažavamo slovo koje ubija i tražimo duh koji oživljava. Da bismo razumeli večite istine treba da se otarasimo od svakojakih društvenih predrasuda, od dogmatičkih tradicija i svakojakih bojaznosti zbog toga što, tada, možemo eksperimentisati netaknutu realnost onoga što je božansko...

Ovo je krajni cilj ove knjige. Pozivamo našeg strpljivog čitaoca da nam se pridruži u potrazi za VELIKOM REALNOŠĆU. Ono što nazivamo u religijskom žargonu Bog (kao Tvorac) i čovek (kao kreacija) čine nerazdvojiv par koji se, na nesreću, rastavio kada je ovaj zadnji zaboravio na prvog i propao u obožavanju samoga sebe i materijalnih oblika koji mu uslovljavaju permanentni san.

Gnoza će nas uvek pozivati na buđenje i zato nastoji, čak dosađujući, na potrebi aktiviranja svih psihičkih i bioloških mehanizama, sa kojima smo bili osposobljeni u svanuću kreacije, kako bi jednoga dana otvorili oči i prisustvovali veličanstvu koje obasjava OCA svega što postoji...

Recimo, u zaključku ovog uvoda, da „BOG NEMA POŽELJNE SINOVE, ALI IMA SINOVE KOJI NJEGA ŽELE”.

Hrišćanska Apokalipsa podvlači: „Od profetskih vremena, nebo se jurišom osvaja i samo su ga hrabri osvojili”.

„Modice fidei quare dubitasti?”

(Maloverniče! Zašto si posumnjao?)

1

ŠTA JE GNOZA

Pitanje: Šta je Gnoza?

Odgovor: To je vid da se život živi na inteligentan način.

Pitanje: Šta to znači?

Odgovor: Da ljudi, iako žive, ne znaju da žive, zato što su žrtve okolnosti. Sve im se događa, kao kad pada kiša, kao kad sevaju munje. Nisu u stanju da stvaraju nove okolnosti. Ne znaju zbog čega pate, zbog čega obolevaju, zašto se rađaju, zašto umiru itd.

Pitanje: Kako mogu da izađem iz tog kruga ljudi?

Odgovor: Budeći svoju Svest.

Pitanje: Šta je to? Ima li to kakve veze sa grižom Svesti?

Odgovor: Svest nema nikakve veze sa onim što nazivamo griža Savesti. Ova poslednja je jedna od funkcija Svesti, ali Svest je mnogo više od toga.

Pitanje: Onda, šta je to Svest?

Odgovor: Sa gnostičke tačke gledišta, Svest bismo mogli definisati ovako: „To je fakultet razumevanja svih spoljnih i unutrašnjih pojava koje su u vezi sa nama".

Pitanje: I kako možemo to da uradimo?

Odgovor: Studirajući i praktikujući Gnozu. Gnoza poseduje didaktičke i dijalektičke osnove za dobijanje pomenutog buđenja Svesti u svakom ljudskom biću.

Pitanje: Ali, znači li ovo da je Gnoza naučno izučavanje ili je nešto religijsko?

Odgovor: Gnoza jeste krajnje naučna jer se njene prakse mogu dokazati. Domen izučavanja Gnoze je sam čovek. Iz ovoga se može zaključiti, da je reč o antropocentričnom izučavanju, zbog toga što je usmereno ka pretvaranju običnog čoveka u višeg čoveka. Gnoza nije religija, ali sva njena izučavanja dopuštaju totalno razumevanje bilo koje religijske doktrine.

Pitanje: Možete li definisati Gnozu globalno?

Odgovor: „Dobro je da znamo da sa etimološke tačke gledišta, reč Gnoza dolazi iz grčkog i znači spoznaja; ipak, evidentno je da nije reč o zajedničkoj spoznaji. Gnoza se odnosi na više Učenje, transcendentalno za ljudsko biće. Ovo univerzalno i atemporalno (nezavisno od vremena) učenje, iz kojeg se izdvojila ogromna teološka, filozofska, umetnička i simbolička sličnost velikih civilizacija iz prošlosti, svedoči činjenici da su se sve napajale iz istog prvobitnog izvora.

JANA, YANA, GHANA ili GNOSIS jeste Janus-ova nauka, tj. nauka Enoichon-a ili profeta. Reč JINA, iz kojeg proizilazi izraz Gnoza, nije ništa drugo nego španska adaptacija dotične reči; prava prepiska reči je izvedena iz persijskog i arapskog, i nije JINA već DJIN ili DJINN, pa je tako vidimo korišćenu od strane mnogih autora.

Pitanje: Ali, čuo sam da je Gnoza neka vrsta jeretičke doktrine koja se pojavila u nedrima primitivnog hrišćanstva. Da li je to tako?

Odgovor: Moguće je da ste čitali takve tvrdnje, zato što postoje neka dela koja su namerno objavljena od strane religijskih institucija, koje žele da diskredituju (ozloglase) Gnozu i gnostičare. Ali takve informacije nemaju dijalektičku osnovu. Gnoza je već postojala pre dolaska hrišćanstva i Isusa iz Nazareta. Pored toga, dobro je da vi znate, naprimer, da: „Nazarećani su bili poznati kao krstitelji, sabejci i hrišćani Svetog Jovana. Oni su verovali da Mesija nije bio Božji sin, već jednostavno neki prorok, koji je želeo da sledi Jovana".

Origene (jedan od tvoraca hrišćanske crkve), u II tomu, str. 150, primećuje da: „Postoje neki koji govore o Jovanu da je on pomazanik (Christus)".

„Kada su metafizičke koncepcije gnostičara, koji su videli Isusa kao Logosa i pomazanika, počele da zadobijaju na terenu, primitivni hrišćani su se odvojili od Nazarećanina, koji su optuživali Isusa da iskrivljuje Jovanovu doktrinu i da je zamenio Jordansko krštenje sa drugim." (Ovo je tekst iz Codex Nazarenus, II, strana 109).

Pitanje: Prema tome, Gnoza je istovremeno prehrišćanska i hrišćanska spoznaja?

Odgovor: „Otvoreno govoreći i bez zaobilaženja: Gnoza je vrlo prirodan funkcionalizam Svesti; to je filozofija perennis et universalis."

Neosporno, GNOZA je osvešćena spoznaja božanskih misterija, rezervisana eliti (ljudima koji su željni da upoznaju tajne života i smrti). Reč gnosticizam sadrži u svojoj gramatičkoj strukturi, ideju sistema ili struja opredeljenih proučavanju Gnoze.

„Ovaj gnosticizam podrazumeva koherentnu, jasnu, tačnu seriju osnovnih elemenata, koji mogu biti provereni neposrednim mističkim iskustvom, naprimer:

a) Prokletstvo sa naučne i filozofske tačke gledišta.

b) Adam i Eva iz jevrejske Geneze.

c) Prvobitni greh i izlazak iz Raja.

d) Misterija Lucifer-Nahuatl.

e) Svoja sopstvena Smrt.

f) Kreativne Moći.

g) Esencija Salvator Salvandus-a.

h) Seksualne Misterije.

i) Intimni Hristos.

j) Vatrena Zmija naših magičkih Moći.

k) Silaženje u Paklove.

l) Povratak u Eden.

Samo one gnostičke doktrine koje uključuju ontološke, teološke i antropološke osnove pomenute u gornjim redovima, deo su autentičnog gnosticizma."

A sa druge strane postoji prehrišćanska Gnoza podrazumevajuća filozofskoj i mističnoj spoznaji naroda iz prošlosti. Dakako da, meksički kodeksi, egipatski papirusi, asirijske cigle, svici iz Mrtvog mora, čudni pergamenti, isto kao i neki prastari hramovi, stare hijeroglife, sakralni monoliti, piramide, milenijumske grobnice itd, pružaju, u dubini svoje simboličnosti, gnostički smisao koji definitivno odmiče bukvalnom tumačenju i koji nikada nije imao objašnjavajuću vrednost isključivo intelektualne prirode.

„Spekulativno razmišljanje modernih antropologa i istoričara, umesto da obogaćuje rečnik, sa žaljenjem, siromaši ga, dok su gnostički izveštaji, napisani ili alegorisani u bilo kom umetničkom obliku, uvek orijentisani prema unutrašnjem BIĆU ljudske osobe. I upravo u tom vrlo interesantnom gnostičkom rečniku, polufilozofskom i polumitološkom, predstavlja se serija izvanrednih nepromenljivih simbola sa ezoteričkom osnovom, koji u tišini govore Svesti."

„Istraživali smo u izvorima iz Kine, u sanskritskim delima Indije, u starim tibetanskim rukopisima. Bavili smo se izučavanjem arheoloških predmeta, duboko smo istraživali brojne kodekse, analizirajući mudrost starih civilizacija, obavili smo komparativna izučavanja između Meksika, Egipta, Indije, Tibeta, Grčke itd, itd, itd; i došli smo do zaključka da je univerzalna mudrost uvek ista, menjaju se samo njeni aspekti, u skladu sa narodima, nacijama i jezicima."

„Iako je tačno da treba da vodimo računa u svakom gnostičkom sistemu o njihovim helenističkim elementima, orijentalnim elementima, uključujući Persiju, Mesopotamiju, Siriju, Indiju, Palestinu, Egipat itd, nikada ne bi trebalo da ignorišemo gnostičke principe opažane u prefinjenim religijskim kultovima Nahua, Tolteka, Asteka, Zapoteka, Maja, Čipča, Inka, Kuečana itd, itd, itd. iz Indo-Amerike."

Pitanje: Koje li su to karakteristike koje bi mogle jasno identifikovati mit ili gnostičku ideologiju?

Odgovor: „Karakteristike koje, na jasan način, naznačuju gnostički mit i koje se međusobno dopunjuju, su sledeće:

1) Vrhunsko Božanstvo

2) Pleromska emanacija i pad (spuštanje)

3) Arhitekt Demiurg

4) Pneuma sveta

5) Dualizam

6) Spasitelj

7) Povratak

Pitanje: Mogli biste da nam malo više objasnite o Svesti kao instrumentu za investigaciju svega?

Odgovor: Naravno, prijatelju, problemi čovečanstva postoje zato što ljudskom biću nedostaje fakultet Svesti. Već smo u prethodnim redovima naučno definisali Svest i rekli smo da je to psihološki kapacitet da razume ili da opaža sve spoljne i unutrašnje pojave inherentne nama samima. Pa dobro, naučno je dokazano da čovek naših dana poseduje samo tri procenta budne Svesti prema devedeset i sedam procenata uspavane Svesti u svojoj unutrašnjosti. Ovo, očigledno, čini da mnoga naša delovanja budu nesvesna i mnoga nekoherentna. Neosporno, ovo povlači konfuziju, specijalne šokove, traume svakojake vrste, nespokojstava, napetosti, stres itd, itd, itd. Najgore je to što je ostali deo Svesti, koja je uspavana, zatočenik energetskih sila koje je zarobljavaju i zlostavljaju svojim ćudima.

2

GNOZA I HRIŠĆANSTVO

Pitanje: Veruju li gnostičari u Devicu, u anđele itd, itd?

Odgovor: „Mučenici, sveci, device, anđeli i heruvimi jesu isti kao Bogovi, Polubogovi, Titani, Silfide, Kiklopi i vesnici paganske mitologije.

Hrišćansko Trojstvo: Otac, Sin i Sveti Duh, imaju svoje eksponente u svim religijskim Trojstvima prastarih religija: Oziris (Osiris), Izis (Isis) i Horus (Aurus) u antičkom Egiptu; Brahma, Vishnú i Shiva iz Indije; Kether, Hokmah i Binah u hebrejskoj religiji itd.

Svi kultovi imaju svoja Nebesa (više dimenzije prostora ili Aeoni hebrejske Kabale) i njihove suprotnosti: Paklove, poznati kao Avernus (kod starih Rimljana), Tartar (kod starih Grka), Patala (kod hinduskih naroda), Mixtlán (kod starih Asteka), Xibalbá (kod starih Maja) itd.

Isus Hristos je predstavljen u prastaroj Persijskoj religiji kao Ormuzd, Ahura-Mazda, strahovit neprijatelj Ahrimana (Sotona), kojeg sva ljudska bića imaju u sebi. Kod Hindusa Hristos je ekvivalentan sa Krišnom (Krishna) i Krišnino jevanđelje vrlo je slično jevanđelju Isusa iz Nazareta. Kod starih Egipćana, Hristos je bio Oziris i svaki koji bi ga inkarnirao bio bi u stvari Ozirifikovan. Kod Kineza je Fu-Ji, Kosmočki Hristos koji je komponovao I-King – zakonik i odredio je ministre koje je nazvao zmajevima (dragon). Kod Grka bio je nazvan Zevs (isti kao i rimski Jupiter), Otac svih Bogova. Kod Asteka je Kecalkuatl (Quetzalcoatl), što je hristički princip kod starih meksikanaca. Kod starih Nemaca, Hristos je Balder, Hristos usmrćen od strane Holdera – Boga ratova, strelom od imele itd. Na ovaj način mogli bismo citirati Kosmičkog Hrista u hiljadama arhaičkih knjiga i starih tradicija koje potiču za milione godina pre Isusa iz Nazareta.

Marija, Isusova majka, ista je kao egipatska Izis, grčka Junona, Demetra, Ceres, Maja ili hebrejska Marah, ista je sa astečkom Tonantzin itd, koja dobija svoga sina iz „concepcio imaculata" (neporočno začeće). Fu-Ji, Quetzalcoatl i Buddha i mnogi drugi, svi su oni rezultat nekog neporočnog začeća. Ovoga je puno u starim kultovima.

Marija Magdalena je, bez ikakve sumnje, ista kao i Salambo, Matra, Ishtar, Astarte, Afrodita i Venera (Venus) svih prastarih religija iz prošlosti. Marija Magdalena, okajana grešnica, ista je što je i Kundri iz Vagnerove drame. Svi prastari kultovi pokušavali su da vode čoveka ka jedinoj velikoj istini i odavde proizilazi, začuđujuće, velika sličnost svih religijskih oblika, ponavljanje simbola, ideja itd."

Pitanje: Ali, možete li nam vi reći šta je Hristos za Gnozu?

Odgovor: Hristos je bezlični kosmički princip. Ali taj princip može biti asimilisan (obnovljen) od strane čoveka koji je za ovo pripremljen kako to dolikuje. Zbog toga, ovaj princip Krestos bio je obožavan u misterijama Mitre, Apola, Afrodite, Jupitera, Janusa, Veste, Bakusa, Astratea, Demetre itd.

„Nazarećanin Isus-Jesus-Zevs, bio je čovek koji je u potpunosti inkarnirao univerzalni Hristički princip. Pre njega, mnogi su Majstori inkarnirali ovaj Hristički princip Vatre. Obožavani Christus dolazi iz arhaičkih kultova posvećenih vatri. Slovo P (simbol za Piros, na grčkom: vatra) i X (znak krsta) predstavlja hijeroglif proizvodnje Sakralne vatre.

Rabin iz Galileje je Bog zato što je u potpunosti inkarnirao Hristički Kosmički princip. Hermes, Krišna to su Bogovi jer su inkarnirali Kosmičkog Hrista.

Princip Hristos uvek je isti. Majstori koji su ga inkarnirali oni su žive Bude. Među ovima zadnjim uvek postoje jerarhije. Buda (Buddha) Isus jeste najuzvišeniji Inicijat Velikog univerzalnog belog bratstva."
Pitanje: Dobro, kada smo ovde, recite mi, molim vas, kako gleda Gnoza na religije?

Odgovor: Za Gnozu, sve su religije kao neki biseri nanizani na Dijademu Božanstva. Ako izvršimo komparativnu studiju religija, videćemo da se sve one oslanjaju na iste stubove. Religija je reč koja dolazi od latinskog izraza: RELIGARE, tj., cilj svakog religijskog principa jeste da se „ponovo veže", ujediniti čoveka sa Božanstvom, ponovo doći do polazne tačke, do BIĆA eksperimentalne filozofije.

U stvari, postoji samo jedna religija, jedina i kosmička. Ova religija usvaja različite oblike u zavisnosti od vremena i potreba čovečanstva. Dokazuje se, dakle, da su religijske borbe apsurdne, zato što su u osnovi sve one samo modifikacije kosmičke univerzalne religije.

Pitanje: Recite mi jednu stvar, zbog čega postoji toliko religija?

Odgovor: Kada neki religijski oblik obavi zadatak, dezintegriše se. Isus Hristos bio je, u stvari, inicijator jedne nove ere. Isus je bio religijska potreba epohe. Paganska sveštenička kasta, pri kraju Rimske imperije, pala je u najpotpuniji diskredit (nepoverenje). Mnoštva više nisu poštovala sveštenike, a umetnici su satirizirali (podsmejavali) u komedijama božanske rituale, sarkastično se ismejavali božanstvima Olimpa i Avernusa. Bolno je da se gleda kako su ti ljudi oponašali Boga Bakusa, uz pomoć pijane žene, a ponekad ga karakterisali kao pijanog trbušatog kako jaši na magarcu; neizrecivu i blagoslovenu Boginju Veneru predstavljali su kao ženu preljubnicu koja je išla u potragu za orgijastičkim zadovoljstvima, koju su sledile Nimfe, a ove su bile praćene od satira, na čelu sa Panom i Bakusom.

U to vreme bilo je dosta paganskih sveštenika koji su se transformirali u lutalice, komedijaše, lutkare, prosjake. Ismejavali im se obični ljudi i udaljavali ih kamenjem. Tada je dotična religijska forma već ispunila svoj zadatak i onda joj ništa nije preostalo osim smrti. Svetu je bilo potrebno nešto novo. Univerzalna religija imala je potrebu da se manifestuje pod novim oblikom. Isus je bio, tada, inicijator te nove ere. Isus Hristos je bio, *u stvari*, božanski heroj nove ere.

Mi, gnostičari, nismo protiv nijedne religije jer bi to bilo apsurdno. Sve religije su potrebne. Sve religije su različite manifestacije univerzalne i beskonačne kosmičke religije. Verujemo da sve religijske škole, vere itd. izvršavaju svoje zadatke podučavajući. Važno je da ljudi slede put razumevanja i ljubavi. Ljubav nikome ne donosi nevolje, nikome ne šteti. Gnoza je plamen iz kog izlaze mnogobrojne religije, duhovne škole, vere, itd. Gnoza je Mudrost i Ljubav.

Pitanje: Vi, gnostičari, prihvatate li vi hrišćanske Svete tajne (Sakramente)?

Odgovor: Evidentno da prihvatamo hrišćanske Svete tajne, ali u njihovom realnom obliku. Divne su Svete tajne i one realno imaju transcendentalna i praktična objašnjenja za život ljudskog bića.

Pitanje: Šta želite sa ovim da kažete?

Odgovor: Samo to da ljudi primaju hrišćanske Svete tajne kao običnu religijsku formalnost, bez da poznaju uzrok svakog Sakramenta. Ovo je veoma tužno jer ljudi, u osnovi, ne razvijaju svoje verovanje zbog činjenice što ne znaju da sprovedu u stvarnu praksu ove Sakramente.

Pitanje: Ali, čujte, nisu zato krivi ljudi...

Odgovor: Stvarno, prijatelju, nisu krivi ljudi, ali je krivica kod religioznih lidera različitih religija koje se nazivaju hrišćanske.

Pitanje: Dobro, recite mi tada kako vi shvatate Krštenje?

Odgovor: Krštenje je sveta ceremonija koja sadrži, u sebi samoj, veoma važne teološke i metafizičke elemente. Isto tako, krštenje je priprema za nešto divno što će, kasnije, u životnoj zrelosti, krštena osoba proveriti praktičnim putem. Ova divna stvar je nauka

Alhemije. Pomenuta nauka, koja je danas bila omalovažavana od strane materijalističkih intelektualaca i filozofa današnjice, ima realnu i veoma sakralnu osnovu. Posredstvom Alhemije, zaista, ljudsko biće ispunjuje precepte Krštenja. Uvek se govorilo da pomoću Krštenja brišemo u nama izvorni greh učinjen od Adama i Eve, kada su napravili delikt što nisu poslušali božanska bića i okusili su od jabuke želje. Sve se ovo treba razumeti, dragi prijatelju. Treba da znamo, naprimer, da Adam i Eva nisu bili jedini par koji je živeo u poznatom Raju (stanje anđelske Svesti). Adam predstavlja sve muškarce i Eva predstavlja sve žene koji su živeli za vreme Lemurije. Lemurija je realno postojala kao kontinent, koji je nestao i danas je pod vodama Tihog okeana. U onim lemurijskim vremenima čovečanstvo je učinilo prestup ili greh nazvan: FORNIKACIJA. Počevši od tada čovečanstvo se naviklo da gubi svoje seksualne vode i ovo je predstavljalo poreklo životinjskom Ja-u unutar ljudskog stvorenja. Zbog toga, pri Krštenju dobijamo krštenske vode i soli mudrosti. A naši roditelji ili kumovi drže u ruci baklju ili sveću da bi prikazali da ćemo posredstvom simboličkih soli i vode primiti Sakralnu Vatru, koja će trebati da nas jednoga dana prosveti i koja će potpuno dezintegrisati naš mnogostruki i životinjski Ego. Nesumnjivo, prijatelju, ne mogu na ovim stranicama da na dublji način objasnim sve ono što simboliše so i sve detalje krštenske vode zato što bi ovo predstavljalo čitavo gnostičko izlaganje o Alhemiji. Pomoću Alhemije možemo ponovo zadobiti Neporočnost u pameti, srcu i seksu. Ovo čini da Sveta tajna Krštenja bude zaista transcendentalna. Neke hrišćanske religije, kao ona ortodoksna grčka, čuvaju još pojedine veoma stare elemente u vezi sa Krštenjem. Na primer, u toku ceremonije krštenja traži se, pre svega, da kum deteta koje će biti kršteno, udalji Sotonu (životinjski Ego) čineći krst vazdušnim dahom prema četiri strane sveta. Ovo je simbolično jer nas vazdušni dah stavlja u vezu sa božanskim dahom kog svi mi nosimo unutra i koji je konstituisan od naših animičkih principa. Isto tako, u Alhemijskoj praksi, glavnu ulogu ima kontrola disanja. Vazduh, voda, vatra i zemlja, to su četiri elementa koja proizvode u našoj unutrašnjosti čudo naše iluminacije. Ova četiri elementa predstavljeni su u našoj unutrašnjosti. Vazduh konstantno udišemo, vodu imamo u limfatskim tečnostima, krvi i stvaralačkoj energiji. Zemlja je predstavljena u našim kostima i vatra u našoj erotičnosti. Uče-ći da manipulišemo ove elemente, posredstvom Alhemije, moći ćemo, zaista, da izbrišemo u sebi prvobitnu grešku koju su napravili preci čovečanstva i koja nije drugo nego FORNIKACIJA.

Pitanje: Iskreno, izgleda da vi gnostičari imate odgovore za sve...

Odgovor: Dozvolite da vam kažem, sa poniznošću, da je Gnoza primarni izvor iz kog su se pojavili svi Sakramenti prastarih predanja: hrišćanski, muslimanski, budustički, taoistički, Hinduski itd, itd, itd.

Pitanje: I kako gledate vi, po Gnozi, Svetu tajnu prvog priče-šća?

Odgovor: Ovo je druga veoma lepa Tajna, koja je isto tako puna simbolizma. Podsetite se da se prvo pričešće obavlja kada smo u pubertetu. Odnosno, onda kad započinju da se manifestuju seksualne sile kod dečka ili devojčice koji su stigli do puberteta. U starom Egiptu, smatralo se pubertetom kada su deca od sveštenika po prvi put bila obučavana načinu da kontrolišu stvaralačke energi-je. Na ovaj način, kaže se da posredstvom prvog pričešća primamo Hristovo telo, tj. kosmički Krestos, solarnu kosmičku energiju koja se nalazi pod oblikom seksualne klice sadržane u našim seksualnim gonadama. Ova snažna energija, koja je izvor svog života, simbo-lizovana je hostijom Pričešća, koju dobijamo pomenutog dana Sakramenta. Radi ovog, dečak se oblači na poseban način, a isto tako i devojčica, jer dotična odela simbolizuju duhovnu odeću koju treba da u budućnosti stvorimo uz pomoć Alhemijske Svete tajne. Devojčica ima u rukama knjižicu i ta knjižica simbolizuje Merkur srednjovekovnih Mudraca, poznavalaca Umetnosti transmutacije.

Pitanje: Možete li nam objasniti, na isti način, Svetu tajnu Konfirmacije (Potvrđivanja)?

Odgovor: Sa najvećim zadovoljstvom. Potvrđivanje, upravo kao što izraz kazuje, nije drugo nego Sveta tajna posredstvom koje osoba potvrđuje svoje verovanje u prethodne primljene Svete tajne i u svoju zajednicu u okviru njene religije. Kada primamo

Konfirmaciju stavlja nam se malo pepelovog praha na čelo i kaže nam se : „Prašina si i u prašinu treba da se pretvoriš". Ova je rečenica upućena životinjskom Egou kog sva ljudska bića nose u svojoj unutrašnjosti. Istinski, posredstvom Krštenja i Prvog Pričešća mi potvrđujemo našu odlučnost da izbacimo životinjsko Ja praktikujući dotične Svete tajne. Zbog toga, sveštenik ili episkop koji nas Potvrđuje, na kraju kazuje: „Ja sam episkop Rima i da ovo ne zaboraviš: drži". U sledećem momentu primićemo šamar preko obraza, da bi nas pozvao da izađemo iz sna Svesti, da se probudimo u realnost i da izađemo od fascinacije u kojoj se nalazimo, normalno, potopljeni. Iz ovog razloga bilo nam je naloženo da recitujemo Simbol vere, Salve i Oče naš itd. Na ovaj način proverava se da li se na nivou pameti stvarno razumelo ono što kaže Simbol vere, Salve i Oče naš i da li smo spremni da to ostvarimo u našem životu.

Pitanje: Pričajte mi, molim vas, o Braku kao Svetoj hrišćanskoj tajni...

Odgovor: Veoma rado, dozvoljavam sebi da vam kažem da Brak upliće definitivnu kristalizaciju svih pređašnjih primljenih Sakramenata. Primećujete da odelo ili odeća koju nose mladenci, slični su onim koje su nosili kada su bili kršteni. Mlada i njena lepa venčanica ili mladoženja i njegovo specijalno odelo, govore nam o stvaranju naših egzistencijalnih tela posredstvom Sakramenta Alhemije. Svi elementi koji se pojavljuju u Svetoj Tajni Braka izuzetno su simbolični. Nećemo stati da ih sve analiziramo u ovim paragrafima jer bi to zahtevalo objašnjavanje mnogih drugih stvari koje ćemo da izložimo nešto kasnije. Ali, da, objasnićemo vam nešto lepo iz okvira ove ceremonije. Odnosimo se na „poklon" ili alegorične monete zlatne boje koje mladoženja uručuje mladoj u prisustvu sveštenika. One monete, svega trinaest, konstituišu simbol po kom mladenci sebi predlažu da osvoje onih trinaest nebesa Svesti, trinaest gnostičkih aeona ili trinaest sefirota hebrejske Kabale. Sve se ovo odnosi na apsolutno oslobođenje kome težimo svi koji čeznemo za ponovnim sastankom sa Bogom, sa Bićem. Očigledno je da su monete simbol koji nam govori o činjenici da se sve mora platiti, i naše apsolutno oslobođenje treba da se plati praktikovanjem ona Tri faktora Revolucije Svesti: Smrt (smrt naših psiholoških agregata ili ambiskih ja-ova), Rađanje (stvaranje naših egzistencijalnih tela ili merkurskih tela) i Požrtvovanje radi čovečanstva (da volimo bližnje i da ih pomažemo u njihovim potrebama).

Pitanje: I, o poslednjem pričešću, šta nam može reći Gnoza?

Odgovor: Sveta tajna Poslednjeg Pričešća takođe je vrlo važna. Povodom Poslednjeg Pričešća sveštenik daje hostiju Konsakracije onome koji je u agoniji i pre toga obavlja i ceremoniju Ispovesti. Ovde su milenijumski korenovi. U starom Egiptu Ozirisov sveštenik (Hristos egipatske religije) približio bi se onome koji umire i posredstvom neke ceremonije nazvana gnostički Pratimoča, osoba u agoniji deklarisala bi sve delikte koje je učinila u životu koji se upravo završava i, tada, sveštenik bi se postavio kao posrednik između umirućeg i Božanskih Jerarhija. Ovi sveštenici imali su budnu Svest i komunicirali su sa Velikim Božanskim Zakonom zaklinjući oproštenje za osobu koja se nalazila na ivici da ode prema regionu mrtvih.

Pitanje: Ovo mi se čini divno, neverovatno, očaravajuće. Ali, zašto danas sveštenici ne realizuju ove radnje za nas u času smrti?

Odgovor: Zbog toga što su sve ove svete stvari postepeno nestale iz hrišćanske religijske sadržine današnjih dana, iz razloga degradacije nekih hrišćanskih religija i njihovih sopstvenih preceptora koji imaju danas uspavanu Svest. Kao posledica, oni su slepi koji vode slepe i na ovaj način nikuda nećemo stići.

Pitanje: I, onda, zbog čega sada postoje tolike religijske borbe?

Odgovor: Religijski sukobi nalaze svoj koren u ignoranciji (neznanju) koja potom proizvodi dogme, predrasude, prekonceptne ideje svakojake vrste. Ova se ignorancija potom preoblači fanatizmom i iz svega toga pojavljuje se serija dejstva potpuno suprotna samim religijskim preceptima. Prava religija nikada ne bi prihvatila dogme, jer je dogmatička religija osuđena na poraz već u momentu rađanja. Religija treba da bude dokazivana, da može biti doživljavana, eksperimentisana, da bi onda mogla spašavati Duše.

Slušati iskaze kao: ja sam u posedu istine ili jedino je moja religija dobra, dokazuje se u velikoj meri apsurdno i označava očiglednu ignoranciju.

„Ipak, nastavljajući ovim idejnim redom, treba da vodimo računa o nečemu krajnje važnom: svi percepti, učenja i uputstva religioznih kultova ničemu ne bi služili ako osoba ne može da ih eksperimentiše sama sa sobom.“

Zbog toga mi, gnostičari, što se tiče religije, izučavamo religioznost u najdubljem obliku. Gnoza proučava nauku religija.

Pitanje: Da li je moguće da eksperimentišemo svim onim stvarima o kojima nam govore religije?

Odgovor: Religijski doživljaji za kojima tragamo su osobito naučni. Gnoza se ne slaže da prihvati posotojanje jednog Boga na svom tronu, koji sudi živima i mrtvima... Gnostičar gradi verovanje na osnovu eksperimenata, doživljaja, proveravanja, a ne na osnovu teorija. U ovim vremenima u kojima živimo, religija se odvojila od nauke i nauka od religije. Prvi se bore sa drugima, a drugi sa prvima. I jedni i drugi smatraju da su u posedu istine, niko neće da prizna da se zavarava.

Ipak, religija koja ne uzima u obzir nauku jeste suvoparna religija, fanatična i dogmatička – sto posto. Nauka koja odbija religiju jeste materijalistička, ateistička nauka, u totalnoj oskudici vrednosti i principa. Melem kojeg traži onaj što teži za istinom, ne nalazi se u krajnostima. Teza i protivteza treba da se okrenu prema sintezi; potrebno je pristupiti naučnoj duhovnosti i duhovnoj nauci. Potrebno je da ostavimo po strani koncepcijski dualizam, hitno je, neodložno, da se pridružimo transcendentalnom monizmu; potrebna je religiozna nauka i naučna religija.

Pitanje: Ono što govorite, to je strašno revolucionarno...

Odgovor: Zbog toga, zastarelo je da razmišljamo o Gnozi kao o običnoj metafizičkoj struji koja se uvukla u nedra hrišćanstva. Gnoza konstituiše egzistencijalni stav sa osobnim karakteristikama, ukorenjena u najstarijoj, najuzvišenijoj i prefinjenoj ezoteričkoj težnji svih naroda, čija istorija, nažalost, nije dovoljno poznata od strane istoričara, teologa, sociologa i modernih antropologa.

Pitanje: Dopunjavajući koncepte, možete li da mi kažete da li Gnoza veruje ili prihvata jednog supremnog Boga?

Odgovor: „Sve nacije imaju svog prvog Boga ili Bogove kao androgine; neće moći drugačije, zato što su smatrali svoje daleke prastare roditelje, njihove pretke sa dvostrukim polom (seks), kao božanska bića i svete Bogove, tačno kako sada čine Kinezi (u taoizmu).

U stvari, veštačko shvatanje antropomorfnog Jehove, isključivog, nezavisnog od samog svog dela, postavljenog tamo gore na tronu despotizma i tiranije, lansirajući munje i grmljavinu protiv ovog ljudskog mravinjaka, rezultat je ignorancije, jednostavno intelektualna idolatrija.

Ovo pogrešno shvatanje istine, nažalost, ovladalo je kako nad zapadnim filozofom, tako i nad vernikom bilo koje vere kompletno lišene gnostičkih principa.

Ono što su sve vreme gnostičari odbijali nije nepoznati Bog, Jedini i uvek prisutan u Prirodi, ili Natura in abscondito, već Boga ortodoksne dogme, zastrašujuće Božanstvo osvetničkog Zakona Taliona (oko za oko i zub za zub).

Vrhovno Božanstvo, govoreći sa gnostičke tačke gledišta, moglo bi se definisati kao AGNOSTOS THEOS, Apstraktni apsolutni prostor hebrejske Kabale. To je nepoznati Bog; Jedinstvena Realnost, iz koje se emanacijom pojavljuju Elohimi (anđeli i Bogovi) u aurori svake univerzalne kreacije.

JAH-HOVAH, Otac-Majka svakoga od nas jeste, dakle, autentični JEHOVAH.

IOD kao hebrejsko slovo predstavlja isto tako i MEMBRUM VIRILE (muški princip). EVE, HEVE (EVA), isto kao i HEBE, grčka Boginja mladosti i olimpijska verenica Herkulesa, to je YONI, božanski pehar, večito žensko.

Božanski Rabin iz Galileje, umesto da se klanja jevrejskom antropomorfnom Jehovi, obožavao je svoje božansko čovek-žena (Jah-Hovah), unutrašnje Otac-Majka.“

Pitanje: Prihvatate li vi deset Mojsijevih zapovesti?

Odgovor: Naravno. Ali treba da vam kažem da, sa ezoteričke tačke gledišta, realno postoje 22 zapovesti po kojima treba da se rukovodi život svakog čoveka koji sebe smatra dobrim u očima tvorca...

Pitanje: Ali... šta to pričate? Ja nikada nisam čuo da se govori o 22 zapovesti, odakle ste vi izvadili takvu tvrdnju?

Odgovor: Dopustite mi da vam kažem da onih deset zapovesti koje je predstavila judejsko-hrišćanska religija i koje su bile date čovečanstvu od strane Mojsija i Isusa, nisu sve. Ono što se dogodilo bilo je to da čovečanstvo u Mojsijevim i Isusovim vremenima nije bilo spremno da javno primi 22 putanje ili zapovesti koje vode ka istinskoj i autentičnoj prosvećenosti Duše. Egipatska Kabala uvek je predavala 22 zapovesti svojim naprednijim devotanima, onima koji su već produbili misterije Bića.

Pitanje: Ponovo ste me zbunili, možete li mi reći šta je Kabala?

Odgovor: Veoma rado, prijatelju. Kabala je religijska nauka koja u potpunosti razotkriva hrišćanska, hebrejska, egipatska, persijska, sufistička itd, religijska pisma. Postoje mnogo oblika Kabale, u zavisnosti od onoga šta se želi razotkriti. Tako naprimer, Postoji Numerička kabala koja otkriva tajnu brojki i brojeva koji su pomenuti u religijskim tekstovima, takođe postoji Fonetska kabala koja nam objašnjava biblijska ili talmudska ili sanskritska imena itd. Postoji takođe Simbolička kabala za interpretaciju misterije sakralnih simbola itd, itd, itd. I zbog toga hebrejska azbuka ima 22 slova i isti je razlog egzistencije 22 velika (majorna) Arkanuma koji su predstavljeni u antičkoj egipatskoj religiji i koji su danas sintetizovani u ono što se popularno naziva Tarot.

Pitanje: I kako ja mogu upoznati ostalih 12 zapovesti?

Odgovor: Studirajući Gnozu i budeći Svest.

Pitanje: Dobro, da se vratimo zapovestima, kako vi tumačite 10 hrišćanskih zapovesti? Naprimer, kako vi interpretirate prvu od njih?

Odgovor: Vidite li vi, prva zapovest nam kaže: „LJUBI GOSPO-DA BOGA SVOG VIŠE OD BILO ČEGA". Je li tako? Dobro. Pre svega, za početak svi oni koji pretenduju da su hrišćani treba prvo da znaju šta je Bog. I već sam rekao u prethodnim paragrafima da Bog nije neko imaginarno biće u obliku bradatog starca, postavljenog iznad oblaka, koji seva i trešti nad ovim ljudskim mravinjakom. Ne. Treba da razumemo da je Bog BIĆE i BIĆE postoji u dubini svakog ljudskog stvorenja. Zaista, Biće je Biće i razum postojanosti Bića je samo Biće – sa gnostičke tačke gledišta. Nesumnjivo da je BIĆE oduvek postojalo, postoji i postojaće, još od strašne noći svih epoha. BIĆE je nepromenljivo, bez alteracije, nevidljivo je za oči telesne, ali je vidljivo za oči Duha, odnosno, za one koji su probudili unutrašnji vid ili ultravidovitost. Mi, gnostičari, znamo da svaka osoba može da se približi i da inkarnira Realno Biće, tj., onu česticu Univerzalnog Boga koju svi mi unutra nosimo. Ali radi toga treba da uložimo sve napore našeg života da bi ga inkarnirali. Ovo neće biti moguće, naravno, sve dok postoje drugi prioriteti koji su važniji od ove čežnje. Vidite li vi koliko su bile realne reči Mahatme Gandija kada je govorio o religiji hrišćana. On je rekao: „Hrišćani nisu više hrišćani kada im se u kući isprazni frižider, tj., onda kada nemaju hranu koju žele." Ova jednostavna rečenica opisuje naš način gledanja i osećaja Boga. Vidimo to iz dana u dan. Idemo na hrišćanske obrede i tamo svi ličimo na jagnjad, ali odmah kada izađemo iz crkve upadamo u sva-kojake prestupe. Zaboravljamo na onog „Boga kog toliko volimo" i ponovo ranjavamo bližnjeg na razne načine, ponovo se opijamo; mentalno, rečima i telom forniciramo (fornikacija – pogrešno tro-šenje stvaralačke energije); nastavljamo s preljubom, prepuštamo se gurmanizmu (proždrljivosti), zavisti, tvrdičluku itd, itd, itd. i kada sledeći put idemo da se ispovedamo, ponovo se osećamo kao sveci i oslobođeni od bilo kog greha. Ovo je hrišćanski život u našim dani-ma. Za žaljenje je, ali je tako. Čak i političari koji se nazivaju hrišćani idu u ratove, često, bez ikakvog opravdanja i zatim kažu: Papa je

Papa, ali ovde ja guverniram (vladam) i šaljem hiljade građana u ratove kao topovsko meso. I sve to nazivamo hrišćanstvo.

Za početak, svi bi trebalo da postavimo kao ozbiljan cilj da izbacimo životinjski Ego, sastavljen od, kako sam već rekao, mnogostrukih psiholoških nepoželjnih agregata. Ovo zahteva disciplinu i metod koje predaje Gnoza. Počevši odavde stvoriće se u nama veći procenat Svesti i ova Svest postepeno će nas približavati BIĆU, Ocu koji se nalazi u tajnosti, Bogu. Tada će osoba početi da eksperimentiše unutrašnja stanja povezana sa božanstvom, upoznaće carstvo onoga koji se naziva Bog (unutrašnji svetovi ili supraosetljivi svetovi ili više dimenzije) i tamo će ući u kontakt sa anđeoskim kreaturama, božanstvima, arhanđelima, uglavnom božanskim bićima i osoba će moći da potvrdi da smrt ne postoji.

Voleti Oca, voleti Boga, znači studirati Tajne života i smrti. Ali recite mi vi jednu stvar, kako ljudi provode vreme? Pa, tražeći pare i još više para, svake godine nove automobile, tražeći mobilne telefone visoke tehnologije, pohađajući bodibilding dvorane, samoobožavajući se pred ogledalom, tražeći da bude sve uspešniji zavodnik, tražeći poslednji hit rok muzike ili narodne muzike, sa modom – letnjom, jesenjom ili zimskom itd, itd. Ovo su prioriteti današnjih ljudi. Očigledno možemo zamerati: da li je zločin da kupujemo sezonsko odelo ili mobilni telefon? I mi ćemo odgovoriti: naravno da nije. Ali, jedno je da se oblačimo i da želimo da komuniciramo, a druga stvar je da se naša pamet, uspavana u snu Svesti, preokupira samo ovim banalnostima i da ne prodre u dubinu večitih istina. Mi ne želimo da budemo fanatici, ne volimo fanatizam. Ali je neosporno da se ljudi naših dana sećaju božanstva samo onda kada se dogodi neka katastrofa, neka veoma velika tragedija i ovo ne traje više od nedelje dana ili najviše mesec dana. Potom nas ponovo hipnotiše san Svesti. OVO JE SUROVA REALNOST ČINJENICA, PRIJATELJU. Kada realno volimo Boga tada mu poštujemo delo, kreaciju itd. I kakvo je poštovanje dato atmosferi koju udišemo? I sva zagađena mora, da li je to poštovanje prema Bogu? I deca koja su napuštena u mnogim delovima sveta? I ljudi koji pate od gladi i svakojake mizerije u celom svetu, da li je to ljubav prema Bogu? I način na koji se dana današnjeg ophodimo prema porodici? I iskvarenost kojom se ophodimo prema seksu, da li je to oblik veneracije prema Bogu? I na sve strane legalizovani abortusi, je li to ljubav prema Bogu? I mučene životinje u laboratorijama i napuštene na ulicama sveta, nakon što smo se zabavljali na njihov račun, da li je to ljubav prema Bogu? Realno smo veoma udaljeni od onoga što se može zvati Bog i koji je u stvari nepoznat od strane ljudske mase. Danas mnogi klerici nazivaju parohijane „Božji sinovi"; a mi odgovaramo: „Kada bismo mi bili Božiji sinovi, činili bismo Božja dela, a ono što se primećuje to su Đavolska dela, govoreći metaforički."

Dozvolite mi da još nešto dodam u zaključku. Ako bismo stvarno ljubili Boga više od bilo čega, bili bismo sposobni da promenimo tok našeg života ako bismo u određenom momentu bili u sukobu sa božanskim principima. Ali je danas veoma malo onih koji bi bili u stanju da napuste sve da bi se posvetili potrazi za Realnošću, za božanskim, esencijalnim. Sav je svet fasciniran novim Bogovima: velike pijace roba, afere, berza, politički ili finansijski prestiž, sportovi itd, itd, itd.

Kada volimo nekoga ili nešto, tada ćemo uložiti najviše truda da to, koje toliko volimo, upoznamo. Zbog toga, kada bismo voleli Boga, ne bismo li bili tada zainteresovani da znamo kakav je? Od čega li je napravljen? Gde živi? Od kada postoji? Koja je njegova uloga? Kako mu mogu pomoći? Zar ne mislite tako?...

— Naravno, vi ste u pravu...

Pitanje: I o drugoj zapovesti, šta nam možete reći?

Odgovor: Setite se Vi, dobri prijatelju, da druga zapovest kaže: „NE KUNI SE NJEGOVIM SVETIM IMENOM I NEMOJ GA UZALUDNO POMINJATI."

Pitanje: I šta ovo u realnosti znači?

Odgovor: Nemojte se žuriti, prijatelju. Treba da znate da onda kada nam se kaže da ne pominjemo ime Boga, niti da se uzaludno kunemo njegovim imenom, kaže nam se da je ime Boga, u nama, koji nije drugo nego unutrašnje Biće, apsolutno sakralno. Već sam vam objasnio da Bog nije neki starac koji sedi tamo gore u oblacima, nije li tako? Rekao sam vam takođe da se Bog nalazi u svakom atomu i u svakom suncu iz ovog Univerzuma. Takođe sam vam rekao da svaka osoba ima unutra delić svoga Boga, konstituisanog od pravog svog Božanskog Duha, duboko unutrašnje Realno Biće. Vidite li vi dakle da je ovo BIĆE koje vi i ja unutra nosimo veoma sveto i ima svoje sveto ime i to ime nema nikakve veze sa zemaljskim imenom kog vi imate. Na primer, možda se vi zovete Jovan ili Petar ili Josif, ali vaše pravo ime, prijatelju, to je ime Oca, vašeg Realnog Bića i to je ime strašno sveto i ne treba da bude uzaludno izgovoreno, u frivolnim razgovorima, niti u egoičkim razgovorima itd, itd, itd. Ime Oca je izuzetno mantričko, ima tajnu moć koja se pokreće njegovim izgovaranjem.

Pitanje: Šta to znači da je ime Bića mantričko?

Odgovor: To znači da je ime Oca, koji se nalazi u tajnosti unutar svakog muškarca i svake žene, sačinjeno od božanskog jezika, a ne od jezika stvorenog od ljudi. Božanski jezik je mantrički, to znači da onda kada se koristi stvara circumstancije (okolnosti), modifikuje događaje, prouzrokuje radikalne promene.

Pitanje: Odakle dolazi ovaj božanski jezik?

Odgovor: Treba da vam kažem da je božanski jezik stvoren upravo od Božanstva kada je stvorilo ovaj Univerzum i čoveka, stvoren od Božanstva, bio je tada, u onim veoma udaljenim vremenima, lik i obličje samog Božanstva. Na ovo se odnose Svete Knjige kada tvrde da je Bog stvorio čoveka po njegovom liku i obličju. Tada je čovek bio androgin i govorio je veoma čistim orto-om Božanskog jezika. Ovim jezikom komunicirala su ljudska bića u Aurori Kreacije i postojao je samo ovaj Sakralni jezik. Kada se dogodio, kasnije, anđelski pad čovečanstva, tada je čovek izgubio dar da razgovara Sakralnim jezikom i stvorio je razne jezike koji danas postoje i koji su simbolizovani Vavilonskim tornjem o kom nam govore Svete knjige. Onim Svetim jezikom čovek je vladao nad Elementalima Prirode, mogao je da aktivira ili da smiri vulkane, da prouzrokuje ili zaustavi oluje. Svi današnji jezici proizilaze iz karikature ovog prastarog Božanskog jezika. Ipak, iako je čovek ili Ljudska duša, izgubio svoje božanske principe, Realno Biće – Bog nikada se ne gubi, jer ON JE ON, on je ono što je bilo, ono što jeste i ono što će večito biti. I zato

Biće nastavlja da čuva njegovo sakralno ime i sve njegove moći još od zore kosmičkog dana.

Pitanje: Kako bih mogao da upoznam ime mog unutrašnjeg Bića?

Odgovor: Budeći Svest, eliminišući nehumane elemente koji drže zatočenu Svest, dezintegrišući psihološke agregate koje svi mi nosimo u našoj unutrašnjosti.

Pitanje: Da li biste mogli Vi da mi navedete sakralno ime nekog božanskog bića?

Odgovor: Sa velikim zadovoljstvom, jer ih ima vrlo mnogo. Vidite li vi, svaki anđeo ima svoje sakralno ime. Na primer, arhanđel Mihael ili Mihajlo izražava se ovim imenom. Isto tako anđeo Gabriel ili Gavrilo zove se tako jer mu je to njegovo tajno ime. Svete knjige nam govore o Genijusu Zemlje i nazivaju ga Melkisedek. Isus Hristos sigurno se zove Ješua (Jeshua), koji znači „Spasitelj" i vidite vi kako se on žrtvovao da bi nam pokazao put unutrašnjeg samospasenja. Postoji veoma mnogo Božanskih Bića i svako od njih ima svoje blagosloveno ime koje se nikada ne treba koristiti u frivolnim i profanskim razgovorima. Zbog toga je prestup da invociramo (dozivamo) ime Boga (našeg Bića) u nekom trivijalnom razgovoru ili da se u ime Boga (našeg Bića) uzaludno kunemo, jer *u stvari* atentiramo (napadamo) protiv sakralnog karaktera Boga, Bića ili našeg Božanskog Duha. Razumete li vi zašto postoji ova druga zapovest?

— Naravno, savršeno razumem i shvatam.

Pitanje: Molim vas, recite mi ovu stvar. Ako bih ja znao ime svoga BIĆA ili ime Boga u mojoj unutrašnjosti, da li bih ga mogao dozivati, da li bih mogao sa njim razgovarati?

Odgovor: U redu, jedna je stvar da vi stižete da upoznate ime vašeg Realnog unutrašnjeg Bića, a druga je stvar, izvinite, da vi iz ovog razloga, možete razgovarati kad god želite sa vašim Realnim Bićem. Ono što vam mogu potvrditi, to je, da ako vi poznajete ime vašeg Realnog Bića i ako biste zauzeli stav koji bi se zasnivao na pravilnom načinu osećanja, pravilnom načinu razmišljana i pravilnom načinu delovanja i na osnovu ovoga konstantno se molili, dozivajući prilikom molitve njegovo sakralno ime, ono će bolje slušati vašu molitvu nego molitvu onih božanskih bića čije ljudske duše, od njih odvojene, idu putem propasti. Drugim rečima, vi ćete se više približiti Biću od ostalih osoba koje pored toga što ne poznaju ime svoga Bića, čine dela koja su protiv etike samog Bića.

Pitanje: Ima li kakvog značenja ime Bića svake osobe?

Odgovor: Naravno da ima. Vidite vi da ime koje ima anđeo Rafael znači: „Božija medicina" i on je Otac medicine. Mihailo ili Mihail znači: „Božija snaga" i tako dalje. Mojsije znači: „Spašen iz voda", Isak znači: „Studenac žive vode" itd, itd, itd.

Pitanje: Ovo je divno, sve to što vi meni kažete, stvarno je divno...

Odgovor: Treba da vam kažem da je ovo samo elementarna spoznaja Gnoze, ako ćete istrajati i produbiti naše učenje, stići ćete da upoznate mnogo značajnije i neverovatnije stvari od ovih koje sam do sada raspravljao.

Pitanje: Prijatelju, možete li mi nešto reći o trećoj hrišćanskoj zapovesti? Verujem, ako se dobro sećam, da ona glasi ovako: „POŠTUJ PRAZNIKE". Šta ovo znači?

Odgovor: Treba da znate, pre svega, da praznici koji se ovde navode to su pogotovo oni religiozne prirode. Prema tome, onda kada nam se traži „da poštujemo praznike", traži nam se da se sećamo onih datuma koji su u vezi sa odgovarajućim religijskim praznicima, jer je očigledno da ti praznici slave božanske aspekte povezane sa transcendentalnim događajima. Na primer, Rađanje velikog Kabira Isusa iz Nazareta, Uspenje Marije – Bogorodice Spasitelja, Sveta Nedelja i sve što ona sadržava itd, itd, itd. Nažalost, ako ste iskreni, nećete moći poreći činjenicu da danas ljudska mnoštva ne samo što su zaboravila duboke religijske vrednosti već, više od toga, njihovim ponašanjem oskrnavili su sve što je sadržano u okviru praznika koji slave svete činove i koji su se dogodili tokom hrišćanske istorije. Današnji ljudi misle samo na uživanje, na permanentno samozadovoljavanje, telesno zadovoljstvo, na ono što se filozofski naziva HEDONIZAM. I kada se približava neki religijski praznik kojeg treba slaviti, tada ljudi koriste slobodne dane, koje im vlade iz sveta dekretiraju radi javnog slavljenja ovih praznika, da bi bančili na moru, planini, da bi se opijali, a potom da to pomešaju sa molitvama i uličnim igrankama i sve se to smešno naziva: VERA. Opažajte vi koliko tu ima protivrečnosti... Nesumnjivo da se osnova ovog pogrešnog ponašanja nalazi u potpunom nepoznavanju onoga što predstavljaju religijski praznici u njima samima i ovo je zbog konkretne činjenice da same propale crkve nisu objasnile svojim vernicima realnost onoga što predstavlja uspeće neke osobe na nebesima Svesti, višim svetovima, Hintonovim i Ejnštajnovim paralelnim Univerzumima. Ljudi ništa ne znaju o istini, o levitaciji Svetog Franje Asiškog, ništa ne razumeju zbog čega je Isus slavio sa Apostolima poslednju večeru u četvrtak, koji je kasnije bio nazvan Sveti Četvrtak, ili zbog čega je prvo čudo Isusovo bilo pretvaranje vode u vino, čudo koje je realizovano na svadbi slavljenoj u Kanu (Canaan). Ako bi crkve naučno i metafizički objasnile ove događaje, tada bi ljudi sa dubokim poštovanjem i mističkim duhom išli u hramove i završilo bi se sa ekstravagantnim bahanalijama, koje ljudi čine upravo u danima religijskih obeležaja.

Pitanje: Zbog čega su ovi religijski datumi nazvani „praznici"?

Odgovor: Jednostavno zbog toga što su to praznici za Dušu. Duša se raduje religijskim ceremonijama i činovima jer se naša Duša manifestuje u toj atmosferi unutrašnjih svetova, u astralnom, mentalnom i kauzalnom svetu itd, itd, itd.

Pitanje: Kako vi, gnostičari slavite religijske praznike?

Odgovor: Mi ih slavimo sa postovima, meditacijom, hodočašćem i ezoteričkim praksama koje nas stavljaju u kontakt sa onim silama koje se odnose na taj i taj religijski praznik. Na ovaj način napajamo veru mističkim eksperimentima, a ne samo posredstvom teorija.

Pitanje: Šta mi možete reći o četvrtoj zapovesti?

Odgovor: Dragi sagovorniče, četvrta zapovest glasi ovako: „POŠTUJ OCA SVOGA I MAJKU SVOJU." Je li tako?

Pitanje: Da, veoma istinito, šta znači da poštujemo roditelje?

Odgovor: Pre svega treba da se setimo Smaragdne tablice Hermesa Trismegistusa, koja nam kaže: „Kao što je gore tako je i dole, kao što je dole tako je i gore". Ovo je dokument kog je izradio veliki Majstor Mudrosti u vremenima antičkog Egipta i koji se zvao Hermes Trismegistus. U skladu sa ovim filozofskim iskazom: „Ono beskonačno veliko analogno je sa onim beskonačno malim i ono što postoji u višim dimenzijama ili religijskim nebesima ima, dakle, svog odgovarajućeg u nečemu ili nekome iz ovog fizičkog sveta u kome se sada nalazimo". U zaključku možemo reći da na isti način kao što imamo jednog Oca i jednu Majku koji su nas doneli na ovaj svet, mislimo porodično, isto tako vi i ja, i sva bića koja nastanjuju ovaj svet, imamo u unutrašnjosti jednog Oca nebeskog i jednu Majku božansku. Oni su jedan veoma sakralni par, koji je uključen u sve prastare religijske oblike transcendentalnog karaktera. Vidite li vi da Jevreji nazivaju Boga (Jehovah) IOD-HEVE. IOD je muška partikula, a HEVE je ženska partikula. Prema tome Bog je androgino biće, bipolarno, u makrokosmosu, a unutar svake ljudske kreature jeste BIĆE, o kom smo već mnogo govorili. Prema tome, BIĆE, dragi prijatelju, duplira se u našoj unutrašnjosti na dva polariteta, jedan muški i drugi ženski. Onaj muški je Otac koji se nalazi u tajnosti i koji ima svoje sakralno ime, koje ne treba da se uzalud pominje, kao što smo već rekli u našem objašnjenju druge zapovesti. Ženski deo je naša unutrašnja mnogo voljena Majčica kojoj se mi, gnostičari, na veoma specijalan način molimo. Ovo su naši istinski Roditelji jer su naši duhovni roditelji. Oni postoje u našoj unutrašnjosti još iz aurore života na našoj planeti. Oni su nepromenljivi, večiti, jer oni u osnovi predstavljaju onaj deo UNIVERZALNOG BOGA, ali unutar svakoga od nas. Neosporno da na isti način kao što volimo i poštujemo materijalne Roditelje, zato što su nas doneli na svet, zato što su nas vaspitavali, zato što su nas hranili, rukovodili itd, itd, itd, tim više treba da poštujemo naše duhovne Roditelje koji su uzročnik našeg postojanja i istinska Esencija našeg života. Treba da kažemo da ako će naši fizički Roditelji jednoga dana moći nestati iz našeg života, jer će umreti, nasuprot tome naši duhovni Roditelji nikada se neće od nas udaljiti, čak ni u času naše smrti. Evo veličanstva unutrašnjeg Oca i naše božanske Majčice. Oni, naši duhovni Roditelji, konstituišu Božansku Tajnu koju mi treba da razvijamo u svojoj unutrašnjosti i kada budemo ovu Tajnu otkrili, tada kažemo da smo se autorealizovali...

Pitanje: Ali, kako možemo poštovati ona Božanska Bića ili unutrašnje Roditelje o kojima govorite?

Odgovor: To je veoma jednostavno. Potrebno je da stvorimo životno pravilo vrlo esencijalno i lako primenljivo. Ono što želim da kažem to je da treba da imamo PRAVILAN NAČIN OSEĆAJA, PRAVILAN NAČIN MIŠLJENJA I PRAVILAN NAČIN DELOVANJA. Kada vi činite dobra vašim bližnjima, kada uništavate psihološke agregate o kojima smo ranije govorili, kada se borite da bi stvorili Dušu i da je u potpunosti razvijete, onda kada poštujete vaše unutrašnje Roditelje i ovo je veličanstveno. Zato što naši Roditelji žele da mi upravo fabrikujemo Duševne (Animičke) principe da bi mogli biti sa njima u vezi kako u fizičkom svetu, tako i u unutrašnjim svetovima. Kada Duša upozna svoje unutrašnje Roditelje i biva sa njima u vezi, čineći njihovu volju, tada će se ispuniti volja Diviniteta. Treba da se Humano divinizuje (obogotvoruje), a Božansko humanizuje.

Pitanje: Samo momenat, momenat, rekli ste da možemo stići da budemo u vezi sa našim unutrašnjim Roditeljima na fizičkom i unutrašnjem nivou. Da li je moguće da uspostavimo kontakt sa nebeskim ocem u fizičkom svetu?

Odgovor: Vidite li vi, kada neko uspostavi vezu sa svojim unutrašnjim Roditeljima onda počinje da oseća njihovu influenciju kako u materijalnom planu tako i u duševnom, psihičkom i duhovnom planu. Tako, naprimer kada budete imali permanentan kontakt sa Ocem, koji se za sada nalazi u tajnosti, tada ćete početi da osećate, da mislite i da radite onako kako on deluje. Na ovaj način vi ćete činiti volju Oca kako na nebesima (u unutrašnjim svetovima kao i na zemlji (u materijalnom svetu). Ovo krajnje je poziv koji se nalazi u molitvi Gospoda, Oče naš. Ako vi želite da doznate za nekoliko sekundi, da li treba da putujete u to i to mesto, ili da li treba da odložite to putovanje jer bi ono bilo opasno, ako treba da studirate tu i tu struku, budite koncetrisani samo na srce i pitajte Biće. Biće će vam automatski odgovoriti posredstvom intuicije i, dozvolite mi da vam kažem, da intuicija nikada ne greši, jer je volja Oca i Otac nikada ne greši. Razumete li sada zašto je moguće da uspostavimo materijalnu i duhovnu vezu sa našim unutrašnjim Roditeljima?

Pitanje: Da, sada razumem... Govorite mi, molim vas, o petoj zapovesti, šta ovde možete reći?

Odgovor: Sa velikim zadovoljstvom. Peta zapovest nam kaže: „NE UBIJ". Ali ovo uključuje mnoge stvari. Vi treba da znate da je prvi zločin koji je počinjen od strane čovečanstva, po Svetim Pismima, bilo ubistvo Avela od strane Kaina. Nesumnjivo da je ovo simbolično, jer Kain predstavlja čovečiju pamet (koja je kao i Kain, sračunata, hladna, lovačka itd), a Avel predstavlja Dušu, uvek spremnu da da Bogu ono što je u njoj najbolje, zato je Avel bio pastir. Nema sumnje da čovečanstvo čini zločine od pre hiljade i milione godina. Od kada je čovečanstvo izgubilo božansko ophođenje, anđeosko, i ostalo je uhvaćeno u Ja-u, u Ego-u, ljudsko biće nije drugo činilo osim delikta, da ubija, da čini zločine. Treba reći da je najteži zločin pred Velikim Božanskim Zakonom, tačno onaj kada se uzima život bližnjem, ovo je veoma teško. I teško je zbog toga što, na automatski način, prekidamo plan ili program kojeg je Realno Biće mrtvaca imalo za njega. Na ovaj način, mi, ubijajući, prekidamo božanske planove koji su postojali za osobu koju smo ubili. Treba dodati da ne ubijamo samo nožem i mecima, takođe ubijamo osobe moralnim patnjama koje njima prouzrokujemo, sa zločinačkim pogledima koji mogu uništiti osobu na psihološkom nivou, a čak i fizičkom. Ubijaju se i kreature Prirode, bez da mi imamo stvarnu potrebu za njihovim mesom. Na primer, ubija se živina (koke) na veoma surov način, zatrpavaju ih žive u zajedničke jame i bacaju preko njih velike količine peska i sve to, jer više ne nose jaja za izvesnu farmu. Ovo su takođe zločini. Obezšumljavaju se čitavi hektari šuma podmetnutim požarima, kako bi se kasnije trgovalo ugljenisanim drvetom, bez da se računa na posledice po atmosferu, koje ovaj delikt povlači na sve čovečanstvo (opustošenja, nedostatak pijaće vode, glad itd). Ubijaju se takođe mora i okeani bacajući u ove svakojake supstance koje truju i zaraze kreature mora, a potom, prehrambenim lancem, i ljudsko biće. Sve ovo znači ubijati. U Indiji čuva se još, u okviru hinduske religije, mudro prihvatanje da svaki mineral, vegetal i životinja ima dušu ili animičke principe. Ovo je apsolutna istina, ali intelektualni materijalizam hoće da nas ubedi da verujemo de je reč o inertnim materijama, što je apsurdno.

Zbog toga, prijatelju, treba da smo svesni činjenice da nemamo pravo da nikoga ubijamo. Postoji, ipak, ezoterički zakon nazvan TROGOAUTOEGOKRATIČNI KOSMIČKI ZAJEDNIČKI UNIVERZALNI. Ovaj zakon znači: „Progutati i biti progutan" i na ovaj način se održava prirodna i kosmička ravnoteža. Tako na primer, u selvasima (tropskim šumama), miš pojede insekta, a kojot pojede miša i nešto kasnije, moguće je da lav pojede kojota i tako uzastopno. Ali, u ovom slučaju, neka životinja ubija drugu iz instinkta opstanka i Devasi (anđeli koji kontrolišu Prirodu) poznaju ovu pojavu i kontrolišu je. U slučaju sadašnjeg čoveka, ono što vidimo, to je zlostavljanje i potpuno poništavanje ovog mudrog TROGOAUTOE-GOKRATIČNOG KOSMIČKOG ZAJEDNIČKOG UNIVERZALNOG Zakona, jer ubijamo životinje iz čistog zadovoljstva, iz ljudske oholosti, da bi se slikali sa jednom mrtvom životinjom, radi kolekcije fildiša ili krzna egzotičnih životinja itd, itd, itd. Sve ovo razotkriva da je čovek najgrabljivija životinja u Prirodi, jer je njegova Svest potpuno uspavana, neumesna.

Pitanje: Ali, u skladu sa ovim što govorite, da li onda mi ne treba da koristimo meso u našoj normalnoj ishrani?

Odgovor: Ne, nije tako prijatelju. Dozvolite mi da vam kažem da jedno je imati pravilnu ishranu, uravnoteženu, jer ćemo inače telesno oslabiti i razbolećemo se. A drugo je ono što vam govorim da nije pravilno da ubijamo životinje iz čistog egoičkog zadovoljstva, iz prostog sadizma itd. Verujete li vi, naprimer, da je dobro da idemo u arktičku zonu da tražimo tuljane i da ih udarcima ubijamo sa jedinim ciljem, a to je da im uzimamo krzna i da ih tako oderane ostavljamo usred ledenjaka? Verujete li vi da je ovo karakteristika ljudskih bića? Ono što se dešava to je da mi na zverski, divlji način činimo agresiju nad Prirodom i ovim putem uništavamo okolnu sredinu i našu sopstvenu budućnost. Ali, više od toga, najgori je nehuman način na koji gajimo živinu (piliće ili kokoške, na primer). Zatvaramo je u kaveze u kojima se ne mogu ni kretati i osvetljavamo pomenute kaveze kako bi jadne životinjice jele i neprestano jele, sa ciljem da bi se brzo natovile i da se zatim prodaju radi ljudske ishrane. Jasno je da je ovo meso prepuno toksina jer su dotične ptice u toku rasta bile u punom stresu. Kada mi jedemo ovo meso unosimo u naše organizme ove toksine i zbog toga je naša generacija zaražena serijom medicinskih problema od kojih pre ljudi nisu bolovali. Isto to se dešava i kravama, jaganjcima, kozama koji su namenjeni ljudskoj potrošnji. Sve to ističe potpunu ignoranciju i apsolutno egoistički stav, zato što nas jedino interesuje da prodajemo, da prodajemo, da prodajemo bez da su važne posledice dotične prodaje.

Pitanje: Pojedine crkve u njihovim katehetikama govore da su pojedini ratovi opravdani. Šta vi mislite, po Gnozi?

Odgovor: Odgovoriću na vaše pitanje. Ne može se opravdati nijedan rat, jer ratovi donose sa sobom smrt i bedu. Drugo je kad vas napadnu i u tom slučaju ništa vam ne preostaje nego da se branite, jer ako se ne branite postaćete u očima ljudi i u očima Božanstva saučesnik u nekom deliktu. Ali samo u ovom slučaju opravdano je da se poslužimo silom da bi se branili.

Pitanje: Onda, kako vi gledate na industriju naoružanja koju poseduju mnoge zemlje?

Odgovor: Ovo jednostavno dokazuje da smo sto posto nesvesni. To je dokaz činjenice da ljudsko biće nije civilizovano, da takozvani čovek ne postoji i da na njegovom mestu postoji humanoid koji je kontrolisan od nebrojano egoičkih gnusnih entiteta, koji ne osećaju ni najmanje milosti prema svojim bližnjima. Ono što se dokazuje smešnim i strašno neozbiljnim to je da mnogi svetski politički lideri sami sebe nazivaju hrišćanima, muslimanima ili jevrejima i čak prisustvuju crkvenim obredima ili su članovi religijskih bratstava, a ipak, isti su oni koji potom potpisuju kupo-prodajne ugovore oružja za druge narode da se međusobno masakriraju, da jedni druge uništavaju i ovo nije ništa drugo nego hipokrizija i fariseizam najgore vrste. Pravo je govorio mnogo-poštovani Mahatma Gandi: „Hrišćani su hrišćani sve dok im je frižider pun namirnica". Kada se frižider isprazni u stanju su da deklarišu rat, bez obzira kome. Podsetite se vi, bez da idemo dalje, građanskog rata u bivšoj Jugoslaviji.

Tamo su se na najgnusniji način ubijali hrišćani sa muslimanima. A kada su upitane glavešine rata zbog čega su dozvolile ovaj rat, tada oni odgovaraju da je to iz razloga časti ili otadžbine, ili narodne odbrane itd, itd, itd. i sve to nisu drugo nego izgovori životinjskog Ja da bi opravdao greške. Ja, Ego, nikada ne bi priznao grešku, uvek traži intelektualne izlaze ili mističke, sa ciljem da opravda nedosta-tak pravde.

Pitanje: Izvinite, da li vi smatrate abortus kao ubistvo, neki oblik ubijanja nevinog?

Odgovor: Apsolutno. Abortus je zločin po svim pravilima. Nema opravdanja za abortus, jer je život koji se zamišlja u utrobi neke žene kontrolisan od strane ženskog Božijeg aspekta, Boga Majke, ili naše lične unutrašnje Majčice o kojoj sam govorio kada sam komentarisao četvrtu zapovest, da li se sećate? Ona je ta koja stavlja u pokret atomske kombinacije iz našeg organizma koje su poreklo fetusu. Ona je ta koja spaja atome, molekule, ćelije itd. da bi se kasnije pojavio novi organizam nastanjen Dušom. Nije istina ono što tvrde mnogi naučnici da fetus ne oseća bol kada se provoci-ra abortus, jer je dokazano da sam fetus pokušava da izbegava kuke koje uvlače lekari onda kada žele da izvuku fetus napolje iz majčine utrobe. Ovo je bilo dokazano televizijskim minijaturnim kamerama koje su filmovale momente u kojima se pokušavalo prouzrokovanje abortusa i scene su zastrašujuće. Tamo se vidi kako fetus izbegava kuke koje ga žele sčepati za vrat ili glavu.

Pitanje: Ali, rečeno je da je ponekad bolje da se provocira abortus jer bi inače majka mogla umreti ako rodi kreaturu. Šta misli Gnoza o ovom?

Odgovor: Vidite vi. Ako bi čovečanstvo poznavalo ključeve Gnoze, mnogi problemi ove vrste mogli bi biti izbegnuti. Pre svega setite se da Gnoza poznaje sisteme posredstvom kojih možemo imati pun seksualni život bez da rizikujemo trudnoću i sve ovo na jedan prirodan način. Ovo je prvo. Ali u takvom slučaju kog vi predstavljate Gnoza takođe ima specijalne praktike posredstvom kojih se mogu moliti Božanske jerarhije da reše takvu situaciju. Na primer; postoje načini da se prekida, na spontan način, takva trudnoća, a dotična žena bila bi oslobođena krivice pred Velikim Božanskim Zakonom. Dakle, ta žena bi preživela i ne bi je tištilo srce da je ubila sopstvenu kreaturu. I mogu vam reći i više, moguće je da Božanske jerarhije, o kojima sam vam ranije govorio, učine da se rodi kreatura i takođe majka da ostane u životu.

Pitanje: Ali ovo što vi meni kažete bilo bi skoro pravo čudo...

Odgovor: Pa da. Realno, čudesa postoje, to što se događa jeste da su se ljudi toliko udaljili od duhovnog života, pa ako bismo sada govorili o čudesima zvučilo bi „kao priče za decu". Ali vam moram reći da u grupama koja praktikuju Gnozu, ili Gnosticizam, naviknuti smo da vidimo čudesa. Ljudi danas više ne veruju u čuda jer su razočarani mnogim pseudoreligijama koje su postale materijalističke i čak ni njihovi preceptori ne veruju u sopstvene precepte. Ovo je očigledno zbog činjenice jer su se pomenute religijske grupe odvojile od naučne Duhovnosti i ne poseduju objašnjenja za izuzetne metafizičke pojave ili mirakle.

Pitanje: U okviru ove teme, možete li mi reći šta misli Gnoza o mrtvorođenoj bebi?

Odgovor: Sa velikim zadovoljstvom, dragi prijatelju. Činjenica da se beba rađa mrtva sigurno pokazuje pojavu neke Karme (kazne) za njene roditelje. Reč je o starom karmičkom dugu kojeg treba da plate roditelji i plaćaju ga doživljavajući ovu strašnu moralnu patnju.

Pitanje: Komentarisalo se ponekad da su za vreme nacističke Nemačke postojali programi za eliminisanje ili sistematsko ubijanje mentalnih bolesnika i mentalno ili fizički zaostalih kako bi im skratili patnju da žive sa tim nedostatkom. Šta vi mislite o ovom?

Odgovor: Već sam rekao i ponoviću. Niko nije ovlašćen da skraćuje život drugima. Ne mogu se eliminisati druge osobe sa argumentacijom da su inferiorna bića ili da predstavljaju društveno zlo ili da te osobe nemaju stvarno kvalitetan život. Ništa od ovoga ne opravdava da se ubijaju druge osobe. Ljudski život je božanska kreacija i čovek nije ovlašćen da uzima život svojim bližnjima.

Kada se ovo događalo, bilo je ubistava drugih osoba i dželati su bili subjekti prepuni rasne mržnje ili fanatici pojedinih religijskih ili političkih doktrina, a sve to nije ništa drugo već ŽIVOTINJSKI EGO dejstvujući slobodno ili zasnivajući se na političkim ili ideološkim doktrinama bez imalo milosti.

Pitanje: A šta nam možete reći o eutanaziji?

Odgovor: Odgovoriću vam isto kao i prethodno. To je zločin. Niko ne može skratiti život nekome iz humanitarnih razloga. Ovo je delikt. Ali, ponovo vam kažem da ako bi ljudi poznavali Gnozu, znali bi da postoje procedure posredstvom kojih bismo mogli ući u neposrednu vezu sa višim zakonima i tražili bismo od ovih viših zakona da, ukoliko je moguće, iz milosrđa, skrate patnje nekoj osobi koja se nalazi u komi, na primer, ili koja ima tešku dugu bolest i koja, ne imajući leka, muči pomenutog bolesnika. Ovo je druga stvar. I, veoma je različita od činjenice da se sa našim rukama mešamo u drugi život kako bismo ga skratili, služeći se našim konceptima pseudo-etike i konvencionalnog morala.

Pitanje: Voleo bih da vas nešto upitam. Poznato je da je ruski naučnik Džordž Sakoski otkrio zakon kome je dao ime SOLIOONENSIUS. U skladu sa ovim zakonom, svaki put kada se na Suncu proizvode električne oluje ove kasnije stižu u svetove, koji konstituišu naš sunčev sistem, i prouzrokuju među njihovim stanovnicima ratove i masakre. Da li je to istina?

Odgovor: Sa sigurnošću treba reći da na ljudsku pamet utiču energije koje dolaze iz svemira. Možemo se podsetiti, bez da idemo dalje, da su se doskora na ludacima i maloumnima primenjivali električni šokovi sa ciljem da se njima ublaži ludilo. Na isti način, dolazak energija koje proizilaze od neke udaljene zvezde ili konjukcije zvezda, ili dolazak vibracija SOLIOONENSIUS-a podstiču ljudska bića da se ponašaju na ovaj ili onaj način. Imajući u vidu da je ljudska psiha posedovana od strane Životinjskog Ego-a, tada je skoro normalno da pamet reaguje egoički i da biva vođena od onih struja, koje su onda polarizovane na negativan način unutar ljudskog bića. Ako bi ljudsko biće imalo unutra inkarnirano Realno Biće, druga bi onda bila situacija. Tada bi one struje podsticale ljudsko biće ka duhovnom oslobođenju, ka intimnoj autorealizaciji njegovog Bića, ali to nije slučaj. Dokazalo se da se u antičkom Egiptu SOLIOONENSIUS dva puta manifestovao. Prvi put je faraonska vlada masakrirala ukupno stanovništvo. U drugom slučaju narod je sa bakarnom žicom proburazio sve funkcionere jedne faraonske dinastije. Zna se takođe da se SOLIOONENSIUS manifestovao u vreme i takođe za vreme prvog i drugog svetskog rata. U ovim slučajevima milioni ljudskih bića palo je u ratu opravdavajući se konceptima otadžbine, zastave, časti itd, itd, itd. Sve je ovo napad protiv pete zapovesti.

Pitanje: Vi me zbunjujete svim ovim objašnjenjima koje dajete. Istina je da nisam vodio računa o svemu ovome što ste vi izneli. A sad dobro, kada smo ovde, mnogo bih voleo da mi objasnite i šestu zapovest. Ako se dobro sećam, ova poruka glasi: „NE FORNICIRAJ". Šta ovo znači?

Odgovor: Prijatelju, dozvoli mi da kažem da su se u vezi sa ovom zapovešću kazivale mnoge stvari i da se namerno otezalo. Ova je zapovest prvobitno glasila ovako: „Ne gubi seminalne vode ili stvaralačke vode". Ovo je bilo izvorno značenje izraza fornikacija. Zbog toga, propale crkve, zlonamerno, želeći da budu u dobrim odnosima sa mnoštvima, pristale su da se pomenuti termin (fornikacija) odnosi na činjenicu da „postoje karnalne veze" ili „postoji seksualni život sa drugom osobom osim našeg supružnika". Realno je da fornikacija ne znači „imati karnalne veze ili imati veze i sa drugom osobom osim sa supružnikom". Kada kažemo čovek, treba da razumemo da je isto za muškarca kao i za ženu. Biblija iz stare verzije Casiodora Reine (1569) i revidirana od Cipriano de Valera (1602) govori nam u Trećoj Mojsijevoj knjizi (Levitski zakonik):15, stihovi 16-19, sledeće: „I čovek kome izađe seme neka opere vodom celo telo svoje, i biće nečist do večera. I svaka haljina i svaka koža na kojoj bude takvo seme neka se opere vodom i biće nečista do večera. I žena kod koje bude spavao takav čovek, i ona i on neka se okupaju u vodi i biće nečisti do večera." Nažalost, sve je ovo bilo pokvareno od strane mnogih eksegeta propalih crkava i sada se vrši asocijacija fornikacije sa činjenicom postojanja seksualnih odnosa sa drugom osobom osim našeg supružnika. Ovo drugo je već pokazano u novoj zapovesti koja kaže: „Nemoj činiti preljubu (adulterijum)". Prema tome, ne treba da brkamo šestu zapovest sa devetom. Fornikacija je delikt čak iako to činimo sa našim supružnikom.

Pitanje: Ali, slušajte, katolički episkopi i jevrejski rabini kazuju da su ovi zakoni ili zabrane dati jer tadašnji ljudi nisu baš bili uredni i trebalo je da razumeju potrebu da se kupaju... šta vi možete reći?

Odgovor: Žao mi je da kažem da je sve ovo velika intelektualna izmišljotina nekih crkava koje su propale. Verujete li vi da ljudi nisu znali u Mojsijevo vreme šta znači kupati se? Verujete li vi, realno, da bi Mojsije gubio vreme održavajući izlaganja o telesnoj higijeni? Ne. Ne. Ne. Biblija je duboko simbolična. Bila je napisana od strane Inicijata da bi je razumeli Inicijati, to sam već ranije rekao. Mnogo je dublja istina u vezi sa ovom šestom zapovešću. Gubljenje seminalne vode veoma je težak delikt. Na ovo se odnosi i Sveti Pavle kada nam kaže: „Svaki greh će se oprostiti, osim onog koji je protiv Svetog Duha". Sveti Duh, prijatelju, to je seksualna sila predstavljena u svoj Prirodi. Čovek prastarih rasa, koje su nam prethodile u toku istorije, nije fornicirao da bi se razmnožavao, iako je imao seksualne odnose sa svojom suprugom. Postojao je i nastavlja da postoji metod posredstvom kojeg se čovek i žena mogu radovati braku i seksualnom životu (to je legitimno pravo ljudske vrste), bez da stižu do fornikacije, tj, bez da gube njihove seminalne vode...

Pitanje: Ali, gde je taj metod? Ja nikada nisam čuo da se o njemu priča...

Odgovor: Treba da kažem da u prastaroj hrišćanskoj doktrini sve je bilo veoma jasno. Ali počevši sa Saborom iz 1300-te posle Hrista, slavljenog u Nikeji, i kasnije sa saborom iz Trenta održanog 1500, sve je ovo bilo izopačeno i osakaćeno. Danas postoje mnogo hrišćanskih Biblija, ali osakaćenih, a ovo je vrlo ozbiljno...

Pitanje: Da li vi, gnostičari, poznajete ovaj metod seksualnog života?

Odgovor: Naravno da poznajemo, jer je do nas stigao milenijumskim Gnostičkim predanjem koje je izdržalo protoku milenijuma, uprkos činjenici što su bili proganjani i spaljivani na lomači mnogi gnostički paladini. Ali nismo mi jedini koji znamo ovaj metod. Postoje u Indiji, u Pakistanu, u Nepalu i u drugim nekim regionima sveta, ljudi koji poznaju formulu posredstvom koje se mogu muškarac i žena seksualno ujediniti bez da stižu da gube seksualne vode. Ovo se u Indiji naziva Tantrizam, Tantrična joga, Kundalini joga ili Agni joga itd. U drugim mestima ovaj sistem nosi naziv „kareca" (caretza) i čak su postojala naučna društva kao zajednica Oneida, koja su predavala ovaj metod u Sjedinjenim Američkim Državama, sa izvanrednim rezultatima, ali bi veoma mnogo trajalo ako bismo govorili o njima u ovom susretu. Sve ovo predstavljaju posebna poglavlja u okviru naših izučavanja.

Pitanje: Ali, oprostite za pitanje, postoji li seksualno zadovolj- stvo u ovakvoj vrsti veze?

Odgovor: Ne samo da postoji nego, više od toga, vi može- te produžiti koitus na duže vreme. Dok, koristeći obični seksualni sistem kog ceo svet poznaje, jednom kada se stiže do „klimaksa", veza se naglo prekida ostavljajući među supružnicima neku vrstu pometnje i često neku malu prazninu, koja će se prolaskom vre- mena povećavati i završiće se sa dosadom među supružnicima. Sve ovo povlači za sobom, kasnije, razočarenje i adulterijum koji je toliko čest u našim danima.

Pitanje: Šta se u stvari traži sa ovim – ne fornicirati?

Odgovor: Jednostavno da se ljudsko biće ponovo vrati nauč- noj Neporočnosti. Istu onu koju su praktikovali stari profeti, sveci, vesnici i patrijarsi starog hrišćanstva. Na ovaj način muškarac i žena uskladiće se sa božanskim silama i pred njima će se ponovo otvoriti Eden o kom govore Svete knjige. Par koji ne fornicira počinje da se duhovno razvija i počinje da se realno upoznaje sa misterijama Prirode, života i smrti. Tako se ljudsko biće ponovo miri i usklađuje sa onim koga nazivamo: BOG.

Pitanje: Koliko je interesantno, veoma interesantno! Nevero- vatno!... Da li je ovo to što simbolizuje, u Bibliji, činjenicu da je Adam pojeo jabuku sa Drveta Nauke dobra i zla, koje se nalazi u zemaljskom Raju?

Odgovor: Zaista, drvo jabuka simbolizuje seksualnost i jesti jabuku znači pasti u delikt fornikacije. Kaže se, govoreći simbolično, da je prvobitni čovek, biblijski Adam, imao pravo da se hrani mirisom jabuka iz Edena, ali nije trebalo da ih jede, a ovo se dogodilo.

Počevši od tada kaže se da se Zmija (iskušenja) spustila sa Stabla Nauke dobra i zla i Jehova (Bog) joj je izrekao kaznu da gmiže po zemlji. Nesumnjivo da je i ovo simboličan jezik. Zmija predstavlja Sakralne Vatre Duha unutar čoveka, ove Vatre su se spustile ili se izgubile unutar ljudskog bića kada je ovo upoznalo i praktikovalo fornikaciju. Počevši od tada čovek je izgubio duhovne fakultete kojima je bio osposobljen, jer je on bio stvoren po obličju tvorca. Kaže se da su posle toga Adam i Eva ostali nagi i da su bili izbačeni iz raja od anđela, koga je Bog postavio da čuva ulaz u to sveto mesto. Sa ovim nam se kaže da su Muškarci i Žene imali anđeoske položaje, ali kada su fornicirali izgubili su bezazlenost i natprirodne moći, a svim ovim želi se kazati da je čovečanstvo izgubilo sakralno ruho koje je posedovalo pre i da se udaljilo od Edena Svesti ili od fakulteta koji su omogućavali ljudskom biću da živi u harmoniji sa Prirodom, Kosmosom i Beskrajem koji nas okružuje.

Pitanje: Mogli biste vi da mi objasnite i sedmu zapovest, molim vas?

Odgovor: Sa najvećim zadovoljstvom. Podsetite se da nam sedma zapovest kaže: „NE KRADI". Krasti je težak prestup zato što oduzima od onih drugih ono što su možda sa teškom mukom i požrtvovanjem stekli. Ali, ne zaboravite, postoje mnogi načini da se krade. Na primer, možemo drugom ukrasti ljubav njegovog života, hranu koja mu je potrebna da bi preživeo, dokumente koji mu dopuštaju da radi i zaradi za svoju egzistenciju, novac kog je zaradio sa velikim žrtvovanjem na poslu ili u kancelariji, ideje koje je neko prvobitno imao, a mi ih koristimo kao naše, sakralne stvari iz nekog religijskog hrama – nezavisno od religije, dokumente koji konstituišu nacionalnu istoriju ili patrimonij neke zemlje, dobra koja je neko ostavio kao nasledstvo za neku veliku stvar itd, itd, itd. Krađa je težak delikt jer konstituiše atentat protiv etike Bića. Unutrašnje BIĆE svakoga od nas nikada ne želi da prlja ruke pred Velikim Božanskim

Zakonom i za Biće je sramotno da se ljudsko biće, njegova ljudska Duša na Zemlji, prlja deliktom krađe. Sve što ljudska Duša čini na Zemlji odražava se na naše Biće, jer se sprečava zadatak kog ono želi da obavlja našim posredstvom. Na ovaj način, ako Biće ima bilo kakav zadatak i želi da ga ispuni, tada Zakon traži da ljudska Duša plati za sve svoje pređašnje i sadašnje prestupe, a sve ovo čini da Biće teže razvija svoje planove u našem fizičkom svetu.

Pitanje: Na koji način smo kažnjavani kada krademo?

Odgovor: Jednostavno ćemo osetiti na našoj koži ono što smo pre drugima uradili. Tj., ako smo nekome ukrali novac, i mi ćemo biti kasnije slično pokradeni. I ako je novac kojeg smo nekome ukrali uskratio toj osobi neko potrebno dobro njegovom životu, tada ćemo trpeti mi strašne oskudice u ovom životu ili u sledećem. Pogledajte, postoji mnogo prosjaka koji lutaju ulicama sveta, zaboravljeni od društva, ogladneli, prljavi i čak i bolesni. Moguće je da su ove osobe bile u prošlim životima predsednici nekih zemalja, i krali su novac svojih sugrađana da bi za sebe sagradili lepe rezidencije, da sami sebe pune svakojakim luksuzima u privatnom životu itd, itd, i pošto je ovo prestup veleizdaje, oni plaćaju tako da imaju jedan ili više bednih života. Takav je Zakon.

Pitanje: Tada, ne treba da pomažemo prosjacima kada ih nailazimo na ulicama gradova?

Odgovor: Ne, molim vas. Nikako. To je naša dužnost pred Božanstvom da pomažemo jadnima, invalidima ili prosjacima. Očigledno je da ne treba da dajemo milostinju prosjacima koji žele novac samo radi alkohola ili da kupe narkotik ili podsticajna sredstva koja škode zdravlju. Ne. Nemojmo zaboraviti da pred Velikim Kosmičkim Zakonom „plaćamo kaznu ne samo za zlo koje činimo, već i za dobro koje ne činimo onda kada je to moguće". Dakako, važno je da uvek činimo dobro sa pažnjom da ne kooperiramo sa deliktom.

Pitanje: A kako bih ja mogao znati kada kooperiram sa deliktom, ako ne znam na koji će način prosjak potrošiti moju milostinju?

Odgovor: Eto, u prvom redu, pažljivo ćemo osmotriti prosjaka. Ponekad upravo prosjak miriše na alkohol i tada je očigledno da koristi novac za alkohol. U drugoj prilici vidimo na koži tragove injekcija za droge itd, itd. U takvim slučajevima lako je da znamo kako da reagujemo. Ali, idealno je da mi razvijemo intuiciju, prijatelju. I radi ovoga Gnoza vam daje mnogo specijalnih praktika da bi se osposobili takvim fakultetom (sposobnošću). Ali, osim ovih razmatranja, ono što je značajno, to je da vi ne budete pred Bogom osoba sa grubim srcem i da činite dobro svaki put kad možete. Na kraju krajeva osoba koja prima milostinju trebaće da podnese račun za ono šta radi sa ovom.

Pitanje: Da li biste mi malo više objasnili zbog čega je važno da ne krademo?

Odgovor: Naravno da hoću. Vi treba da znate da onda kada dolazimo da bi postojali, donosimo te i te vrednosti koje smo sakupili u našim prošlim egzistencijama. Dobro, sa ovim vrednostima upravlja Veliki zakon u sporazumu sa našim ličnim unutrašnjim Realnim Bićem. Na ovaj način, Zakon i Otac znaju koji bi trebalo da bude naš društveni položaj na ovom svetu, odnosno, Biće zna u kojoj meri zaslužujemo ta i ta dobra i u prikladno vreme daće nam sve što zaslužujemo i što nam je potrebno. Ali, kada mi ne mislimo na Biće, na Veliki zakon, i želimo samo da zadovoljimo naše ćudi, podstreknutih verovatno od zavisti, pohlepe itd, u stanju smo onda da ne poštujemo volju Oca i Velikog Zakona i tada postajemo sposobni da krademo, da varamo itd, itd, itd. Neosporivo je da Otac neće tolerisati ovakvo naše ponašanje i tražiće da nas kazni, jer smo mi želeli da se usprotivimo onome što je Veliki zakon odredio za našu osobu.

Pitanje: Mogli biste da mi objasnite jedan slučaj krađe religijske prirode?

Odgovor: Ima ih mnogo. Bez da idemo mnogo dalje, vi treba da se podsetite da onda kada je Amerika bila pronađena od Evropljana, bilo je mnogih krađa iz religijskih hramova starosedelačkih kultura. Evropljanski kolonisti krali su zlato iz hramova Asteka, Maja, Inka, Čibka itd. Podsetite se takođe strašnog konkvistadora

Franciska Picara koji je svojim mačem probio srce Perua i naterao je Inke da predaju sve zlato iz svojih hramova i da mu napune prostoriju zlatom. Isto to zlato bilo je iskorišćeno da napuni riznice katoličkih kraljeva u Španiji i da nakiti katoličke crkve u Evropi. Ovo je krađa religijske prirode. Još i danas, u našim danima, postoje ljudi koji iz crkve kradu umetničke ikone religijskog karaktera, statue martira, svetaca, proroka, itd. Sve ovo predstavlja delikt religijske krađe.

Pitanje: Recite mi sada, ako je moguće, ponešto o osmoj zapovesti: „NE SVEDOČI LAŽNO, NITI NEMOJ LAGATI...“

Odgovor: Sa velikim zadovoljstvom odgovoriću vašim nespokojstvima. U prvom redu setite se da je BIĆE istina u nama. BIĆE je deo Boga koji boravi u našim najvećim dubinama i ono, budući da je istina, proizilazi da je antiteza laži, krivotvorstvo, odnosno, Ja. Ja je ono što je krivotvorno, apsurdno, protivbožno i evidentno je da Ja denaturiše sve što se nas tiče. Svaki put kada ne govorimo istinu Ja se osnažuje, postaje u nama jače, umnožava se i zbog toga je očigledno da se mi udaljujemo od Oca koji se nalazi u tajnosti. Kada mi lažemo, automatski nastaju sile koje nas udaljuju od Oca koji je autentična sreća. Tako da je besmisleno da želimo da osvojimo sreću, a sa druge strane da podižemo kult krivotvorstvu, ja-u, lažima. Kada neka osoba laže, razilazi se sa BIĆEM, a Biće, budući da je lepota i mir, tada će ona lažljiva osoba dovlačiti prema sebi upravo tugu, patnje, boli i fizičku i duševnu ružnoću. Mnogi unakaženi likovi imaju karmički uzrok u činjenici da su živeli mnogo života zloupotrebljavajući laži. Srazmerno sa udaljavanjem od Oca padamo u svakojake Atomske neurednosti i zato nije za čuđenje da kasnije dolazimo u egzistenciju sa mnogo ružnim izgledom. Ali su stvari još i gore, ako uzmemo u obzir da posredstvom laži možemo uništiti mnoge živote privlačeći tako nad nama veoma opasne karme, svakojake vrste. Ista stvar se događa onda kada lažno svedočimo o nekome ili o nečemu. Neosporno je da onda kada lažno svedočimo o nekome, denaturišemo realnost u vezi sa tom osobom i možemo da joj prouzrokujemo veoma velike štete za sav njen život na moralnom nivou, sentimentalnom, ekonomskom, društvenom, religijskom itd, itd, itd. Na ovaj način kada krivotvorimo istinu o nekoj stvari možemo pokvariti tok koji bi trebalo da sledi neki događaj, u skladu sa Zakonom, i ovo može proizvesti nepovratne posledice i teške posledice za mnoge ljude. Sve ovo treba da platimo karmički i na veoma bolan način.

Pitanje: Možete li mi sve ovo objasniti pomoću jednog primera?

Odgovor: To je vrlo lako. Zamislite vi da je neka gospođa sudbinski predodređena da se uda za neku osobu. Ali, neko drugi, na egoističan način, želi da ova žena bude njegova i sposoban je da kaže vereniku te žene da je ta žena laka, da voli mnogo muškaraca, da je neverna, da je ovakva i onakva itd, itd. Sve ovo radi toga da je verenik napusti, kako bi posle ta osoba nju potražila i kako bi joj predložila novu vezu. Na kraju uspeva, jer je ženu napustio njen prvi verenik. Počevši odande, ono lice koje se oženilo onom ženom o kojoj smo govorili, navuklo je na sebe strašnu Karmu, zato što je, u stvari, ukrao verenicu od prvobitnog verenika i ovo se treba platiti dubokim bolom, bilo u ovoj egzistenciji ili u nekoj budućoj. Ovakav je Zakon. Drugi veoma evidentan slučaj lažnog svedočanstva i laži vidimo kod političara iz naših dana. Oni obećavaju narodima ovog sveta zvezde sa neba, a kada stižu da budu predsednici u svojim zemljama potpuno zaborave na data obećanja i administriraju državu kao da je ova njihova svojina, kao kada je reč o ličnim poslovima koje oni vode po sopstvenim prohtevima. Tako da, kradu, spekulišu, postaju koruptni, kriminalci itd, itd, itd. i sve je to kršenje osme zapovesti.

Pitanje: Zapanjujete me sa odgovorima...

Odgovor: Radujem se što vi počinjete da shvatate ove stvari. Zbog toga kažemo da je Gnoza način da se inteligentno živi.

Pitanje: Govorite mi sada o devetoj zapovesti, molim vas...

Odgovor: Prijatelju, deveta zapovest nas upozorava: „NEMOJ ČINITI ADULTERACIJU" i ovo ima mnogo veoma interesantnih implikacija. Prvu stvar koju treba da znamo to je da je ova zapovest, pre svega, seksualne prirode, iako ima i veze i sa drugim akcijama iz našeg života. Seksualna adulteracija ili preljuba opisane su veoma teškim terminima u Svetom pismu, kako u Deuteronomu (Ponovljeni Zakon ili Peta Mojsijeva knjiga) tako i u Levitskom Zakoniku. Zaista je protiv Zakona da mešamo naše seksualne energije sa drugim, osim našeg supružnika. Pogotovo onda kada par poznaje arkanum A.Z.F, koji predstavlja Tajnu nad Tajnama srednjovekovnih alhemičara. Važno je da vi znate da onda kada čovek i žena koji su ujedinjeni u braku čine preljubu, tada par počinje da prima energije suprotne ljubavi, miru, harmoniji. Na nesreću, ljudi današnjeg dana smeju se ovim stvarima, ali činjenice su činjenice i njima se moramo povinovati. Opažajte da tamo gde postoji adulteracija nalaze se moralne i fizičke nesreće, i ovo, zato što onda kada se jedan od supružnika meša na seksualnom nivou sa drugom osobom, koja nije njegov par, taj supružnik preuzima Karmu te osobe i, više od toga, uzima Karmu i svih ostalih osoba koje su imale seksualne odnose sa osobom sa kojom je adulterisao (izvršio preljubu). Sada ćete bolje razumeti zbog čega je svet u kome danas živimo sve više pun boli. Sve to duguje činjenici da je čovečanstvo strašno pomešano, što se tiče seksualne Karme, i zbog toga porodice nemaju više prava na sreću. Treba takođe da kažemo da su seksualne sile u intimnoj (prisnoj) vezi sa Svetim Duhom i onda kada mi činimo preljubu, mi atakujemo protiv Svetoga Duha koji je upravo taj koji guvernira reprodukciju i ljubav.

Pitanje: Da li mi govorite da Sveti Duh ima veze sa seksom, razmnožavanjem i ljubavlju?

Odgovor: Dakako, čak iako vam je teško da poverujete, to je tako. Zbog toga je on taj koji oplođuje device u svim religijama. Setite se vi da je oplodio Mariju u hrišćanskom predanju, a u Indiji je Šiva (Shiva) (ekvivalentan je sa Svetim Duhom iz hrišćanstva) koji sa svojim svetlosnim zracima ili svojim vatrama oplođuje device, u hinduskoj doktrini. Sva Trojstva iz svih religija imaju jedno božanstvo ili jednu sakralnu silu povezanu sa reprodukcijom, ljubavlju i očigledno sa radošću.

Pitanje: Ali, ponovo vam kažem, da meni u mojoj religiji niko nije govorio o ovome...

Odgovor: I ja vama ponavljam da su mnogi prastari sakralni tekstovi bili osakaćeni ili skriveni, jer su mnoge religije želele pakt sa svetom i odustale su od njihovih principa, sa ciljem da zadobiju političku ili javnu moć. I ovo je veoma tužno zbog toga što čovečanstvo nije upoznalo mnoge tajne i sakralne aspekte u vezi sa religijskim principima.

Pitanje: Koji su drugi načini adulteracije?

Odgovor: Cenjeni prijatelju, u današnjem danu adulteracija je običnija od pranja ruku. Pogledajte vi kako se danas jednostavno krivotvore žitarice, a koje se prodaju kao jestive. Vidite li vi kako se uvodi korišćenje namirnica sa genetskim modifikacijama, ko bojagi sa ciljem da bude više namirnica **za sve**. Najgore od svega toga je da će te namirnice uvesti promene i u naše seksualne energije, u naše seme, ali nam se ova stvar ne kazuje, jer postoje mnogo stvorenih interesa oko ove teme. Danas su skoro sve namirnice adulterisane. Mleko je pomešano sa vodom ili brašnom u mnogim zemljama sveta, goveđe meso stiže krivotvoreno do potrošača, jer krave ne dobijaju prirodnu hranu nego im se daje protivprirodna hrana. Podsetite se na bolest poludele krave koja je ranije zahvatila Evropu i čak je stigla da prouzrokuje smrt ljudi. Te životinje su konzumirale životinjsko krmivo umesto da konzumiraju biljno krmivo. Sve se to naziva ADULTERACIJA NAJGORE VRSTE i kažnjava se od strane Velikog Zakona. Postoji takođe krivotvorstvo kada osakaćujemo neku knjigu, kad odstranimo nešto što ne želimo da drugi vide.

Naprimer, sav svet zna da je hrišćanska Biblija bila adulterisana u više navrata tokom vekova. Isto se dogodilo i sa drugim Sakralnim knjigama kao što je Koran ili Bagavad-Gita. Mnogi kalifi su dodali sopstvene koncepte u Koran da bi zadovoljili svoje kaprice i da preskoče izvorne norme koje je ostavio Profet Muhamed. Na isti način mnogi među hrišćanskim Papama izvršili su adulteraciju delova Biblije kako bi prilagodili ovu Sakralnu knjigu za svoje potrebe i ovu stvar poznaju istraživači ovih tema, to je nešto što je bilo veoma očigledno. Svaki put kada mi, ljudi, krivotvorimo religiozne ili filozofske tekstove padamo u delikt adulteracije, u ovom slučaju, božanskih stvari. U osnovi svih ovih adulteracija uvek je prisutno JA i njegovi partikularni interesi. JA uvek želi nove i opet nove senzacije i sve više ekstravagancije i ovo ga tera da adulteriše originaciju stvari da bi zadovoljio svoje fantazije ili da bi pronašao nova egoička zadovoljstva. Tako praktikuje JA adulteracije. Ali krivotvorenje ide mnogo dalje i stiže do najtrivijalnijih stvari našeg svakidašnjeg života. Moguće je da vi poznajete mnogo advokata koji su krivotvorili izvorne tekstove nekog nasleđa ili nekog bilo kakvog spora sa ciljem da bi zaradili sudski proces kog su pokrenuli. Takođe znate da mnogi novinari falsifikuju nečije izgovorene reči sa ciljem da načine bruku i tom brukom da se bolje prodaju novine. Očigledno je da se u poleđini ovih stvari nalazi Ja adulteracije ili pohlepe, koji često deluju zajedno. Tako da, prijatelju, adulteracija je vrlo česta u našim danima i proizvodi čovečanstvu mnogo šteta.

Pitanje: Dobro, sada kada smo dovde stigli, možete li mi objasniti poslednju, desetu poruku?

Odgovor: Sa velikim zadovoljstvom, dragi prijatelju. Deseta poruka nas upozorava: „NEMOJ ČEZNUTI ZA DOBRIMA TVOGA BLIŽNJEG“. To znači da ne treba da čeznemo za stvarima drugih. Smisao ove zapovesti nalazi se u činjenici da nas udalji od jednog realno fatalnog JA, koji se zove pohlepa. Pohlepa donosi nesreće, ratove, porodične sukobe, prestupe svakojake vrste, nezahvalnosti, izdajstva itd, itd, itd. Možemo lako da shvatimo da je u današnjim danima pohlepa uzročnik akcija mnogih osoba. Mi, ljudi, ne želimo da živimo sopstvenu prirodnost i nikada ne želimo da prihvatimo volju Oca. Gledajte, naprimer, postoje mnogi brakovi koji su konstituisani na osnovu pohlepe, a ne na osnovu ljubavi. Ovo je veoma tužno. Danas se kaže da ljubav miriše na bankovne račune i tačno je. Tinejdžeri i tinejdžerke ne stupaju u brak, u mnogim slučajevima, iz istinske ljubavi, već misleći na materijalna dobra koja će ona ili on nekada dati kada se već brakom ujedine. Ovo je atentat protiv Svetog Duha. A sa druge strane, pohlepa se neće nikada zadovoljiti. Uvek funkcioniše psihološkim procesom, šta više, Pohlepa uvek želi sve više i više novca, više moći, više političke ili religijske influencije, više materijalnih dobara, više žena radi adulteracije, više administrativnih povlastica, više slave, više aplauza itd, itd, itd. Nesumnjivo da nas pohlepa pretvara u monstruozne osobe, jer smo u stanju da izneverimo bilo koji ideal samo zbog požude za dobrima koja u rukama drugih vidimo. U osnovi svih ovih nalazi se, skriva se nešto gnusno nazvano samoljublje. Samoljublje se nalazi na osnovi ponosa i sujete ili uobraženosti. Gordost je unutrašnja, a sujeta je spoljašnja. Kada smo pohlepni nikada nemamo unutrašnjeg mira jer ćemo uvek biti revni za najnovija kola, komšijsku kuću, komšijsku ženu, zasluge tog i tog našeg prijatelja, fizičku lepotu drugih, društvene položaje naših prijatelja i rođaka itd, itd,itd. To je niz konflikata koje stvara pohlepa i što je najgore od svega toga, to je u današnjim danima toliko zajedničko, a uspavani ljudi niti da pomisle da su pohlepni. Čovečija pamet skoro uvek funkcioniše uz pomoć uzročnika pohlepe i upoređivanja. Skoro nikada nismo zadovoljni onim što nam je život doneo i, nasuprot, uvek smo u potrazi za sve više novca, stvari, dobra itd, itd, itd. Ovo je žalosna istorija koja podržava ovo društvo nazvano potrošačko društvo.

Pitanje: Ne umem da vam se zahvalim za sve ono što ste mi objasnili. Osiguravam vas da sada zaista bolje razumem šta znači biti dobar hrišćanin, jednostavno, znači biti dobar građanin...

Odgovor: Pričinjava mi zadovoljstvo, za istinu, da otkrijem vašem razumevanju ove divne večite istine koje su sigurno esencija našeg života. Ostalo, realno, nije važno, zato što treba da mislimo da je život prolazan i da ono što vredi, u času smrti, to su vrednosti koje smo ostvarili prilikom našeg prolaska kroz školu života. Nastavite da sami sebe tražite i ja vam garantujem da ćete biti mnogo srećna osoba sada i u času smrti, a čak i onostrano smrti.

Pitanje: Želeo bih da vas pitam kakvo je mišljenje gnostičara u vezi sa pojavljivanjima Device?

Odgovor: Evo, treba vam reći da Bog Majka, tj., ženski aspekat Boga, ima zaista moći da se pojavi pod raznim oblicima kada i gde zaželi. Treba da znate da su Device iz svih religija upravo izvodi ili dupliranja Kosmičke Majke ili Univerzalne Device. Stari Egipćani nazivali su Majku Univerzuma imenom Nut, Asteci iz prastarog Meksika nazivali su je Omecihuatl, hindusi iz Indije nazivaju je Mulaprakriti i mi u Gnozi nazivamo je: Kosmička Majka. Ona je bila tvorac Univerzuma, Galaksija, Sunčevih sistema koji postoje u Prostoru ili Svemiru. Ona je samosvesna Kosmička materija, koju ne vole adepti dijalektičkog materijalizma i istorijskog materijalizma. Ona se takođe duplira u sve Device iz svih religija našeg sveta i ona je ta koja se duplira kao naša unutrašnja lična Majčica o kojoj sam govorio kada sam otkrio četvrtu hrišćansku zapovest. Tako se događa da ponekad ova Kosmička Majka želi da donese poruku nekom narodu ili posebno nekoj naciji i manifestuje se pred mnoštvima kao prikazivanje unutar neke pećine, u nekoj kući, na nekoj planini itd, itd. Kada ona, Kosmička Majka, ima ova pojavljivanja, obično ona donosi važne poruke za čovečanstvo. Podsetite se vi, ne treba ići daleko, pojavljivanja Device iz Fatime pred portugalskom decom pastirima i proroštvo koje je ona kazivala toj deci. Isto tako, setite se obožavanja Device koja se bila pojavila u sanktuarijumu u Lurdu (Lurdes), u Francuskoj, mestu koje posećuje hiljade hodočasnika da bi se izlečili pomoću vode koja šiklja iz studenca gde se pojavila dotična Devica. Ali, treba da opomenemo da nije zlato sve što sija i da takođe postoje izmišljene pojave od strane fanatičnih osoba koje, prepune mitomanijom, govore da im Devica, tamo i amo, dostavlja poruke. Ovo nije istina. Devica je nešto vrlo sakralno i ne donosi poruke svakog trena. U prvom redu, jer to ne zaslužujemo u ovoj haotičnoj epohi i, u drugom redu, Devica se manifestuje samo onda kada zaista ona smatra de je veoma potrebno.

Pitanje: A šta mi možete reći o onim osobama koje kažu da su primile dar za isceljivanje i da isceljuju?

Odgovor: Dakle, isto tako vam kažem, moguće je. U tom slučaju radi se o činjenici da je unutrašnja Božanska Majka neke osobe dala ovaj dar kako bi u njeno ime činila čuda isceljivanja. Nemojte zaboraviti da je svaki Apostol imao pojedine darove i moći. Ovo se događa kada osoba donosi duhovne vrednosti iz prošlih egzistencija, jer je ove stvorio pravilnim životom i razvijanjem svojih ekstrasenzorijalnih sposobnosti. Ili da u ovoj egzistenciji unutrašnja Božanska Majka jedne osobe hoće da joj razvije svesno verovanje i tako joj podari ovaj dar. Ali, ponovo treba da upozorimo da i ovde može Đavo da uvuče rep, tj., postoje osobe koje su prevarene od sopstvenih psiholoških agregata koji čine da se ove osećaju kao da su profeti, predskazivači, isceljitelji itd, itd, itd. I što je najgore, to je da su možda ovi ljudi imali u prošlosti taj i taj metafizički fakultet i sada Ja-ovi manipulišu dotičnim fakultetom čineći da se on oseća božanska individua, čist, prosvećen, i tako stiže da privlači određene energije koje nisu uvek božanske i mogu lečiti pojedine osobe. Postoji poslovica koja kaže: DEMONIUM EST DEUS INVERSUS (demon je obrnut/suprotan Bogu). I istina je da i sa zlokobnim silama moguće je da lečiš osobe, ali u ovom slučaju izlečenje osobe ostaju u vezi sa zlokobnim silama kao naplata za njihovu rekuperaciju i ovo je veoma ozbiljno...

Pitanje: Kako mogu ja da razlikujem dobrog iscelitelja od nekog vrača koji poseduje zlokobne moći?

Odgovor: Ako biste vi studirali Gnozu, učili biste kako da razotkrijete lažne iscelitelje. Ali, u svakom slučaju, budite vi pažljivi ako ona osoba koja leči traži novac za svoje isceliteljske radnje i opažajte kakav život provodi. Tako, na primer, ako je pijandura, preljubnik, besan itd, itd, tada je očigledno da je reč o lažnom iscelitelju ili o nekome koji samo služi tminama.

Pitanje: Ali, osoba koja leči ima pravo da živi...

Odgovor: Vidite li vi, kada božanstvo daruje ovaj dar nekoj osobi pobrinuće se takođe da ima brigu da toj osobi ne nedostaju hleb, odeća i sklonište. Prema tome, veoma je težak delikt da tražiš novac da bi nekog lečio. Onaj koji realno leči, posredstvom iscelitelja, to je Sveti Duh taj koji ljudima daje moći onda kada je to potrebno.

Pitanje: Ali, po ovome što vi meni govorite, lekari današnjih dana čine atentat protiv božanstva...

Odgovor: Pa, trebalo bi da vam kažem istinu, odgovor je – da. Sam Paracelzijus, čije je kompletno ime bilo Teofastro Bombastro Aureolus Paracelsus, rekao je u nekoj prilici: medicina se ne studira, dobija se kao božanski dar. I dozvolite mi da kažem da je Paracelzijus jedan među Očevima Medicine i smatran je kao jedan od stubova medicinske nauke. Kao dodatak svemu ovome, podsetimo se Hipokrata, drugog Oca Medicine, koji je bio tvorac Hipokratove zakletve koju polažu svi lekari kada dobijaju univerzitetske titule u našim danima. Ova zakletva takođe određuje da lekar leči na jednak način bogatog kao i siromašnog. Sada, odgovorite vi meni, da li se u današnjim danima leči na jednak način siromah i bogat, u klinikama i bolnicama?

Pitanje: Pa, istina je da... ne.

Odgovor: Onda mi vi dajete za pravo. Danas je medicina postala biznis i ponekad prljav biznis gde učestvuju farmaceutski interesi, medicinski i administrativni, koji stižu da konstituišu prave mafije. Neka mi oproste lekari sa plemenitim i realnim pozivom, jer ovi zaista postoje, ali ostali pripadaju ovoj komplikovanoj mreži mračnih interesa koji nemaju nikakve veze sa divnim lekarskim zanimanjem.

Pitanje: Kako bi mogli živeti lekari ako ne bi za svoj posao primali platu?

Odgovor: Dozvolite mi da vas podsetim da u antičkoj Kini i u nekim selima sadašnje Kine lekar je bio i jeste osoba kojoj se isplaćivalo nekom vrstom desetka, sve dok su osobe bile zdrave. Ali kada bi se neka osoba razbolela, tada se više nije plaćao desetak jer se smatralo da dotični lekar nije bio sposoban da učini da se ta osoba ne razboli. Kada bi se jednom osoba već oporavila, tada bi mu se ponovo plaćao desetak. Lekar je dakle mogao da živi pomoću raznih desetaka kog su plaćale različite osobe i bio je uvek pažljiv da osobe budu zdrave. Ali opažajte vi ovde nešto interesantno: sve dok je lekar lečio, on nije tražio novac, jer su oni, stari kineski lekari, znali da se za lečenje nije mogao uzimati novac jer je lečenje Božiji dar.

Pitanje: Da li vi verujete da neka molitva može da izleči nekog bolesnika?

Odgovor: Nesumnjivo da može. Reći ću vam nešto važno, i to je da su Paracelzijus i Hipokrat Majstori večite Medicine, odnosno, oni su Adepti koji poseduju dar da večito leče. Ako se vi na njih koncentrišete, zapalite svećicu i dozivate ih u ime Hrista i tražite od njih neko isceljenje, oni će poslušati vašu molitvu i u skladu sa zaslugama koje bolesnik ima prema Velikom Zakonu, izbaviće ga od njegove bolesti. Mi, gnostičari, poznajemo ezoteričke sisteme posredstvom kojih možemo ući u kontakt sa Majstorima večite Medicine i da se molimo za bolesne iz sveta koji se nalaze u zatvorima, bolnicama, sanatorijumima, klinikama ili jednostavno napuštene u bilo kom kraju planete. Ovi Majstori Radijusa Medicine žure prema ovim mestima i obavljaju isceljivanja koja im Zakon dozvoljava da obavljaju, u skladu sa Karmom i Darmom bolesnika.

Pitanje: Da li bi mogla Gnoza da mi otkrije šifru molitve OČE NAŠ?

Odgovor: Vrlo rado, prijatelju. Setite se da ova molitva počinje kazivajući nam:

OČE NAŠ: jer je stvarno on Otac svih kreatura. Biće je implicirano u sve što je ukupna Kreacija i mi smo deo toga.

KOJI SI NA NEBESIMA: zato što Biće živi u višim dimenzijama Prostora i u našim dubinama.

NEKA SE SVETI IME TVOJE: jer sam već objasnio da je ime BIĆA nešto Sveto koje nikada ne treba uzalud izgovarati.

NEKA DOĐE CARSTVO TVOJE: carstvo Bića je carstvo slave, duhovne i materijalne moći i sile. Carstvo Oca, BIĆA, je carstvo istinske sreće, istine, pravde, ljubavi u njenom pravom smislu itd. I mi čeznemo da uđemo u njegovo carstvo.

NEKA BUDE VOLJA TVOJA, KAKO NA NEBU TAKO I NA ZEMLJI: mi treba da činimo volju BIĆA, a ne volju EGO-A, ILI MNOŠTVU JA-OVA KOJI GA SAČINJAVAJU. Treba da činimo volju našeg Realnog Bića u unutrašnjim svetovima i u fizičkom svetu. Kada se ovo bude dogodilo, znači da ćemo biti ujedinjeni sa njim i nećemo pasti u iskušenje ni u fizičkom svetu niti u supraosetljivim svetovima Prirode ili hiperdimenzionalnog prostora. Čovečanstvo uvek čini volju svojim psihološkim agregatima i zbog toga ga Otac uvek kažnjava, jer sve dok idemo protiv Očeve volje, samo privlačimo različite vrste Karme.

HLEB NAŠ NASUŠNI, DAJ NAMA DANAS: hleb kog tražimo u ovom delu molitve, nije samo materijalni hleb, već i suprasupstancijalni hleb Duha. Dotičan hleb sastoji se iz raznih događaja koje nam on donosi u naš život i koji treba da nam posluži da bi reflektirali i da bi se udubili u nas same. Ovi događaji mogu biti prijatni ili neprijatni. Neprijatne događaje u Gnozi nazivamo „psiho- loške gimnazije", jer nam pomažu da očvrsnemo mišiće Duha onda kada ih prevaziđemo.

I OPROSTI NAMA DUGOVE NAŠE KAO ŠTO I MI OPRAŠTAMO DUŽNICIMA SVOJIM: treba da molimo Oca da nam oprosti našu sadašnju Karmu ili iz prošlih života, ali da bi nam on oprostio treba da i mi oprostimo dugove koji su drugi nama dužni, bilo da su oni moralnog, psihološkog, etičkog karaktera. Drugim rečima, treba da opraštamo greške koje su drugi prema nama učinili. Na ovaj način Otac će nas slušati kada ćemo ga moliti da nas sasluša i da nam oprosti varvarstva naša.

I NE OSTAVI NAS DA PADAMO U ISKUŠENJE: jer samo Otac ima moć da udalji sile zla koje žele da učine da padamo u iskušenja JA-ova. Imajući u vidu da je Duša slaba, samo Otac će joj moći po- moći da ne padne pred makijavelističkom influencijom ŽIVOTINJ- SKOG JA.

I IZBAVI NAS OD BILO KOG ZLA, AMIN: Otac, BIĆE, može nas izbaviti od bilo kog zla, od svake patnje, od svake spoljne ili unutraš- nje zlokobne sile koja bi želela da nas baci u degeneraciju ili invo- luciju, ali, radi ovog treba da sa njim sarađujemo. Neka vam uvek bude na umu, cenjeni prijatelju, da „Bog nema poželjne sinove, ali ima sinove koji njega žele". Da li ste zadovoljni?

Veoma sam zadovoljan, veoma sam zadovoljan, nikada mi se nije stvarno objasnilo, na ovako lep način, ova stara i lepa molitva. Sada mi je želja da je recitujem sa većim zanosom i verom u nju. Hiljade zahvalnosti Gnozi...

Pitanje: Postoje religije u kojima vojevuju sveštenici koji su otišli u planine iz Južne Amerike, naprimer, da formiraju na- oružane gerile da bi se borile za sirotinju ili deposedovane. Kako gleda Gnoza na ovu pojavu?

Odgovor: Pa iskreno, dozvolite mi da kažem da su ti sveštenici pogrešili poziv. Trebalo je da oni prihvate karijeru oružija i, ako su želeli, da odlaze da se bore za prava u korist siromašnih. Ali proizilazi da je apsolutno smešno, čak i bogohuljenje, da jedan Božiji sluga ide u planine da ubija ljude želeći da tako reši problem gladi. Ovo je van zakona ljudi i van Božijeg Zakona. Ne možemo služiti istovremeno Bogu i Đavolu. Ili je dobar sveštenik, ili je ubica, ali obe stvari i u isto vreme ne mogu se shvatiti u istoj osobi. Sveštenici su da upućuju duše, da čine da razumeju greške, da im pokazuju put pravičnosti itd, itd, ali nikada da se late oružja da bi dotakli ciljeve posredstvom nasilja.

Pitanje: Doznao sam da onda kada su Evropljani stigli u Ameriku, „sa ciljem da je kolonizuju", katolički sveštenici su zapovedali da se spale mnogo kodeksa koji su sadržavali medicinske formule, ceremonije, objašnjenja o poreklu Univerzuma, ideja onih naroda u vezi sa njihovom etikom itd. Kako gleda Gnoza na ovakav čin od strane one Crkve?

Odgovor: Pa mi na to gledamo kao na teroristički čin i uvredu koja je naneta, od strane te crkve, narodima iz Amerike, od Severne do Južne. Ovim činom, uništila se, većim delom, izvorna istorija ovih domorodačkih naroda, sa izgovorom da su oni kodeksi bili tada smatrani od strane gospode inkvizitora kao „maligni". Kasnije su bili spaljeni na javnim lomačama mnogi olmetski, astečki, zapoteški, majanski, čibčanski, inkaški itd. sveštenici, jer su bili smatrani kao nečisti i prijatelji Sotone.

Pitanje: Šta nam može reći Gnoza o inkviziciji?

Odgovor: Inkvizicija je crna i zastrašujuća istorija Katoličke crkve u protoku Srednjeg veka i pri njegovom kraju. Za vreme ovog perioda spaljene su na lomačama inkvizicije mnoge nevine osobe i ljudi od velike kulturne i naučne vrednosti, zbog proste činjenice da su imali neke revolucionarne koncepte koji se nisu poklapali sa dogmama katolicizma. Bili su to akti ljudskog varvarstva u ime neke „religijske vere". Ovo je vrhunac vrhunca.

Pitanje: Šta misli Gnoza o Svetom Malakiji?

Odgovor: Sveti Malakija bio je mistik sa veoma velikim moćima ultravidovitosti, tako da je bio sposoban da predskaže veliki spisak Papa; i tamo, opisuje koji će biti emblem ili načelo koje će karakterisati svakog Papu. Više od toga, objašnjava koliko će trajati Rimski papalitet. Do sada nije se prevario u svome proroštvu niti u opisivanju načela koja su karakterisala Pape na njihovoj putanji.

3

GNOZA I NAUKA

itanje: Vi ste nešto ranije govorili o nauci bez etike i bez principa i o nekoj drugoj nauci superiornoj, možete nam objasniti?

Odgovor: Kad se u Gnozi govori o Nauci, govori se o Čistoj nauci, ne o tom truležu teorija koje su sad sve preplavile. Čista je nauka, kao ona Paracelsusova, Religijozna nauka, kao ona koju su koristili Mojsije i Isus radi stvaranja čuda. Nauka ovih dana je Lažna nauka, Nauka puna egoisitičkih interesa; Nauka koja ne poštuje duhovne principe ljudskoga bića; Nauka u kojoj cilj opravdava sredstva, čak iako ova uključuju fizički i psihološki bol bilo kog živog stvorenja. Nauka u kojoj je reč „progres" služi da bi opravdala najgore užase.

Nauka naših dana, dakako, jeste Nauka koja danas tvrdi na dogmatski način jednu tezu i sutra, sa gordošću koja je karakteriše, tvrdi tačno suprotno. Nauka puna protivrečnosti, koja na paradoksalan način tvrdi da veruje samo u ono što vidi i, ipak, čvrsto podržava apsurdne hipoteze koje nikada ne mogu biti dokazane. Ovo je Moderna nauka...

Pitanje: Da li vi, gnostičari, prihvatate Darvinovu evolucionističku teoriju, naprimer?

Odgovor: „Bilo je vrlo simpatičnih komentara; Materijalistička nauka pronalazi svakog dana nove hipoteze. Ustanovili su, naprimer, veoma zanimljiv lanac, izuzetno smešan, u vezi sa našim mogućim precima. Kao kralj ovog lanca pojavljuje se ajkula, iz koje proizilaze, po materijalističkim antropolozima, gmizavci.”

Pitanje: I posle?

Odgovor: „Smešna teorija, nije tako? Nastavlja zatim sa famoznim oposum-om, stvorenjem sličnom krokodilu, ali više evoluiranom, kako oni podvlače. I odavde prelaze na sledeću kariku tog velikog lanca čudesa, na neku životinjicu kojoj se pridavao, u tim vremenima, veoma veliki značaj. Odnosim se sa naglaskom na lemurijana ili lemura kako ga nazivaju. Dodeljuje mu se diskoidalna placenta, stvar koja je odbijena čak od samih zoologa.

Nailazimo na strašne protivrečnosti u ovim umršenostima Materijalističke nauke. Problem se nastavlja smatrajući da se od ove životinjice, koja je mogla postojati pre sto pedeset miliona godina, izdvaja svojevremeno majmun i na kraju gorila. U ovom lancu, gorila je najbliži naš predak, predak čoveka.”

Pitanje: Ali antropolozi kažu da imaju dokaze za ono što govore, i onda?

Odgovor: „Neki antropolozi ne zaboravljaju da unesu u ove probleme i bednog miša, čak štaviše, hoće da ga uključe u ovaj lanac. Kako? Na koji način? Traže se, naravno, sličnosti, na osnovu kojih da se veruje da oblik glave i ustiju ajkule stoji iza porekla drugih sisara i, među ostalima, brata miša.

Činjenica da je neki lik sličan drugom, da bude moguća osnova po kojoj će se tvrditi neka moguća descendencija, dokazuje se toliko empirično, u osnovi, kao i kod onih koji veruju da je čovek bio napravljen od blata, kao i kod onih koji tumače rečenicu bukvalno, ne razumeći da je ovo samo simbolično.

Ali, gde su karike? Kako je moguće da se od ajkula, tek tako, pojavi preko noći ili posle nekoliko vekova, gmizavac? Prošli su milioni godina i ajkule nastavljaju u miru i nikada nismo videli da se iz neke vrste ajkula, bilo da je iz Atlantika ili Pacifika, rađaju novi gmizavci.

Ipak, nisu li ovi, gospoda Materijalističke nauke, oni koji govore da veruju samo u ono što vide, a da ne prihvataju ništa od onoga što nisu videli? Kakva strašna protivrečnost! Veruju hipotezama, a nikada ih nisu videli."

Pitanje: Da li je ovaj stav isti kao i onaj, koji čini da ljudi od nauke odbijaju postojanje drugih dimenzija?

Odgovor: „To su baš oni moderni naučnici, oni koji se protive ovim pitanjima viših dimenzija Prirode i Kosmosa. Zbog koje činjenice se ovo dešava? Jednostavno zbog činjenice što je njihova pamet zastarela, degenerisana, ne mogu videti dalje od nosa, ovo je očigledno.

Da postoji četvrta koordinata, četvrta vertikala, neoborivo je. Ipak, Ajnštajn je prihvatio četvrtu dimenziju.

U matematici niko neće negirati četvrtu dimenziju. Ali, ljudima materijalistima ove epohe, ne pada ni na pamet ovo pitanje, da bi mogla postojati druga dimenzija ili druge više dimenzije Prirode. Nastoje silom da se svi zatvaramo ili samozatvaramo u trodimenzionalni Euklidov svet i, zbog ovog pogrešnog apsurdnog položaja u kom se oni nalaze, drže savremenu fiziku da ne napreduje."

Pitanje: Mislite li Vi, ako bi naučnici prihvatili četvrtu vertikalu ili četvrtu dimenziju, da bi se stvari mnogo popravile?

Odgovor: „Ovo je vreme kada bi već trebalo da budu kosmički brodovi osposobljeni da putuju kroz beskonačnost, ali je ova stvar nemoguća, sve dok fizika ostaje ubuteljena u trodimenzionalnoj dogmi.

Nije daleko dan kada će se ove dimenzije prirode moći videti pomoću vrlo osetljivih optičkih aparata. Ali, dok ne dođe taj dan, možemo biti sigurni da ćemo morati da podnosimo ova vređanja koja je podnosio i Paster kada je govorio o mikrobima.

Za sada se čine eksperimentisanja za pretvaranje zvučnih talasa u slike, a kada se bude to desilo, onda će se moći videti evolutivni procesi Prirode i onda će ova materijalistička nauka ostati razotkrivena ispred svečane presude javne Svesti.”

Pitanje: Govorite mi o svemirskom nadmetanju viđenom kroz sočivo Gnoze.

Odgovor: Za Gnozu, prijatelju, prostor je sakralan. Prostor je materica Velike Majke Univerzuma. Ova stvar koju mi iskazujemo zvuči kao „glupost” u ušima pobornika materijalizma i sa sigurnošću će nas smatrati osrednjim, usidrenim u Srednjem veku. Ali, stvarno, prostor je sveti i zato smatramo da lansirajući rakete napunjene hidrogenom kao gorivom, satelite koji treba da špijuniraju iz prostora druge narode, teleskope radi posmatranja gravitirajućeg neba oko naše planete itd, itd, sve to predstavlja flagrantno kršenje Zakona univerzalne harmonije i znači, pored ostalih stvari, bacanje đubreta u nedra prostora. Sada, pored činjenice da smo zagadili mora, vazduh, planine naše planete itd, želimo da pretvorimo u smetište i zvezdani prostor.

Pitanje: Dozvolite mi da vas upitam, zar ljudsko biće nema pravo da istražuje prostor, da sazna mogućnost egzistencije drugih naseljenih svetova?

Odgovor: Zaista, ima. Ali postoje načini i načini. Ako bi ovo čovečanstvo odustalo od trke u naoružavanju, ako bi se zaustavili ratovi, ako bi se svi borili da izbacimo iz naše prirode egoizam, pohlepu, gnev, ako umesto da zagađujemo prostor sa gorivima aviona i raketa, ako bi voleli više Prirodu, onda bi Zemlja dobila kosmičke brodove kakve imaju druge naprednije civilizacije iz našeg sunčevog sistema i iz drugih sunčevih sistema. Sa ovim brodovima na sunčev pogon i drugim nezagađujućim gorivima, mogli bi istraživati mesta u Univerzumu, ne kršeći Zakon univerzalne ravnoteže.

Pitanje: Ali, znate li vi da postoje vanzemaljska ljudstva koja poseduju ovakve brodove o kojima nam govorite?

Odgovor: Znamo apsolutno sigurno i imamo kontakte sa tim bićima iz drugih svetova. Ova bića nemaju nikakve veze sa glupostima koje nam prikazuju televizijske serije u kojima su oni uvek loša bića, a mi siroti, proganjani smo od njih. Čovečiji oblik je univerzalni prototip i jedino što se može menjati je boja kože ili stas, ili da budu manje ili više lepši od nas. U gnozi imamo simbol pomoću kojeg možemo komunicirati sa našom superiornijom braćom iz zvezdanog prostora. Oni nas posmatraju sa dubokom brigom jer znaju da ćemo jednoga dana, verovatno, stići do samoistrebljivanja, posredstvom nuklearnog konflikta.

Pitanje: Možete nam opisati simbol preko kojeg vi, gnostičari, možete komunicirati sa bićima iz zvezdanog prostora?

Odgovor: Bilo bi komplikovano da vam objasnim kao lektiru u ovim stranicama, ali ako bi vi pohađali kurseve naših asocijacija, u odgovarajućem momentu, vi biste mogli dobiti ovaj simbol da bi ga koristili i stigli da komunicirate sa našom braćom iz prostora.

Pitanje: Postoje neki koji govore da trud koji se ulaže u specijalno nadmetanje je zbog činjenice da američki i ruski naučnici znaju da su na našoj planeti pri kraju energetske rezerve i da je potrebno da traže druga energetska nalazišta, radi obezbeđenja ljudskog opstanka na našoj planeti. Uključivši, da neki tvrde kako će naša planeta umreti i da treba da emigriramo ka drugim svetovima. Kakvo je Vaše mišljenje o svemu ovome?

Odgovor: Da budem iskren, moram vam priznati da je, bez sumnje, naša planeta uništavana sa hiljadu kilometara na sat. Očigledno je da ako ova stvar ne bude obustavljena, stići će momenat u kojem će naša planeta postati neizbežno nenaseljiva. Ali, na sreću Priroda ima svoj program kako bi inteligentno reagovala pred tolikim katastrofama, koje mi ljudi izazivamo. Ona zna da se brani i čini to tako što prouzrokuje orkane, zemljotrese, zemljotrese na dnu mora itd, itd. Ali, više od toga, vi bi trebalo da znate da svaka planeta treba da dâ sedam rasa i svaka rasa treba da da sedam podrasa. Ovo pripada antropogenezi koju izučavamo u naprednijim fazama u okviru naših studija. Do sada je naša planeta već dala pet rasa i to, protoplazmatičnu, hiperborejsku, lemurijsku, atlantiđansku i sada se nalazimo u petoj koju mi nazivamo arijanska rasa. Ova arijevska rasa već je dala svih sedam podrasa i nalazi se u finalnom delu svog ciklusa ili aktivnosti i, iako zvuči grubo ono što ću reći, osuđena je na nestanak.

Pitanje: Momenat, momenat, molim vas, ovo o arijevskoj rasi mi zvuči kao hitlerovski ili nacistički, šta je ovo?

Odgovor: Prijatelju, Hitler se prevario u mnogim stvarima, između ostalog, u verovanju da je arijevska rasa sastavljena samo od ljudi sa severa naše planete. Arijevci smo svi, jer smo preživeli potapanje kontinenta Atlantide, a sada smo raseljeni na pet kontinenata zemaljske kugle.

Pitanje: Onda, ovo o Atlantidi je istinito?

Odgovor: Podsetite se da je Platon, značajni grčki filozof i jedan od tvoraca Eternalne filozofije, bio ozbiljan čovek. On je bio u kontaktu sa egipatskim sveštenicima iz grada Saisa (antički Egipat) i ovi, sveštenici, detaljno su ga obavestili o onome što se tiče stare Atlantide. Platon je sakupio sve ove informacije i potom ih je izložio u svom delu koje govori o dijalozima između Kritijasa i Tiamajosa. Ali postoje brojni dokazi koji potvrđuju postojanje ovog ogromnog kontinenta koji je spajao ono što je danas Evropa i Afrika.

Pitanje: Možete li mi pričati malo više o Atlantidi?

Odgovor: U odgovarajućem momentu, prijatelju, govorićemo o njoj.

Pitanje: Nedavno sam pročitao u nekim značajnim novinama kako su naučnici pronašli da su svinjska krv i neki organi ove životinje, vrlo slični sa čovečijim i prema tome ne isključuju mogućnost da u najskorije vreme budu sprovedene transfuzije svinjske krvi i transplantacija svinjske jetre kod ljudi, kojima je to potrebno. Koje je mišljenje Gnoze povodom ove ideje?

Odgovor: Ovo je direktni atentat protiv prirode. Treba vam reći da je svinja kompletno involutivna životinja. Atomi ove imaju grubu gustinu. Kao simbol, svinja predstavlja najdegradiranije instinkte ljudskog bića u svim religijama. To je životinja koja voli prljavštinu, koja voli da živi u blatu i koja se bestijalno razmnožava. Ne zaboravite da Jevreji i Muslimani nikada ne jedu svinjsko meso baš zbog toga da ne bi napunili stomake i krv sa dijaboličnim atomima. Kada je Isus Hristos izvukao demone, koji su zaposednuli nekog bednog nesrećnika, po Novom Zavetu, uterao ih je u neke svinje, koje su onuda pasle, a zatim ih je naterao da se bace u neku provaliju. Sve ovo stvara neku ideju o apsurdnosti da se vrši transfuzija krvi ili transplantacija organa svinja. Stvarno je odvratno. Ali tako radi „Nauka"...

Pitanje: Onda, da li je pogodno da jedemo svinjsko meso?

Odgovor: Ako možete izbeći da jedete, uradite to. Ali mi nismo fanatici i ne želimo da od kuhinje napravimo religiju.

Pitanje: Da li bi se Gnoza složila sa transfuzijom svinjske krvi i transplantacijom svinjskih organa?

Odgovor: Nikada. Gnoza ne prihvata ovakvu vrstu transfuzija, jer su protivu Prirode.

Pitanje: Ovo znači da ako bi ljudi imali više Svesti, bolesti kao rak, SIDA, ne bi više postojale?

Odgovor: Nesumnjivo, da. Želim da vam kažem da Gnoza već poznaje dva načina za lečenje raka. Prvi se sastoji od kapsula koje sadrže meso zmije zvečarke. Ovo se već sprema na komercialnom nivou u mestima u Meksiku. Asteci su jeli meso ovih zmija kao što mi jedemo salatu. Oni su sušili ovo i pretvarali u prah, pa ga zatim posipali po namirnicama. Iz ovog razloga domoroci nisu poznavali ove bolesti koje su sa sobom doneli evropski kolonizatori kada su kročili na američke zemlje. Drugi remedijum se sastoji od biljke koja takođe raste u Republici Meksiko i naziva se ARANTO. Ova je biljka autentičan lek protiv raka. Već imamo mnogo slučajeva koji dokazuju efikasnost ove biljke protiv bolesti raka. Isto se dešava i sa SIDOM, kada bi naučnici budili svoju Svest..., jer je Priroda divna knjiga koja sadrži sva sredstva za lečenje svih bolesti. Podsetite se da većina postojećih lekova na svetskom tržištu proizilaze od biljaka koje su tretirane po formulama datih od populacije te i te zemlje i koje su zatim prodavane sa etiketama, noseći ime određenog farmaceutskog laboratorijuma.

Pitanje: A kako gledaju gnostičari na transfuzije ljudske krvi?

Odgovor: Krv sadrži najveću količinu karmičkih i darmičkih atoma koje može imati neka osoba. Ovim želimo reći da u našoj krvi cirkulišu naše potencijalne bolesti kao i imunizirajući agenti ovih bolesti. Tako da, onda kada primamo krv od nekog čoveka, primamo i karmičke i darmičke atome ovoga. U ovoj tački mi imamo ovo mišljenje: nije nikakav problem donirati krv ako barem znamo ko je primalac ove. Ako je reč o osobi koju poznajemo ili o rodbini i da su osobe sa normalnim nivoom života, koji nisu alkoholičari, niti narkomani, niti ubice, niti mafijaši itd, itd, onda se slažemo da dajemo krv. Ako dajemo krv nekom prijatelju ili rodu, nema problema jer ostajemo povezani (za druge egzistencije) sa osobama koje već poznajemo i znamo kakve su. Ono što nije ispravno je da doniramo našu krv, a da ne znamo kuda ova ide ili da primimo krv, a da ne znamo ko je donator. Postoji nezdrav običaj da se vadi krv osobama koje ispaštaju krivične kazne, u zatvorima, za kapitalna krivična dela kao ubistva, trovanje mnogih ljudi itd, itd. Zatim, bezobzirno, ta se krv ubacuje nekom za vreme nekog hirurškog zahvata jer se dokazuje da je ta osoba kompatibilna sa operisanom osobom. Ovo nije ispravno. Mi preporučujemo da ako treba da doživimo operaciju, tražimo onda od lekara, nedeljama dana pre, da izvuku krv iz našeg sopstvenog tela i u slučaju potrebe za krvi u toku operacije, neka nam vrše transfuziju naše krvi. Ovo se najviše preporučuje.

Pitanje: Od nedavno, neki su naučnici kreirali petla i pile bez perja, drugim rečima, koji nikad neće imati perja. Po njima, ovo će olakšati potrošnju živinskog mesa. Kakvo je vaše mišljenje, gnostičara, o ovom eksperimentu?

Odgovor: U prvom redu, moram vam reći da su ovo naučne aberacije. Ovo je jednostavno okrutnost. Tužno je da se pretvara jedan genom životinjskog stvora pre nego što je došao na svet u njegovim originacijskim uslovima. Ovo demonstrira naučnu okrutnost i ljudsku okrutnost uopšte, jer ne želimo da pile ili petao, o kojima je reč, imaju svoj normalan život.

Pitanje: Isti naučnici su stvorili patlidžan bez semenki, sa izgovorom da je lakše svarljiv. Šta mi možete reći o ovome?

Odgovor: Ponovo smo na istom terenu. Patlidžan bez semena je plod bez izvornih principa. Radi ovoga, elemental koji je kao esencija iz te familije patlidžana, ne privlači iz prostora energije koje dotičan patlidžan treba da sadrži, jer se elemental ne upušta u tu igru. Prema tome, taj patlidžan nema vitalne principe koje bi trebalo da ima i na kraju, ješćemo mrtvu hranu, prehrambeno smeće. Setite se da smo još govorili o činjenici da svaka biljka i svaka životinja imaju svoj elemental ili Dušu i kada je u evoluciji traži da stigne do ljudskog stanja. Prema tome, elementali, u ovim slučajevima, ne upuštaju se u ovu morbidnu igru naučnika i neće privlačiti sunčeve sile koje bi trebalo da budu u tim plodovima.

Pitanje: U istom idejnom redosledu, može li Gnoza da mi kaže kakvo je njeno mišljenje o nuklearnoj energiji?

Odgovor: Sa zadovoljstvom vam odgovaram na pitanje. Vidite Vi, nuklearna energija iskorišćavana sa dobrim namerama je dosta ekonomična i dobar je izvor energije. Ali svi znaju da proizvodi radioaktivno zagađivanje i da je izvor stalne opasnosti, tako kako se dokazalo kroz eksploziju atomskog reaktora u Černobilu, na istoku našeg sveta. Najopasnija strana u vezi sa nuklearnom energijom jeste da, u našim danima, biva osnova za pretnje kojima se koriste recipročno vlade našeg sveta. Ljudi i vlade se naoružavaju kada ih je strah, a strah ih tera da traže sigurnost. Ovo je to što stvara trku u naoružavanju koja nikad nema kraja, čak iako se potpisuju sporazumi o nuklearnoj neproliferaciji (ograničavanju). Ceo svet zna da vlade ne poštuju ono što potpisuju i, skriveno, nastavljaju da vrše nuklearna eksperimentisanja. Stari Atlantiđani, i oni su pronašli atomsku energiju i završili su uništavajući se povodom nekog nuklearnog rata. Onda, sve to je još više ubrzalo potapanje tog kontinenta. Preživeli dotične katastrofe bili su rukovođeni na sigurno mesto od strane onoga koji je tada bio Manu Vaivasvata (biblijski Noje) i sklonili se u zemlje za koje su znali da neće biti dotaknute radijacijama. Kasnije tamo, u tim novim zemljama, procvetale su civilizacije kao Antička Kina, Tibet, Egipat, Grčka, Vavilonija itd. Ali, suprotno, one hiljade i hiljade koji nisu uspeli da izbegnu taj nuklearni rat, doživeli su strašne genetske promene i stigli su da izgube razum. Mnogi od njih su bili uhvaćeni na delovima Atlantide koji su plovili po okeanu i tamo, poremećeni na hromozomskom nivou, pomešali se sa životinjama, takođe genetski poremećenim, a rezultat su bile razne vrste majmuna koje danas nastanjuju zemlju i koje gospodin Darvin napominje. Mi, gnostičari, znamo da je majmun taj koji potiče od čoveka i nije čovek taj koji potiče od majmuna. Ovo je zabluda gospodina Darvina.

Pitanje: Onda svi ovi trogloditi (pećinski ljudi) koji su naznačeni kao Australopitekus, Neandertalac, Homus Afrikanus itd, šta su ovi?

Odgovor: Ovi ljudi nisu drugo, nego degenerisani Atlantiđani. Oni su se povukli u pećine i kaverne, kada su se komadi Atlantide prilepili zemljama kao što je Afrika, Španija, Australija itd. Tamo, ovi su ljudi povratili razum ujedno sa prolaskom vekova i zato su crtali lovačke scene u njihovim pećinama i organizovali su se u klanove i plemena itd. Ali nemaju ništa zajedničko slavni preci savremenog čoveka sa onim trogloditima, koji su posle nestali i danas se nalazi samo fosili, tu i tamo. Materijalistički arheolozi uporno traže vezu između ovih troglodita i majmuna i nikad je neće naći jer su majmuni bili rezultat seksualnog ukrštanja troglodita i genetski poremećenih životinja, tako kako sam već rekao. I kao vrhunac, zatim se ostvarilo mešanje između troglodita i majmuna i rezultirali su drugi oblici troglodita. Tako se desilo. Smešno je da se tvrdi da istorija čoveka proizilazi iz pećinskog čoveka i zbog toga se uporno traži veza koja, kako se kaže, treba da bude između majmuna i čoveka.

Pitanje: I ako ne koristimo nuklearnu energiju, koji energetski izvor bi mogli koristiti umesto nje?

Odgovor: Ponovo vam kažem, ako bi ljudi probudili Svest priroda bi nam otkrila njene tajne i ovoga časa mi bi koristili prirodne energije koju koriste ljudi iz drugih svetova napredniji od našeg. Naprimer, sunčeva energija je odlična, ali postoji lenjost kod vlada za razvijanje u razne svrhe i više od toga, nije uništavajuća kao nuklearna energija. Ne služi za pravljenje oružja za masovno uništavanje i ova stvar ne zanima gospodare ratova. Pre izvesnog vremena neko je pronašao da bi motor automobila mogao funkcionisati i na vodi, ali taj izum nije bio reklamiran zato što nisu bili zainteresovani gospoda naftaši. U mestima kao Brazil postoje hiljade automobila koji se kreću pomoću alkohola. Ovo nam dokazuje da postoje drugi izvori energije koje možemo eksploatisati i koristiti, ali postoji mnogo interesa stvorenih oko teme energije i njenih izvora.

Pitanje: Dobro, sada mi recite koje je mišljenje gnoze o Big Bengu kao originaciji Univerzuma?

Odgovor: U stvarnosti ta teorija Big Benga zvuči kao priča za decu. Ljudi od nauke su prvi koji govore da veruju samo u ono što vide, a oni nikad nisu videli famozni Big Beng, niti su tamo imali video kamere da snime taj spektakl kojeg su izmislili. Onda zbog čega se nazivaju naučnici, a veruju samo hipotezama? Ko razume ovo? Dozvolite mi da vam kažem da famozni Big Beng nije nikad postojao, naučna je špekulacija kao i mnoge druge.

Pitanje: Ali, naučnici govore da su videli teleskopima zvezde koje su eksplodirale i sunca su se ugasila itd, itd. Šta misli Gnoza o ovome?

Odgovor: Da pojave koje vide naučnici njihovim teleskopima nisu ono što oni misle da jesu. Gledajte vi da ako se izađe u nebeski prostor van Zemlje, neće se videti sunčevi zraci tako kako se vide kada smo na našoj planeti, a ipak su tamo. Naša atmosfera je ta koja pretvara te svetlosne zrake u različite serije energija. Isto tako, činjenica da se vide u prostoru neke ogromne fleke ne opunomoćuje ljude od nauke da autoritativno tvrde: ovo je nebuloza koja je eksplodirala!...

Pitanje: Ali, naprimer, Sunce, po ljudima iz nauke, to je svet pun vatre koji stiže da stvara električne oluje koje čine solarne pege. Šta misli Gnoza o tome?

Odgovor: Pa evo, načudi se prijatelju, jer Sunce nije svet pun vatre. To je gigantski svet sa ogromnim okeanima, planinama, rekama, ljudskim životom i obilatom faunom.

Pitanje: Šta to vi govorite?

Odgovor: Ono što ste čuli, ni manje ni više.

Pitanje: Ali, odakle ste vi, gnostičari izvukli ovakvu tvrdnju?

Odgovor: Već sam vam pre govorio o činjenici da ako se poseduje stvarno astralno telo moguće je putovanje kroz prostor i vreme. Tako dakle, sa astralnim telom, onaj koji ga je izgradio, može za nekoliko sekundi da otputuje do Sunca i da proveri da je Sunce bogat svet i pun života.

Pitanje: Da li je neko od vas obavio ovo putovanje do Sunca?

Odgovor: Predsednik, utemeljivač Savremene Gnoze, Venerabilan Majstor Samael Aun Weor je više puta to uradio i jednog će dana zemaljska Nauka proveriti ovu informaciju. Isti majstor Samael tvrdio je još od 1950. godine da su leteći tanjiri i kosmički brodovi iz drugih svetova realnost i kasnije Nauka nije imala drugo rešenje nego da prihvati egzistenciju pojave NLO. Ali, više od toga, isti Majstor Samael je takođe rekao 1954. da na Mesecu postoji voda na polovima i da na Marsu ima vode, takođe na polovima i da Marsovci žive na Ekvatoru ove planete. Danas naučnici već znaju da na Mesecu ima vode i da razmišljaju da je iskoriste radi stvaranja veštačkog života na ovom satelitu. Takođe danas, naučnici su vrlo zainteresovani za Mars jer su otkrili vodu na polovima i ovo sugeriše da je moguće da je postojao ili postoji život na Marsu, što treba otkriti

Pitanje: Da li bi mogla Gnoza, sigurno, da razjasni, zbog čega svi poslati aparati, radi istraživanja atmosfere Marsa i uglavnom života na Marsu, nestaju ili ne funkcionišu ili ne šalju informacije koje se od njih očekuju?

Odgovor: Dakle, dozvolite mi da vam kažem da Marsovci imaju vrlo naprednu civilizaciju i poseduju sisteme za skretanje sondi, koje mi Zemljani šaljemo sa ciljem istraživanja. Onda, oni, Marsovci, skreću naše aparate ka njihovim pustinjama. Zbog toga naši aparati šalju informacije da su na Marsu temperature od 55 stepeni ili 52 stepena (naravno to su temperature u pustinjama bilo kog sveta) i odašilju prema Zemlji dezolantne slike i pejsaže. Marsovski život se odvija na ekvatoru planete i u podtlu Marsa.

Marsovci neće dozvoliti spuštanje zemaljskih brodova na njihovu planetu, jer ovo predstavlja kršenje zakona sideralnog prostora. Nije korektno da zemaljski humanoidi šetaju van svoje zoološke bašte, koja je Zemlja.

Pitanje: Nedavno sam video na televiziji da se neki američki robot spustio na marsovsko tlo i neki evropski satelit je fotografisao iz blizine marsovsko tlo i, još više, naučnici su zahvaljujući svemu ovome otkrili, kao da na južnom pola Marsa postoji zaleđena voda. Ja vas sada pitam: da li će stići Zemljani da osvoje Mars?

Odgovor: Već sam vam rekao, prijatelju, da su Zemljani uporni da upoznaju planetu Mars i da sa ambicijom žele da obave putovanja na ovu planetu sa ciljem da tamo izvedu zemaljski život sa svim njegovim stupidnostima koje poseduje. Ali, želim da znate da je Gnoza već rekla, zahvaljujući svom Predsedniku osnivaču naših studuja, dr Samaelu Aun Weoru, da postoji voda na Marsu i da je Marsovci prenose sa polova kako bi je koristili. Marsovci žive u podtlu planete i imaju, kako sam već rekao, naprednu civilizaciju. U određenom momentu, oni, stanovnici Marsa, učiniće da se njihov glas čuje radi upozorenja Zemljanima da ne uzurpiraju njihovu teritoriju, i ako to pokušavaju, moraće da snose posledice. Oni, Marsovci se ne ljute sve dok samo fotografišemo njihovu planetu. Ali sve ovo predstavlja kršenje Zakona jer nijedno ljudstvo ne treba da interveniše u životu drugih svetova i njihovih stanovnika. Veliki zakon je u toku sa svim ovim i u određenom momentu kazniće zemaljsko ljudstvo i njihove međuplanetarne ambicije.

Pitanje: Onda mi recite jednu stvar, koja se odnosi na ovu temu, odakle proizilazi jaka svetlost koju vidimo da dolazi od Sunca?

Odgovor: Svetlost sunca proizilazi od njegovih ogromnih rudnika zlata, bakra, gvožđa, uranijuma i drugih metala koji obilato postoje u ovom svetu. Te mine zrače energije koje putujući prostorom pretvaraju se u svetlost koja stiže do naših svetova, našeg Sunčevog sistema. Atmosfera našeg sveta pretvara ove emanacije u gama, beta, ultraljubičaste, itd. Zrake, potrebne za postojanje života na našoj planeti.

Pitanje: Ali, ako po Gnozi, Big Beng nije nikad postojao, odakle onda potiče život?

Odgovor: Život, cenjeni prijatelju, potiče iz viših svetova ili paralelnih Univerzuma o kojima je govorio Hinton, najbolji Ajnštajnov učenik. Setite se da smo već govorili o višim dimenzijama prostora i nižim dimenzijama. Tako da život potiče od energetskih dimenzija nevidljivih za oko čoveka naših dana, koji je naravno mnogo izgubio od svog vidnog kapaciteta. Život dolazi iz veoma visokog regiona, naravno energetskog, kojeg hebrejska Kabala naziva AIN i takođe AIN SOPH. Odande izviru, ono što mi gnostičari nazivamo, sedam rondova ili perioda manifestacije životne energije. U prvom rondu život Svetova je u potpunosti mentalne prirode, mentalna energija. U drugom rondu život ima astralan karakter, u trećem rondu život je eteričke prirode, u četvrtom rondu (u kom se sada nalazimo) život ima ćelijski karakter. U četvrtom rondu svaka planeta treba da dâ sedam rasa i svaka od ovih sedam rasa treba da dâ sedam podrasa. U ovom času, u ovom četvrtom rondu, naša je planeta već dala pet velikih rasa i sigurno da smo, baš sad, na kraju ove pete rase, rase Arija. Ali treba da se još razviju, na našoj planeti, šesta i sedma velika rasa. Naša Arijevska rasa već je dala svojih sedam podrasa i sad se približava svom kraju. Kada bude naš svet dao sedam rasa, sedam odgovarajućih podrasa, onda će stupiti peti rond i život će postati ponovo eteričan; onda će slediti šesti rond u kom će zemlja postati ponovo astralna i na kraju će nastupiti sedmi rond u kom će život ponovo biti mentalan. Tako se zatvara jedan životni ciklus u svetu.

Pitanje: I šta se zatim dešava?

Odgovor: Dešava se to da električni vihor koji je donosio život iz ronda u rond, ponovo će ga sakupiti, ujedinivši sve atome života našeg sveta i vratiće ih znanom kabalističkom AIN SOPH-u. Tamo će život ostati u mirovanju dok traje, kako mi gnostičari to nazivamo, PRALAJA ili Kosmička noć.

Pitanje: Dobro, kada nastupi ta Kosmička noć, šta ostaje u našem svetu?

Odgovor: Ostaće jednostavna čaura (ljuštura) isto kao i mesec, koji gravitira oko naše planete, ili meseci Jupitera itd. Svi su ovi meseci bili nekad svetovi u prošlim Kosmičkim danima ili, sanskritski rečeno, Mahamvantarama. Mesec kojeg noću vidimo, u prošloj Mahamvantari je bio svet sa morima, okeanima, planinskim lancima, rekama, dolinama i sa atmosferom kao što je naša. Nakon što je Mesec prosledio svojih sedam rasa i svaku sa odgovarajućih sedam podrasa, život se povukao u peti, šesti i sedmi rond i potopio se u kabalistički AIN SOPH. Zanimljivo je , Mesec je mati Zemlje, jer onda kada je nastupio Kosmički dan ili Mahamvantara Zemlje, vitalno telo Meseca prenelo se na Zemlju, koja se tad rodila kao planeta. Zbog toga Asteci, sa svojom urođenom mudrošću, nazivali su Mesec kao „naša bakica".

Pitanje: Kako su se zvali stanovnici Meseca?

Odgovor: Seleniti. Seleniti su bili ljudi sa malo duhovnim nespokojstvima i na kraju krajeva su nestali kao rasa, onda kada je u njihovom svetu nastao haos, posredstvom zemljotresa, zemljo-tresa na dnu mora, uragana itd, itd, itd. Zanimljivo je da kada su astronauti doneli kamenje sa Meseca i zatim ih ispitali u laborato-rijumima, ovde na Zemlji, naučnici su ustanovili da je ovo kamenje starije od kamenje sa naše planete. Ovo potvrđuje da je Mesec stariji od Zemlje.

Pitanje: Naučnici pričaju da se razmišlja o stvaranju kolonija sa veštačkim uslovima za život ljudi na Mesecu. Vi, gnostičari, šta mislite o ovome?

Odgovor: Nema sumnje da će intenzivirati svemirska putova-nja prema našem satelitu komšiji. Zemaljski čovek ili zemaljski hu-manoid instaliraće tamo, na Mesecu, svakojake stvari slične onima koje imamo ovde na Zemlji. Sigurno će tamo instalirati kockarnice, javne kuće, prodavnice itd, itd, itd. Ljudi će putovati prema Mesecu kao turisti i živeće tamo u veštačkoj atmosferi, koju će Zemljani stvoriti. Već postoje vojni planovi da se tamo instaliraju rakete koje bi gađale tu i tu zemlju na Zemlji. Tako da, možete zamisliti šta nas očekuje u budućnosti.

Pitanje: Ali, niste li vi rekli da je Prostor Sakralan i da Božanske Jerarhije neće dozvoliti Zemljanima da u njemu lutaju?

Odgovor: Hoću da znate da su Božanske Jerarhije u toku sa planovima Zemljana i da će uništiti u pravom momentu i času sve planove zemaljskog humanoida. Svi njegovi projekti koji se dižu protiv Prirode i protiv Sideralnog Prostora razoriće se kao i kula od karata. Reč je samo o vremenu. Božanske jerarhije su vrlo strpljive sa rasama i čekaju do poslednjeg momenta, pre nego što će ih uni- štiti, kako bi videle da li se nazire kakvo kajanje u poslednjem času. Ne zaboravite da Bog, kao kreator, ne voli uništavanje, već kreaciju.

Pitanje: Možete li mi reći koliko traje Kosmička noć?

Odgovor: Traje 311.040.000.000.000.000 godina.

Pitanje: Da li je moguće da me Vi informišete o ovih sedam podrasa koje su postojale u našem svetu, izvedenih od ove Arijevske rase?

Odgovor: Odgovoriću vam sa velikim zadovoljstvom na ovo pitanje. Prva podrasa treba se staviti tamo gde su tibetanske, kine- ske i mongolske kulture. Druga podrasa bila je sastavljena od Riša i Indijskih Veda i kulture Maja iz Srednje Amerike. Treću podrasu činili su Egipćani, Persijanci, Mesopotamci, Asirijci, Hiti i Etrurci. Četvrta podrasa bila je predstavljena od Rima, Grčke, Kartagine, kulture Kelta, nordijaca (severnjaka) ili Vikinga. Peta podrasa je bila sastavljena od domorodačkih naroda Severne Amerike, Centralne Amerike i Južne Amerike. Šesta podrasa bila je mešavina Evropljana sa narodima Amerike i sedma podrasa je konstituisana od svih me- šavina koje danas postoje, naročito u Americi, Švedskoj i u ostalom svetu.

Pitanje: Možete li mi reći koje je mišljenje Gnoze o Kriogenici?

Odgovor: Kriogenika je naučna lakrdija. Oni koji se bave ovim hoće da zamrzavaju osobe koje su u agoniji ili već umrle i radi ovoga koriste svakojaka sredstva kao soli, veoma snižene temperature itd. Osnova kriogenike je da zahteva, da jednog dana, povrate život osobama, koje su bile prividno sačuvane u neraspadnutom telu, uz pomoć hladnoće. Ali, ljudi iz nauke ignorišu činjenicu da ako se želi nekom vratiti život, potrebno je pored ostalog, da se spoji eterično (životno) telo sa fizičkim telom. Kada umremo, eterično telo se odvaja od našeg fizičkog tela i radi toga se to materijalno telo raspada u grobu. Egipćani su u davnim vremenima, stvarno, poznavali proceduru da sačuvaju ujedinjena fizičko i eterično telo, uprkos smrti i zato su uspevali da održavaju tela mrtvaca mumificirana tokom više hiljada godina. Više od toga, Egipćani su uspevali nešto začuđujuće, kao što je, da mumificiraju žive osobe i da im tako suspenduju (odlože) život. Sve ovo, radi toga da kasnije posle stoleća, ta mumija počinje da se ponovo manifestuje u svakodnevnom životu.

Pitanje: Ono što mi sada pričate, podseća me na film MUMIJA, sa Borisom Karlofom u glavnoj ulozi. Da li je moguće?

Odgovor: Iako vam zvuči i čini vam se nemogućim, da moguće je. Radi ovog su Egipćani izdvajali Dušu od fizičkog tela i ta je Duša mogla, ako je tako želela, da se inkarnira u druga tela, u toku vekova. Kasnije, ta Duša, dobijajući određene stepene duhovnog razvoja, o kojima je vrlo teško da se odnosimo u ovim pargrafima, mogla je zauzeti telo dotične mumije kako bi se u njemu manifestovala u ovom materijalnom svetu na videlo. Na kraju se može reći da se ove mumije u najdubljem ezoteričkom žargonu nazivaju: „Žive mumije", jer se iz dotičnih tela nisu vadili unutrašnji organi, niti mozak, ništa, apsolutno ništa. Jednostavno ta su tela, mumificirana na živo, stupala u neku vrstu katalepsije, čak iako to nije prava katalepsija, to je nešto još dublje od katalepsije.

Pitanje: I, u sadašnjosti postoje te žive mumije?

Odgovor: Ponavljam vam, iako vam se čini iznenađujuće, postoje puno živih mumija u stanju katalepsije, ali su postavljene u veoma tajnim mestima, a tamo lopata arheologa nikada neće stići, jer postoje vrlo revnosni stražari koji čuvaju ove grobove. Ovi stražari se ne mogu videti na fizičkom nivou, ali u četvrtoj dimenziji oni čuvaju grobnice ovih mumija.

Pitanje: Vi, gnostičari, verujete li da je moguće fabrikovanje čuvene Vremenske mašine o kojoj pripoveda u svojoj noveli H.G. Vels?

Odgovor: Putovati u vremenu je nešto što svaka osoba može učiniti koristeći se astralnim telom. Četvrta dimenzija je vreme i tamo možemo videti stvari iz prošlosti, sadašnjosti ili iz budućnosti. Zapravo, naučnici, bolje rečeno fizičari, sada rade intenzivno na ovome. Oni žele da stvore mašinu koja bi im dozvolila da putuju u druge dimenzije Prostora i jednom, kada se tamo nađu, da se vrate u prošlost ili da idu u budućnost. Prividno ovo je himera, ali su naučnici već počeli da traže čestice kao što je Neutrino ili mezon „K", čestice koje ne trpe nikakve promene kada su uslovljene da prolaze kroz razne vrste materije i energije. Postoje laboratorije fizike koje eksperimentišu sa neutrinom u Sjedinjenim Američkim Državama, u Nemačkoj i u Rusiji. Možda će jednog dana čovek postići ovaj cilj, ali u psihološkim uslovima u kojima se nalazi čovečanstvo naših dana, ovo se može dokazati veoma opasnim, zbog životinjskog Ego-a unutar ljudskog stvorenja.

Pitanje: Ovo je to što čine kosmički brodovi iz drugih svetova, onda kada su praćeni našim borbenim avionima?

Odgovor: Stvarno. Ljudi iz drugih svetova imaju brodove spremne da nestaju iz trodimenzionalnog sveta ili fizičkog sveta i da se unesu sa njima u četvrtu dimenziju. Zato, onda kada su bili opažani NLO i bili su poslati najmoderniji borbeni avioni da ih prate, oni, NLO su nestajali ispred nosa svojim pratiocima. Taj sistem, na svu sreću, nemaju vazdušne sile Zemlje, jer bi mi činili kolektivna ubistva sa bombama, a zatim bi nestajali, bez da ostavljamo ikakav trag našeg prisustva i, naravno, naše krivice.

Pitanje: Priča se da je postojao neki benediktanski kaluđer koji je bio sposoban da materijalizuje, u fizičkom svetu, pravi lik Isusa Hrista, pomoću nekog sistema koncentracije zvučnih talasa. Da li je istina?

Odgovor: Cenjeni prijatelju, ovo je bila apsolutna istina. Kaluđer se zvao Otac Erneti i bio je naučnik u domenu kvantne fizike. Nakon što je uspeo kristalizirati Isusov lik u agoniji na krstu, ta se slika pojavila u mnogim novinama u svetu, Ali, na čudesan način, Otac Erneti nije se nikad više pojavio. Postoje osobe koje govore da su ga uhapsili oni iz CIA ili iz pređašnjeg KGB i moguće je da ga drže zatvorenog da radi za njih, ali se ova stvar nije potvrdila.

4

GNOZA I PSIHOLOGIJA

Pitanje: Kako bi vi mogli da definišete one sile koje zarobljavaju Svest?

Odgovor: Odgovorićemo vam na pitanje sa velikim zadovoljstvom. Dobro je da vi znate, dragi moj prijatelju, da su sile koje zarobljavaju Svest energetske, razgrađujuće, neuredne i nekoherentne, ali osposobljene određenom „malefičnom inteligencijom" koja im dozvoljava da kontrolišu psihu i isto tako ljudsku mašinu. Ove sile bile su već proučavane od strane prastarih civilizacija iz prošlosti, kao što su Egipat, Vavilon, Grčka, Indija, Persija. Rim, Kina itd, itd. i, čak iako vam se čini neverovatnim, i prekolumbijski narodi poznavali su, u njihovim različitim teologijama, postavke koje govore o ovim energijama koje atentiraju protiv Svesti ljudskog bića. Tako, u Egiptu se pričalo o crvenim Setovim (Seth) Demonima, u Misterijama iz Persije govorilo se o Ahrimanu i njegovoj crnoj vojsci, u Indiji se još priča o Kaleyenima i „bledim licima", u antičkoj Grčkoj govorilo se o Meduzi i o Gorgonama kao đavolskim entitetima koje su jurili i sa kojima su se borili mitološki junaci. Na isti način u Tibetu uvek se govorilo o nepoželjnim psihološkim agregatima, a koje su simbolizovali prilikom religijskih festivala kao monstrume

koji su morali biti pobeđeni od strane tibetanskih religijskih aske-
ta, i na ovaj način, dozvolite mi da vam kažem da sa druge strane
Evrope i Azije, u Severnoj Centralnoj i Južnoj Americi svi domoro-
dački narodi imali su religijska i metafizička razmatranja u vezi sa
ovim subjektom. Na primer, kod Asteka, govorilo se o Kojolksauki,
(Coyolxauqui), zlokobnoj ženi koja je komandovala, po teologiji
Nahua, vojskom od 400 Južnjaka i koji su se odupirali božanskim
silama Hujcilopočtli-a (Huitzilopochtli-a) – Solarnom Božanstvu.
Teološku istovetnost nailazimo istovremeno i kod njihovih komšija,
Maja, Inka sa visokog Perua itd. Sve ove mitološke i teološke priče
odnose se na istu temu koju današnje svetske religije opisuju kao
grehove ili teške greške protiv božanskog duha koji boravi unutar
čoveka. Ali, mi, gnostičari, više volimo da nazivamo ove energetske
entitete terminom kojeg koristi Psihologija današnjih dana, tj., nazi-
vamo ih Ja-ovi ili psihički agregati koji oličavaju naše greške.

*Pitanje: Kako bih mogao ja da izbacim iz moje ljudske prirode
one Ja-ove, defekte ili psihološke agregate o kojima mi vi
govorite?*

Odgovor: Da biste ovo uspeli, dragi moj prijatelju, potrebno
je da poznajete psihoanalitičku tehniku Gnoze, koja ima upravo kao
osnovu samoopažanje ljudske mašine.

Pitanje: Ali, čujte vi, nazivate me ljudskom mašinom...

Odgovor: Izvinite, nije bila moja namera da vas mojim rečima
vređam. Ali, dozvolite mi da vam kažem da je naš organizam savršena
mašina koju je Priroda stvorila da bi sklonila naše animičke (duševne)
principe. Ova mašina ima pet savršeno definisanih cilindara, iz ne-
pamćenih vremena, od strane Tibetanaca. Ovi cilindri jesu:

Intelektualni centar

Emocionalni centar

Motorni centar

Instinktivni centar i

Seksualni centar

Pitanje: I dalje...

Odgovor: Prema tome, u ovim centrima dejstvuju energetski agregati određujući pogrešne načine mišljenja, apsurdne načine osećaja, nelogična motorna ponašanja, instinktivne perverznosti i seksualna zlostavljanja.

Pitanje: Da li se mi ljudi rađamo sa ovim psihološkim agregatima?

Odgovor: Realno, iako je tužno da to kažemo, odgovor je — da. Ono što se događa, prijatelju, to je da sva ljudska bića nose sa sobom ove nehumane elemente još iz minulih egzistencija i vrhunac nesreće, ovi se elementi osnažuju u svakoj egzistenciji koju doživljavamo.

Pitanje: Da li govorite o reinkarnaciji? Da li vi verujete u ovu stvar?

Odgovor: Dobro je da vi znate da je doktrina reinkarnacije vrlo stara. Orijentalne religije kao što su Budizam, Lamaizam, Taoizam, Zoroastrizam itd, itd, itd, podržavaju da je ljudska Duša sposobna da živi u različitim telima, naravno, jedno telo za svaku egzistenciju. Ovo se naziva: Doktrina transmigracije Duša. Ova je doktrina opširno objašnjena od strane božanskog Gospoda Krišne (Krishna) i može da se čita u Bhagavad-Giti, izuzetno sakralnoj knjizi hindusa.

Pitanje: Ali, zašto nam hrišćanstvo nikada nije govorilo o ovim stvarima?

Odgovor: Vidite li vi, jedna stvar je hrišćanstvo iz naših dana i druga vrlo različita stvar jeste prvobitno hrišćanstvo koje je predavao veliki Majstor Isus Hristos. U primitivnom hrišćanstvu govorilo se o reinkarnaciji. Isus i Dvanaest Apostola, isto kao i onih 70 bližih učenika Isusovih, duboko su poznavali argumente reinkarnacije. U Starom zavetu iz Hrišćansko-jevrejske Biblije ima raznih aluzija u odnosu na Reinkarnaciju. Iz ovog razloga, naprimer, kaže se, da je Jovan Krstitelj reinkarnacija profete Ilije. Isto tako, u Propovedniku kaže se, naprimer: Ništa neće biti od onoga što pre nije bilo, ništa neće biti, a da ne bude i sutra itd, itd, itd.

Pitanje: I zbog čega nam hrišćanska crkva ne govori sada o ovim stvarima?

Odgovor: Zbog toga što je sama crkva pretrpela mnoge izmene u svojoj formi i u svom fondu. Svaki Papa uveo je razne elemente u hrišćansku doktrinu i danas se čovečanstvo našlo sa dosta unakaženom religijskom doktrinom. Znajte, naprimer, da je svaki apostol napisao svoje Jevanđelje i da, pored svega toga, prepoznaju se samo Četiri Jevanđelja koja pripadaju poznatim jevanđelistima: Jovanu, Luki, Mateji i Marku.

Pitanje: Dobro, vratimo se na našu temu, znači da sam ja u drugim egzistencijama fabrikovao neke ja-ove, na primer onaj gneva, Je li tako?

Odgovor: Tačno.

Pitanje: I zbog čega se ja ovoga ne sećam, a niti detalja iz mog pređašnjeg života?

Odgovor: Zato što, ponovo vam kažem, vaša Svest spava i ova stvar vas sprečava da vi dovedete u vašu memoriju sećanja iz prošlih egzistencija.

Pitanje: Recite mi jednu stvar, u kom momentu dolaze u moj život ovi psihološki agregati o kojima nam govori Gnoza?

Odgovor: Vaše pitanje je veoma interesantno. Ja-ovi ili psihološki agregati ulaze u nas počevši sa starošću od dve godine. Do ove starosti dete je zaštićeno od strane esencijalnog psihičkog materijala, odnosno od Esencije, od koje percipira 3 posto. To ekvivalira kao kada se kaže da dete poseduje, do dve godine, tri procenta slobodne Svesti, koja nije učaurena u Ego-u. Ovo čini da, naprimer, dete vidi stvari koje odrasli ljudi ne vide, da čuje stvari koje odrasli ne čuju i da oseća stvari koje odrasli ne osećaju. Ponekad deca, jednostavno plaču jer vide svoje monstruozne psihološke agregate kako oko njih kruže, želeći da ih poseduju.

Pitanje: Jao, čoveče, ovo je baš surovo! Šta je to što čini da ja-ovi ulaze u nas?

Odgovor: Odgovoriću vam. Ono što čini da ja-ovi stižu da se u nama manifestuju to je stvaranje našeg personaliteta. Dete ga fabrikuje počevši od nula do sedam godina. Počevši od ove starosti personalitet je već stvoren i prolaskom godina samo će ojačati.

Pitanje: Od čega se sastoji personalitet?

Odgovor: Personalitet se stvara od navika koje dete dobija kod kuće, u školi, na ulici itd. Primer odraslih i braće ili sestara pomaže pri stvaranju personaliteta. Kada je personalitet jednom stvoren, psihološki agregati gneva, ljubomore, zavisti, bluda, lenjosti, gordosti, pohlepe itd, počinju da se ispoljavaju u nama zato što im personalitet služi upravo kao scena za manifestaciju.

Pitanje: Ja-ovi koji će se manifestovati, da li su to oni koje donosim iz druge egzistencije?

Odgovor: Ne. Ispoljavaće se takođe i novi Ja-ovi koje vi stvarate svaki put kada se poistovećujete sa dnevnim životnim događajima i egoično reagujete.

Pitanje: Da li mi možete objasniti šta znači da se identifikuješ (poistovećuješ) sa svakodnevnim događajima?

Odgovor: Sa velikim zadovoljstvom. Identifikovati znači da dopuštaš da te apsorbuju dnevni događaji iz našeg života. Naprimer, idete vi ulicom i odjednom prođu neka kola kroz prljavu vodu i uprskaju vam odelo. Ako vi niste u stanju samoopažanja, tada se identifikujete sa ovim događajem i počećete da gnevno reagujete, izgovarajući ružne reči, kletve, želeći zlo onome ko vozi dotična kola itd. Ovo je to što nazivamo poistovećivanje (ili identifikacija) i san Svesti.

Pitanje: Znači li onda da ja treba da živim opažajući samoga sebe?

Odgovor: Nesumnjivo. Ako vi želite da postepeno izbacite ove agregate, treba da živite u stanju pripravnosti. Tako ćete videti Ja-ove koji hoće da vas napadaju u pameti, u motornom centru ili u emocijama itd. Kada opazite ove nepoželjne elemente, jednostavno ne dopuštate im da dejstvuju i oni će izgubiti snagu dok, vremenom, uz pomoć rigoroznih analiza od vaše strane i pomoću samorazumevanja, ove egoičke energije nestaju iz našeg psihološ-kog i duhovnog aspekta. Da bi primili pomoć u ovom temeljnom radu postoje još i druge praktike koje Gnoza poseduje i koje će student, primenjujući ih, tada uspeti da se oslobodi iz ovog gustiša psihičkih agregata.

Pitanje: Ali, nije li ovo suviše dosadno i zamorno?

Odgovor: Naravno, prijatelju, može biti zamorno i dosadno, ali se zbog toga kaže da osvajanje samoga sebe nije za svakoga. Potrebno je hrabrosti, istrajnosti, strpljenja i velika čežnja za osva-janjem duhovnog sveta da bi se na kraju stiglo do, kako to Gnoza naziva, VELIKOG DELA, koje nije drugo nego osvajanje samoga sebe. Antički Grci su govorili o potrebi da čovek spozna samoga sebe kako bi mogao spoznati tajne Univerzuma i Prirode. Oni su to ostavili zabeleženo na frontispisu Hrama iz Delfia u ovom obliku: HOMO NOSCE TE IPSUM (Čoveče, spoznaj samoga sebe...). podse-ćam vas na kraju da je Isus Hristos, govoreći o ovome, rekao: „Sa strpljenjem ćete osvojiti Duše".

Pitanje: Recite mi jednu stvar, znači li tada da se ovi psihološki Ja-ovi uvek pojavljuju u našim egzistencijama i stalno ponav-ljaju iste stvari?

Odgovor: Stvarno tako. Ja-ovi dejstvuju na mehanički način u skladu sa dva Zakona koje Gnoza naziva: Povratak i Rekurencija. Ovo čini da ja-ovi, naprimer, ljubomore koji su nas napadali u našoj prošloj egzistenciji u starosti od 30 godina, ispoljavaće se ponovo u ovoj egzistenciji u isto doba, sa dodatkom, da ako smo ojačali ove agregate u ovoj egzistenciji zbog personaliteta kojeg smo stvorili, onda ćemo još više patiti od napada ljubomore.

Pitanje: Molim vas, objasnite mi, gde su ovi Zakoni zapisani?

Odgovor: Nećete ih nikada naći zabeležene u nekim kodek-sima ljudskih zakona jer su to Zakoni koji pripadaju metafizičkom životu Univerzuma. Tako, naprimer, opažajte da se sve vraća, vra-ćaju se dani nedelje, vraćaju se planete, u njihovim kretanjima – do početne prvobitne tačke, vraća se moda, vraćaju se godišnja doba:

proleće, leto, jesen i zima itd. Istim zakonom vraćaju se Duše u nova tela i ponovo dolaze (sa njihovim psihološkim agregatima) na ista mesta da bi ponovile iste tragedije, komedije i drame. Ovo je mehanizam Zakona Večitog Povratka i Rekurencije.

5

GNOZA, REINKARNACIJA I ZAKON KARME

Pitanje: Mogli biste mi reći, molim vas, šta žele da kažu neke orijentalne doktrine kada govore o reinkarnaciji?

Odgovor: Odgovoriću na vaše pitanje sa najvećim zadovoljstvom. Nažalost, u ovom času postoji velika zbrka u vezi sa ovim terminom. Mnogo je onih koji veruju da smo svi mi koji živimo u ovom svetu reinkarnirane Duše, kada smo u realnosti samo ponovo vraćene Duše u ovu dolinu plača ili Samsaru, kako to kažu u Orijentu. Jedno je, prijatelju moj, da se mehanički vratimo u ovaj svet, a drugo je, veoma različito, da se reinkarniramo. Mi kažemo da ljudi imaju uspavanu Svest, to smo mi većina, mi se povraćamo, a reinkarniraju se samo oni koji imaju budnu Svest, koji nemaju nehumane elemente ili psihološke agregate. Tako da, naprimer, rekli bismo da se reinkarniraju individue kao što su Isus Hristos, Buda, Krišna, Muhamed, Konfučijus, Lao Tse itd, tj. ljudi koji su slobodni, u smislu da su pokidali sve psihološke lance koji bi ih povezivali za ovaj svet. Ovo je prava sloboda. Takve individue znaju gde idu onda kada umru i znaju u koje će porodice doći onda kada se reinkarniraju, u kojoj zemlji će raditi za čovečanstvo, kog dana će umreti i šta će tačno trebati da rade u ovoj novoj Reinkarnaciji.

Pitanje: Vidite li vi, istina je da sam čuo za mnoge ljude koji se samoproklamuju kao reinkarnacije...

Odgovor: Tačno je. Za žaljenje je, ali je istina. Danas je svet duhovnosti mnogo oskrnavljen i postoji mnogo mitomana i megalomana koji su se uvukli u ovaj pseudoezoterički, pseudoreligijski ambijent.

Pitanje: Da li bi tada ova činjenica Reinkarnacije objasnila zbog čega se jedni rađaju u perju i u okruženju blagostanja, a da se drugi rađaju u najgadnijoj mizeriji?

Odgovor: To je nesumnjivo tako. Bog nema poželjnu decu. Ali, bez doktrine Reinkarnacije ne bismo mogli razumeti zbog čega ima ljudi koji dolaze na ovaj svet samo da bi patili, od rođenja pa do smrti...

Pitanje: A kako objašnjava Gnoza ovu pojavu?

Odgovor Dakako, veoma jednostavno. Svako žnje ono što poseje. Sa ovim je povezana druga kontradiktorna tema, a to je Zakon Karme.

Pitanje: A šta je to?

Odgovor Zakon uzroka i posledice. Vi treba da znate da ukupna tvorevina ima nevidljive zakone koje čovek ne poznaje kada se njegova Svest uspava, kada upada u fascinaciju. Tada, ignorišući ove Više zakone, ljudsko biće navlači na sebe Karmu. Karma je sanskritski izraz koji znači: kazna. I nasuprot, Dharma, znači: kompenzacija, poklon, pomoć, nagrada itd. Onda kada mi ne poštujemo univerzalne zakone i činimo drugima zlo, čineći im mnogo bola u toku njihovog života, tada ćemo taj bol morati da platimo zato što Zakon Karme stupa u akciju i primeniće nam odgovarajući lek. Odavde je narodna poslovica koja kaže: „Bog ne tuče štapom". Na ovaj način, ako smo u nekoj izvesnoj epohi, u neko doba, nekog ubili, u jednoj od sledećih egzistencija moraćemo da platimo taj prestup i verovatno će se pojaviti u našoj novoj egzistenciji neka neizlečiva bolest i umrećemo kada ćemo to najmanje želeti. Drugi primer, pretpostavimo da ste vi u nekoj minuloj egzistenciji bili veoma zao otac koji je tukao svoju decu, koji im nije davao da jedu, koji nije o njima brinuo itd, itd. Kao posledica, u nekoj budućoj egzistenciji imaćete isti tretman koji ste vi primenili na drugima. Bićete maltretirani na razne načine. Razumete li vi?...

Pitanje: Da, naravno. Ali, recite mi jednu stvar, ko će se pobrinuti da je plaćam za onaj delikt kog sam počinio?

Odgovor Pa, anđeli Velikog zakona. Anđeli Karme.

Pitanje: A gde se ti anđeli nalaze?

Odgovor U Palati VELIKOG ZAKONA. U šestoj dimenziji našeg Univerzuma postoji velika Palata u kojoj se nalazi Tribunal Velikog kosmičkog zakona. Zbog toga veliki Inicijat Hermes Trismegistus kaže: „Gore je isto kao i dole i dole je isto kao i gore". Vi, naprimer, znate da u materijalnom svetu u kom živimo u svakoj zemlji postoji vrhovni Sud koji ima brigu da se ispunjava zakon. Ovaj tribunal može biti koruptan i zbog toga se kaže da ovde, na Zemlji, Pravda je samo za bogataše. Ali, prijatelju, dopusti mi da ti kažem da u višim dimenzijama Prirode postoji Veliki zakon koji nije koruptan. Ova Palata Velikog zakona bila je zvana od strane Egipćana Matin (Maat) Tribunal ili Matina dvorana. Po njima, po Egipćanima, tamo su bile suđene Duše pokojnika, posle smrti, i tamo su bili suđeni čitavi narodi. Postoji, po Egipćanima, Boginja koja deli Pravdu i ova je bila pomagana od strane Velikog Bića kog su oni nazivali Anubis. U tom tribunalu nalazila se ogromna vaga pomoću koje se merila težina pokojnikovog srca da bi se znalo da li je natopljeno nečistim akcijama ili sublimnim akcijama. U zavisnosti od težine pokojnikovog srca, bio bi poslat u podzemne svetove ili u Božanske Paradise (Raj), ili bi prosto bio poslat nazad na zemlju u okruženje Darme ili Karme. Tamo se nalaze anđeli Velikog zakona, prijatelju. Dobro je da znate da sve religije govore o Višem zakonu, Božanskom zakonu, Božijoj Volji, Alahovoj itd, itd. Sve je ovo dakle istina i objašnjava teške cirkumstancije koje ponekada primećujemo da ih određene osobe doživljavaju. Takve su osobe kažnjavane za prestupe koje su učinile u drugim egzistencijama.

Pitanje: Ali, vidite li vi, ove osobe možda ni ne shvataju da su kažnjene, onda čemu li služe ove kazne?

Odgovor Veliki zakon se ispunjava nezavisno od toga da li mi prihvatamo ili ne prihvatamo. U svakom slučaju dobro je da znamo da Esencija, Duša osobe, koja je u pitanju, zna da doživljava bolne cirkumstancije. Veoma je žalosno da ljudski personalitet ne shvata koji je uzrok stvari koje mu se događaju. Ovo je posledica činjenice kada se poseduje uspavana Svest. Patimo, a ne znamo zbog čega patimo...

Pitanje: Čujte, sve ovo mi liči na jevrejski zakon TALIONA. Oko za oko i zub za zub. Ipak, Isus je rekao: „Volite jedni druge isto kao što sam vas ja voleo". Nije li moguće da menjamo Karmu kako se ne bi ispunilo nešto neizbežno?

Odgovor Veoma je interesantno vaše pitanje, dobri gospodine. Sigurno je da postoje pseudoezoteričke škole koje tvrde da nas Zakon Karme prati sve dok nas ne nađe i kažnjava nas, i prikazuju Gospodu Zakona kao prave besne dželate. Sve je to apsurdno. Veliki zakon se oslanja na dva stuba: Milosrđe i Pravosuđe. Pravosuđe bez Milosrđa bilo bi tiranija, Milosrđe bez Pravosuđa bilo bi anarhija. Kažem vam, Karma se može pregovarati, a i u Gnozi imamo prakse da bi vi mogli ići onostrano Karme i da je plaćate na drugi način.

Pitanje: Naprimer, kako?

Odgovor Čineći dobra dela u korist drugih. Ako se vi angažujete pred Velikim zakonom da radite u korist čovečanstva, vi ćete moći da anulirate Karmu i platićete je uslugama prema vašem bratu, čoveku.

Pitanje: Kada biste mogli da mi date te praktike da bih sredio pregovore sa Velikim zakonom?

Odgovor Studirajte Gnozu, prijatelju, i kada bude došao momenat, objasniće vam se različiti ključevi samospoznaje.

Pitanje: Da li bih mogao, na neki način, da posetim onaj hram ili palatu Božanskog zakona?

Odgovor Naravno. Treba samo da naučite da izlazite u Astralno telo. Ovo je tehnika koju svaka osoba može razviti. U Astralnom svetu možete posetiti Hramove Velikog Belog bratsva, rajska mesta, neizrecive regione koje nećete nikada naći u ovom trodimenzionalnom fizičkom svetu.

Pitanje: Šta nam može Gnoza reći o dve osobe koje se rađaju kao blizanci, odnosno, identične su u njihovom izgledu?

Odgovor Odgovori za ovu biološku pojavu mogu biti raznovrsni. Očigledno, jedan od uzroka može da bude genetičke prirode, tj., nasledili smo tu pojavu od nekog našeg pretka. Ali, podalje od naučnih razmatranja, možemo reći da blizanci mogu imati uzrok u činjenici da su bili smrtni neprijatelji u drugoj egzistenciji, a Zakon ih šalje sa identičnim izgledom da bi naučili da jedan drugog vole i da odustanu od njihovih ancestralnih (veoma starih) zlopamćenja. Takođe, moguće je da je reč o dvema osobama koje su se recipročno volele, u mnogim egzistencijama, a sada imaju zajedničko ne samo da su braća, već, više od toga, činjenicu da su fizički identični.

Pitanje: I koji bi bio uzrok za blizance koji ne liče, sa ezoteričke tačke gledišta?

Odgovor Blizanci koji nisu identični to su osobe koje se rađaju istog dana i sata. Tu je reč o Dušama koje dolaze zajedno da bi obavile zajednički zadatak u jednoj porodici ili da bi se međusobno pomagale u toj egzistenciji, ali nisu fizički identične osobe. Moguće je da dva neidentična blizanca budu dve duše koje jedna drugoj duguju usluge iz prošlih egzistencija i pristaju da se recipročno oduže u ovoj ili onoj egzistenciji.

Pitanje: Zbog čega se po mišljenju Gnoze, rađaju osobe kojima nedostaju udovi njihovih tela (noge, ruke, jedno oko itd)?

Odgovor: Odgovor se nalazi u primeni Zakona Karme ili u Zakonu akcidencija (salučajnosti). U prvom slučaju reč je o nekome ko je u drugim egzistencijama amputirao udove nekoj osobi, moguće je u nekom sukobu ili tuči ili prilikom mučenja te osobe. Sada ga Zakon stavlja da plati čineći da se rađa bez tih udova za sav život. Drugi uzrok treba se tražiti, naprimer, ako je majka te unakažene osobe uzimala drogu, amfetamine, radila je u nekoj hemijskoj industrija bez zaštite, budući bremenita, i rezultat ove nesmotrenosti bio je taj da dete dođe na svet bez udova. Ljudi uvek okrivljuju Zakon Karme za sve nesreće, ali nije uvek kriv Zakon Karme, nego i sam čovek zbog svoje nesmotrenosti. Ovo se naziva Zakon akcidencije.

6

GNOZA I HIPERPROSTOR

itanje: Možete nam definisati šta je stvarno Astralni svet?

Odgovor: Prijatelju, Astralni svet nije ništa drugo, nego četvrta matematička koordinata našeg Univerzuma. Ajnštajn i njegov najbolji sledbenik, doktor Hinton, demonstrirali su da postoje Univerzumi paralelni sa našim Fizičkim svetom. Tako da, naš Fizički svet je nazvan trodimenzionalni, zbog toga što se ovde sve sastoji od tri dimenzije: dužina, širina i visina – Ćelijski svet. Takođe postoji i Molekularni svet ili Astralni svet, takozvani svet četvrte vertikale, četvrte dimenzije itd. Ovaj Molekularni svet ili četvrta dimenzija naziva se u ezoterizmu Astralni svet. Ceo Univerzum i sve što u njemu postoji ima sedam dimenzija i ovde smo i mi uključeni, ljudska bića. Ovo zadnje hoće da znači da je konstitucija pravog čoveka (govorimo o muškarcima i ženama) „sedmostruka" (ima sedam dimenzija). Ovim vam želim reći, da pored ćelijskog tela imamo, takođe, druge supraosetljive vehikle (tela). Onda, isto kao što Zemlja ima svoj tetradimenzionalni ili astralni deo, takođe i mi imamo svoj astralni deo u kojem se krećemo u ovom Astralnom svetu ili u Četvrtoj vertikali.

Pitanje: Ali ja sam čuo da se priča da je opasno izaći u Astralno telo...

Odgovor: Ovo nije tačno. Ovako govori Pseudoezoterizam. Oni što tvrde da onda kada napustimo Fizičko telo, kako bi išli u Astralno telo, možemo ostati tamo i da se više ne vratimo u materijalno telo – lažu. Želim da znate, da svaki put kad spavate, vaš astralni oblik, vaš psihički deo, napušta materijalno telo i ulazi u četvrtu dimenziju ili Astralni region našeg sveta. Za žaljenje je što je ovaj proces, koji se dešava dok spavamo, vrlo brz. U Astralnom regionu vi se već nalazite u svetu mrtvih. Zato ćete ponekad sanjati sa preminulim osobama. U Astralnom regionu krećete se brzinom svetlosti. Dovoljno je da pomislite na neko mesto i odmah ćete tamo biti. U Astralnom svetu možete posetiti rodbinu ili bilo koga na udaljenim mestima, za nekoliko sekundi. Tako da astralno putovanje ne predstavlja nikakvu opasnost. Drukčije rečeno, kad bih vas upitao: zar nije bolje da budemo svesni nekog funkcionalizma, vi biste odgovorili sa – da. Pa dobro, bolje je da postanemo svesni astralnog izlaza, nego da hodamo lutajući u četvrtoj dimenziji sa potpuno uspavanom svešću.

Pitanje: Kako mogu da postanem svestan mog izlaska u Astral ili činjenice da se nalazim u Astralnom svetu?

Odgovor: Ako probudite Svest. Treba da se trudite da dejstvujete svesno, a ne mehanički. Treba da doživite trenutak. Imamo potrebe da živimo u stanju pripravnosti, u svakoj sekundi, u svakom minutu naše egzistencije. Na taj način se navikavate i nećete dejstvovati mehanički i ovo će se ustanoviti u vašoj psihi. Kada se bude ovaj način dejstvovanja uveo na svim nivoima vaše psihe, onda ćete isto tako dejstvovati i u Astralnoj oblasti kao i u ovom trodimenzionalnom svetu. Pored ovog, želim vas upoznati da u Gnozi imamo metode da nam stvaramo svesno izdvajanje astrala.

Pitanje: Interesantno, vrlo interesantno i šta bi ja drugo mogao da radim u Astralnom svetu?

Odgovor: Na primer, možete videti stvari iz budućnosti ili iz prošlosti, koje vas zanimaju.

Pitanje: O, da, na primer?

Odgovor: Može biti da vi želite, mnogo ranije, da znate sa kim ćete stupiti u brak. Možete doznati koliko ćete dece imati, odakle dolaze te Duše koje će biti vaša deca, kakvu će budućnost imati vaša deca itd, itd.

7

GNOZA I ESKATOLOGIJA

Pitanje: Recite, molim vas, kakvo mišljenje ima Gnoza o smrti?

Odgovor: Gnoza tvrdi da je smrt zakon. Rodili smo se da bi umrli, kaže narodna tradicija. Smrt je zbir i razlika frakcija. Kada naiđe smrt, gubimo fizičko telo i ostaju samo pozitivne ili negativne vrednosti koje smo zaslužili.

Pitanje: I šta će se sa nama dogoditi, kuda idemo posle smrti?

Odgovor: Kada umremo tri stvari odlaze u grob: Fizičko telo, Eteričko telo i Personalitet. Fizičko telo će se dezintegrisati, a u istoj meri će se dezintegrisati i njegov vitalni (životni) fond ili Eteričko telo. Personalitetu je potrebno više vremena za dezintegraciju. On luta po groblju. On je taj što se pojavljuje, ponekad, na pojedinim mestima i ljudi, uplašeni, beže, govoreći da su videli utvaru. Personalitet je taj koji poseduje medijuma u pojedinim seansama spiritizma, u suštini nije mrtvac. Događa se to jer personalitet ima neki svoj sopstveni život kojeg smo mi ubrizgali tokom naše egzistencije. Personalitet se ojačava sa uzdisajima rodbine koja oplakuje, danima, mrtvaca. Ojačava se još i kada posetimo grob preminulog. Postoje vrlo jaki Personaliteti, uključujući i one iz prethodnih vekova, koji se još menifestuju na pojedinim mestima. Ali, na kraju će se jednoga dana dezintegrisati.

Pitanje: Sta se, u stvari, dešava sa mrtvacem?

Odgovor: Dakle, mrtvac ostaje udubljen u četvrtu dimenziju i tamo ga traže i nalaze angeli smrti da bi ga odveli pred najviši tribunal Velikog Zakona.

Pitanje: Jesu li ovi anđeli smrti isto oni, koje su ponekad pojedine osobe viđale pre smrti, sa kosom i skeletskim izgledom?

Odgovor: Tako je. Ali su ti anđeli, *u stvari*, neiskaziva lica sa mnogim vrednostima koji rade u radijusu Smrti. Spektralan izgled, koje su pojedine osobe videle, duguje uniformi koju ponekad koriste. Kosu koriste za presecanje kordona koji povezuje Dušu osobe sa njenim trodimenzionalnim Fizičkim telom, kada naiđe momenat smrti. Oni seku tu nit srebrnaste boje u času kada treba da umremo, ni pre, ni posle.

Pitanje: Da li je ta nit poznata Antakarana o kome je pričao onaj pisac tibetanske tematike po imenu Lobsang Rampa?

Odgovor: Tako je, prijatelju. Ova je nit srebrnaste boje što sjaji u Astralnoj atmosferi. Svaka osoba ima svoju. Hoću još reći da u času smrti, za vreme agonije, svaka se osoba suočava sa prvim sudom. Ovo suđenje se dešava kada osoba počinje da vrlo brzo doživljava scene iz svog života, sve joj prolazi kroz pamet, sećanja mnogih jučerašnjih dana nastaju da budu ponovo doživljavana u pameti onoga koji je u agoniji. Zatim, u astralnoj atmosferi mrtvaca vode anđeli smrti do Velike palate Velikog zakona i tamo mu sude Božanske Jerarhije. Osobi se sudi u skladu sa svojim delima. Ako je osoba činila mnogo dobrih dela najverovatnije će zaslužiti određeni odmor u višem astralnom svetu, mesto za odmor mrtvih. Ako nije učinila mnogo dobrih dela, najverovatnije da će se ponovo vratiti u ovu dolinu plača, a to je ovaj trodimenzionalni život.

Pitanje: Ali, slušajte, zašto Vi nazivate život dolinom plača?

Odgovor: Zato što, vidite li vi, ovde skoro uvek dolazimo da platimo dugove koje smo nakupili u drugim egzistencijama. Bićete saglasni sa mnom oko činjenice da, naprimer, hiljade Afrikanaca u ovom času žive u dolini plača, je li istina? Isto tako, mi koji živimo u zapadnom svetu, živimo na raspolaganju zakona, zakona i još više zakona. Ili tražeći posao, ili da plaćamo račune za struju, za telefon, za kola, ili da tražimo namirnice za nas i za našu decu, ili nam se razbolelo dete i treba da tražimo lekove, ili nam je umrla supruga, ili je naša zemlja u ratu sa drugom itd, itd. Zato nazivamo život dolina plača, jer je više momenata nesreće nego momenata mira i stalne sreće.

Pitanje: Verujete li vi u Pakao?

Odgovor: Dozvolite mi da vam kažem da je Pakao opisan u svim velikim religijama na svim geografskim širinama i u svim epohama. Koran, Bhagavad-Gita, Dammapada Budistička, Taoizam, Biblija, hebrejski Talmud itd, itd, sve ove Svete knjige govore nam o Paklovima. Stari Rimljani su nazivali Paklove Avernus, Grci su ih nazivali Tartarus, a hrišćani Pakao. To je isto. Ali, dozvolite mi da razjasnim jednu stvar: Paklovi nisu ona mesta koja nam opisuje katolicizam. Nisu to oblasti večito zahvaćene plamenima koji sagorevaju Duše. Ne, gospodine. Treba da se razumeju tekstovi Svetih knjiga zato što su mnoge stvari, u stvarnosti, označene na alegoričan način, simboličan. Paklovi su u stvari infradimenzionalne oblasti prostora. U hiperprostoru postoje superiorne oblasti i takođe inferiorne oblasti. Tako, kada je neka Duša osuđena od strane Velikog Zakona za Pakao, u stvarnosti poslata je u infradimenzionalne oblasti hiperprostora...

Pitanje: Zbog čega nam onda hrišćanske ikone i literatura govore o vatri pakla koja večito sagoreva Duše?

Odgovor: Zbog toga, ponavljam, što je sve ovo simbolično. One vatre su ljudski poroci, naše sopstvene mane i slabosti koje nas neprestano bičuju kao neki plameni večite vatre. Duše u Paklovima neprestano pate jer su njihovi sopstveni poroci njihove sopstvene osude.

Pitanje: Kada se, po Gnozi, Duša šalje u Paklove?

Odgovor: Sve Duše imaju 3000 ciklusa ljudske manifestacije po prastaroj doktrini velikog avatara Krišne. Svaki ciklus sastoji se od 108 ljudskih egzistencija. Sto osam egzistencija ili povrataka Duše prema novim matricama. U svakom povratku Duša treba da zaradi iskustva i u jednoj od tolikih egzistencija ta Duša treba da se bori da bi se autorealizovala, tj, da se ponovo veže sa svojim unutrašnjim božanstvom, sa Realnim Bićem tajne filozofije. Ako ne osvoji u jednoj od onih sto osam egzistencija, znači da je Duša bila progutana od psiholoških agregata o kojima smo govorili u prethodnim paragrafima, a koji konstituišu Životinjsko JA. Da bi se iz Duše iščupali oni monstruozni entiteti, ona tada biva poslata u infradimenzije i, u ovim oblastima Tartarusa, tokom mnogih godina patnje, dezintegrisaće se JA, sve dok ona Duša ponovo ne postane slobodna da bi ponovo eksperimentisala novi ciklus od 108 ljudskih egzistencija. Ali, dozvolite mi da vam kažem da se ovo spuštanje u atomske Paklove u Gnozi naziva involucija. Prema tome, Duše koje idu u Infernalne svetove, involuiraju. To je ono silaženje Duša u onih devet Danteovih krugova koje je opisao poznati majstor i pisac srednjeg veka po imenu Dante Aligijeri. Posle devetog kruga, već očišćena Duša, posredstvom bola, i oslobođena od nepoželjnih psiholoških agregata, diže se kroz Mineralno carstvo, potom kroz Vegetalno carstvo i na kraju kroz Životinjsko carstvo kao bezazleni Elemental Prirode. Zbog toga je važno da imamo obzira prema Prirodi, jer svako stablo ili žbun, svaki kamen, svaka životinja predstavljaju fizičko telo neke Duše koja evoluira u tim carstvima da bi joj se kasnije dopustio novi ciklus od 108 ljudskih egzistencija.

Pitanje: Nije li bio Pitagora taj koji je govorio o ovim stvarima?

Odgovor: Dragi prijatelju, nije samo Pitagora govorio o svim ovim stvarima. I gospodin Krišna je govorio o njima u takozvanoj teoriji Transmigracije Duša.

Pitanje: Da li to znači da je možda moj pas jedna stara Duša koja je već bila spuštena u Paklove i sada evoluira kako bi jednoga dana dostigla ljudski stadijum?

Odgovor: Čak iako vam se čini neverovatnim, to je istina. Setite se, reč animal (životinja) sama sobom mnogo kazuje. Ako ovoj reči oduzmemo slovo „l“ tada nam ostaje reč: anima. Ovo nam govori da svaka životinja poseduje Dušu koja je oživljava.

Pitanje: Kako nam možete objasniti patnje koje trpe Duše u Paklovima?

Odgovor: Pa eto vidite, već smo napomenuli da se dokazalo postojanje viših dimenzija i tada zakonom analogije treba da postoje i inferiorne dimenzije. Događa se da se u višim dimenzijama zakoni razređuju, nestaju srazmerno sa uzdizanjem, prema tome stepen sreće je sve veći, jer je manji stepen atomske gustine. Ali se to ne dešava tako u infradimenzijama gde se zakoni zastrašujuće umnožavaju. Ovo čini da stepen materijalnosti bude toliko veliki i da se zbog toga jedan minut u Fizičkom svetu pretvara u vekove u infradimenzijama. Ako je Fizički svet guverniran od 48 zakona, u infradimenzijama stiže da ima do 864 zakona; sa ovim se može razumeti zašto mnoge religije govore o večitim patnjama. Ne zato što su večne, već zato što zakoni koji tamo funkcionišu čine da minut izgleda kao vek. Dosada, mehaničnost, nepodnošljive su, kao što kažu jevanđelja: tamo će biti samo plač i škrgut zuba...

Pitanje: Ali, recite mi, postoji ili ne večna presuda?

Odgovor: Naravno da ne. Ako bi tako bilo, morali bismo govoriti o Bogu tiraninu, nemilosrdnom. Ako zlo ima svoju granicu i kazna ima svoju granicu. Više od toga, treba da razumemo da se spuštanje u podzemne svetove događa u skladu sa Zakonom kompenzacije, ako mi nismo izbacili svoje psihološke agregate, ovi će morati da budu izbačeni posredstvom Prirode, na bolan način.

Pitanje: Da li postoji u hrišćanskoj Bibliji neki odeljak koji govori o ovoj presudi ili spuštanju u infernalne svetove?

Odgovor: Dakako. Na ovo se odnose jevanđelja kada govore o drugoj smrti. Ovo znači da u našoj poslednjoj egzistenciji, iz ciklusa od 108 egzistencija, umremo jer napuštamo naše fizičko telo i potom, govoreći simbolično, prolazimo kroz Drugu smrt spuštajući se u atomske Paklove Prirode.

Pitanje: Možete li mi konkretno reći šta se to izbacuje u ovim infradimenzijama?

Odgovor: Svaki psihološki defekt ima svoju personifikaciju (oličenje) posredstvom nekog psihološkog entiteta. Taj psihički agregat drži zatvoren neki procenat naše Esencije ili deo Duše. Ovde je naš zadatak u okviru egzistencije da probudimo Svest i to će se ostvariti dezintegracijom onih psiholoških mana, posredstvom organizovane psihološke dinamike koju nam Gnoza predaje. Na ovaj se način kristalizuje Duša u našoj unutrašnjosti. Ali ako mi nećemo izbaciti psihološke defekte, tada kada budemo stigli do 108. egzistencije, ego ili naši ja-ovi involuiraće u utrobi Prirode, sve do totalne dezintegracije. Ovo je gorčije od žuči, bolje je da probudimo Svest ovde i sada, u životu, jer će inače naša Esencija biti upućena od strane Prirode u infradimenzije da bi bila oslobođena od egoičkih sila, koje je drže zarobljenu.

Pitanje: Koliko vremena može Duša da se nalazi u atomskim Paklovima?

Odgovor: Ovo zavisi od količine agregata koji se moraju eliminisati i od gustine ovih agregata. Mogu postojati Duše koje ostaju samo tri hiljade godina, druge će tamo biti pet hiljada godina, neke pak druge osam hiljada godina.

Pitanje: Voleo bih da mi date neki dokaz o postojanju Paklova, da li je moguće?

Odgovor: Vidite li vi, naša uloga nije da ubeđujemo nevernike. Ali vam mogu reći da poznate noćne more, pune monstruma itd, to su putovanja naše Duše u infradimenzije. Realni su svi horori naših noćnih mora, čak iako nauka sto hiljada puta tvrdi da su samo posledica lošeg varenja. Prema tome treba da znate da u našem telu postoje vezne tačke sa našom duševnom strukturom ili okultnom anatomijom. Ove tačke su nazvane čakre i u čvrstoj su vezi sa nervnim pleksusima našeg organizma. Tako da u hipogastrijumu postoje neke čakre ili atomske kapije pomoću kojih možemo komunicirati sa ambisom, sa infradimenzijama i te se čakre mogu aktivirati posle strašne pijanke ili velike gozbe. Setite se da pijanice doživljavaju na neki način delirijum tremens i vide užasne stvari ili apsurdne. Ljudi se ismejavaju ovome iako ništa ne znaju o ovim metafizičkim doživljajima. Ljudi ismejavaju ono što ne poznaju.

Pitanje: Možete mi reći jednu stvar, verujete li u Đavola?

Odgovor: Pre svega treba da znate da je jedna stvar Đavo ili Lucifer i druga je stvar Sotona ili životinjski Ego kojeg sav svet u svojoj unutrašnjosti nosi. Na nesreću mnoge dogmatičke crkve su denaturisale (izopačile) sve ono što je u vezi sa Luciferom. Lucifer u primitivnom hrišćanstvu, koga su predavali Apostoli, bio je deo samog unutrašnjeg Realnog Bića svake pojedinačne osobe. Treba da znate da se u starim Biblijama govorilo o Hristosu-Luciferu i Lucifer je bio smatran kao tvorac svetlosti, što je i prevod ove reči ili imena.

Pitanje: Ali, dobro, možete li da mi jednom zauvek objasnite, šta je onda Đavo?

Odgovor: Sa velikim zadovoljstvom, dragi moj prijatelju. Dozvolite mi onda da vam kažem sledeće: „Nije Đavo dakle onaj crni lik stvoren od strane dogmatizma nekih sektaških religija i protiv kog je Markiz de Marville izručio sve moguće anateme. Nije Đavo ni onaj fabulozni entitet koji zaslužuje oproštenje, tako kao što je pisao Đovani Papini u svojoj poznatoj knjizi naslovljenoj „Đavo", delo zbog kog je milostivi pisac bio ekskomuniciran. Svi dobro znamo da je Đovani Papini bio razmaženo dete Vatikana; ipak je bio diskvalifikovan u vremenima Pije (Pius) XII. Gospođe i gospodo, Đavo je nešto više od svega ovog, on je refleksija samog našeg intimnog Bića, u nama samima i unutar naše Svesti, ovde i sada".

Pitanje: Možete li nam konkretno reći odakle dolazi ovaj mit u pogledu Đavola?

Odgovor: „Revidirajući stare mitologije iz prastarih vremena, stižemo da jasno istaknemo da je taj Satanski mit bio razotkriven u svim krajevima sveta, od strane sveštenika heliolatrijske ili heliocentrične religije (obožavanje Sunca), koja je pre bila kompletno univerzalna. Setimo se da su u prošlosti postojale epohe u kojima su se svugde podizali, u svim krajevima planete Zemlje, Hramovi posvećeni Suncu i Zmaju (Dragon). Tada su postojali zmajski kultovi i sveštenici navedenih univerzalnih religija koji su sami sebe nazivali sinovima zmaja ili jednostavno pridavali su sebi kvalifikaciju zmajevi.“

Pitanje: I odakle je nastao taj mit u pogledu Zmajeva?

Odgovor: „Simbol Zmaja bio je inspirisan onim letećim gmizavcima koji su postojali za vreme Atlantide i Lemurije. Interesantno je da je taj simbol bio korišćen da bi alegorisao svaku senku Sunca, svaku refleksiju zvezde kralja, uključujući i intimnog ličnog Lucifera u svakom ljudskom Biću.

U faraonskom Egiptu, podnevno Sunce, Sakralno Apsolutno Sunce, bilo je uvek simbolisano Ozirisom, dok je njegova senka, njegova refleksija, njegov Lucifer, alegorisan Tifonom (Typhon).

U grčkim Misterijama duhovno Sunce, Božićna Zvezda, Demiurg tvorac bio je uvek predstavljen Apolom, dok je njegova senka Lucifer ili Satan, njegova božanska refleksija, definitivno alegorisana posredstvom Pitona (Pyton).

U Apokalipsi Svetog Jovana, Hristos Sunce, sjajni, uvek je simbolizovan pomoću Mihaila, ratničkog božanstva, dok je njegova kosmička senka personifikovana od Crvene aždaje.

U Srednjem veku, Logos je alegorisan personalitetom Svetog Georgija, dok je njegova senka simbolizovana aždajom.

Opažajmo šta je Bel i Zmaj, Sunce i njegova senka, dan i noć.

Nije dakle Đavo ono lice kojeg su neke mrtve sekte postavile na tron zlobe da bi terorisao one slabašne. U pravu je bio Gete kada je u usta svoga Boga stavio onu rečenicu kojom se božanstvo obraća Mefistofelu: «Od svih onih iz tvoje sorte, genijusa, prema mom zakonu, buntovnih, najmanje štetan i škodljiv si ti».“

Pitanje: Pitanje molim vas, vi mi kažete da ovaj mit o Luciferu dolazi iz Atlantide, verujete li vi u to?

Odgovor: Vidite li vi, ovo je jedna tema, o Atlantidi, koju ćemo raspravljati u datom momentu, dobro? Hvala.

Dozvolite mi da nastavim i kažem vam: „Niti pod kakvim oblikom ne osporavamo dolazak na zemlju faraona mnogih solarnih bogova sa njihovim odgovarajućim Zmajevima poreklom iz Indije. Takođe ne negiramo da su alegorije Ozirisa i Tifona bile predstavljene u staroj Evropi; ipak, ići ćemo dalje, u pravu smo da mislimo na Hiperborejce i na njihove solarne kulture sa Zmajevima i njihovim Paklovima".

Pitanje: A ko su Hiperborejci?

Odgovor: Hiperborejci su bili prethodnici Lemurijske rase, koji su svojevremeno bili prethodnici atlantiđanske rase. O svemu ovom, molim vas, govorićemo kasnije. Sada mi dozvolite da nastavim i da vam objasnim o originaciji mita Đavola. „Nije prevedska Indija sama ta koja je slala u Egipat svoje solarne Bogove i svoje kultove. Bez imalo sumnje, potopljena Atlantida takođe je ostavila, u Saisovoj zemlji i na obalama Nila, arhaičke kultove posvećene Suncu i njegovim Zmajevima".

Pitanje: Koji je bio i jeste cilj da se uvodi u religijske rasprave figura Đavola?

Odgovor: Treba da znate, prijatelju, da u psihološkoj gimnaziji ljudske egzistencije, uvek se traži trener, sa ciljem da nam vaspitava moći, fakultete, izuzetne vrline itd, itd, itd. Očigledno je, ona senka, ona refleksija logosa, to je psihološki trener, Lucifer, koji kuša. „Na koji bi se način u nama mogle pojaviti vrline ako ne bi postojalo iskušenje? Samo posredstvom borbe, suprotnosti, iskušenja i rigorozne ezoteričke discipline, mogu u nama procvetati vrline".

Ezoterički, Gnoza nam kaže: „Pobediti Zmaja, ubiti Aždaju, hitno je – ako neko želi da ga Zmija proguta (simbol Mudrosti kod mnogih prastarih gnostičkih bratstava), ako neko želi da se pretvori u Zmiju (mudar)".

„Ovo znači da budemo pobednici u svim kušnjama koje nam postavlja Zmaj, da pobedimo, da izbacimo životinjski Ego, da dezintegrišemo sve psihičke agregate koji ga sačinjavaju, da svedemo na kosmičku prašinu sva sećanja, želje (egoičke) itd, itd, itd."

Pitanje: Onda, treba li da razlikujemo, u skladu sa onim što ste mi vi rekli, Ego od onoga što je Lucifer?

Odgovor: Odgovor je da.

Pitanje: A kako bismo mogli uočiti tu razliku, kako možemo znati kada u nama deluje Lucifer, a kada životinjski Ego?

Odgovor: „Sa najvećim zadovoljstvom odgovoriću vam na ovo pitanje. Lucifer, iskušatelj, veliki psihološki trener egzistencije, radi kušaći nas, a ove unutrašnje impresije naviknute su da se polarizuju negativno (zbog nedostatka rada na samoopažanju) ili na fatalni način, posredstvom egoičke aktivnosti.

Nesumnjivo, samo posredstvom vedre autorefleksije i unutrašnje duboke meditacije, možemo uočiti jasnu razliku između intimnih Luciferskih direktnih impresija i egoičkih zverskih impresija. U normalnim okolnostima, ljudi sa uspavanom Svešću nisu spremni, kako je to potrebno, da bi razlikovali impresije. Ovde se traže mnoge psihološke vežbe (treninzi)."

Pitanje: Recite mi jednu stvar, zbog čega se Đavo uvek alegoriše uz pomoć tridenta?

Odgovor: „Ovo me pitanje podseća na trident pameti, kojeg su koristili brahmani iz Indije i Pakistana. Ipak, mi idemo dalje. Stižemo do Tri Primarne Sile Univerzuma (sile Oca, Sina i Svetog Duha – Sveta afirmacija, Sveta negacija i Sveta koncilijacija – pozitivna, negativna i neutralna), koje alegoriše trident; jasno je da ako se pobedi Zmaj možemo kristalizovati u samoj našoj unutrašnjosti ove Tri Sile, a onda se faktički preobražavamo u Solarne Bogove. Zar nije Zmaj refleksija Sunca (intimnog)? Sad razumete koje značenje ima trident."

Pitanje: Da li je moguće da mi date neku obilniju dokumentaciju u vezi sa Đavolom?

Odgovor: „Nesumnjivo, ova stvar Đavola prilično uznemirava javno mišljenje i potrebno je da se razjasni, da se pokaže, da se tačno označi, surova satanska realnost.

Iskreno, ja ne verujem u onog Đavola dogmatičkih religija i verujem da ni vi ne biste prihvatili ovaj fetiš profanskih vernika. Očigledno je da je u Atlantidi, pre druge transapalnijanske katastrofe postojao na kontinentu Mu leteći gmizavac neptunskog tipa prekriven krljuštima. Kaldejci su uvek želeli da simbolizuju noćne tmine, refleksiju logosa Univerzuma i unutar svakoga od nas, sa famoznom atlantiđanskom amfibijom.

U svakom slučaju, ukrljušteni, leteći gmizavac Kaldejaca, bio je kasnije preuzet od Jevreja i, ponavljam, od hrišćana... Najžalosnije u ovoj stvari je to da je ova alegorija ili simbol bio pretvoren u onu zastrašujuću i gnusnu sliku ortodoksnog Đavola. Bio bi red da se podsetimo gnostičke zajednice Naasena, obožavalaca Zmije. Pristalice ovog reda simbolisali su Zmaja ili refleksiju Logosa sazvežđem Zmaja (Dragon).

Prema tome Zmaj, Lucifer, Prometej, Satan ili Đavo, u svom višem aspektu, to je sam Logos, taj koji sam sebe rodi, hinduski Aja. U svom inferiornom aspektu to je Zmaj ili ezoterički Đavo, autentični i zakoniti, drugačiji od onog iz dogmatičnog ortodoksizma. Svaki hijerofant, svaki istinski autorealizovani, pravi je Zmaj Mudrosti.“

Pitanje: Znajte, teško mi je da razumem ono što mi vi govorite...

Odgovor: „Ova predrasuda koja vam uslovljava intelekt nikako me ne iznenađuje. Učili su vas da verujete u jednog strašnog Đavola, smeštenog na tronu zlokobnosti, sa tridentom u njegovoj desnoj ruci, dominirajući nad svim svetom i, sad, jasno je da slušajući moje reči, kazivajući vam da je Đavo dogmatičkih sekti prosta fantazija, da ne postoji i ono što zaista postoji, to je Đavo kao božanski entitet, senka duhovnog Sunca unutar svakoga od nas, senka noći u suprotnosti sa danom, senka stabala sa ivice puta itd, itd, itd. Očigledno je da vas impresionira i čak vas i iznenađuje..."

Ali, bez da odbacujemo ono nepoverenje koje je svojstveno lažnoj veri koja vam je usađena u prvim godinama detinjstva, kako bi mogla biti loša senka večitog živog Boga? Reflektirajte malo o ovome, molim vas..."

Pitanje: Ali, Katolička crkva ne prikazuje nam Zmaja kao Đavola, već ga predstavlja kao čoveka sa rogovima, repom, kopitama i tridentom. Šta nam možete reći o ovom?

Odgovor: „Đavo ove katoličke religije nije drugo nego devijacija istog naslikanog Zmaja Kaldejaca, inspirisanog od jednog letećeg gmizavca sa atlantiđanskog kontinenta. Pozivam vas da razumete da je ova bezazlena životinja bila kasnije naslikana u obliku Zmaja i na kraju u skorije vreme u obliku onog fetiša sa kopitama, rogovima i crnim krilima koji toliko zastrašuje ignorantne (neinformisane). Potrebno je da eliminišemo ignoranciju, da istražujemo, da ispitujemo, da studiramo..."

Pitanje: Da li bi bilo moguće, po Gnozi, da se gore navedeni Đavo fizički pojavi i da uradi nešto iznenađujuće ili vanredno, kao što neki kažu?

Odgovor: „Sećam se u ovim momentima jedne priče, naravno, dosta interesantne, ispričane od jedne osobe iz Kostarike. Pripovedač nam je ispričao da se u jednom selu u njegovoj zemlji dogodio neobičan i neočekivan slučaj. Bilo je reči o jednoj ženi prostitutki. Ova se neprestano opijala svakojakim alkoholnim pićem i u toku njenih pijanki uzvikivala je: imam po deset ili petnaest muškaraca dnevno i sa svakim muškarcem koji mi na put izlazi legnem, čak ako bih i Đavola srela, i sa njim bih legla!...

Dogodilo se da je nekom prilikom neki mornar, koji je bio prijatnog izgleda, stigao na njena vrata. Ta žena nije imala ništa protiv da se sa njim valja u Prokustovom krevetu... Nakon fornikacije, ta žena je izašla na vrata bordela i posmatrala je ulicu... odjednom, pozove je mladić iznutra govoreći joj: ti me ne poznaješ, vrati se i pogledaj me da bi me upoznala.

Nesrećnica, slušajući uputstva ljubavnika, digla se i uputila se još jednom prema unutrašnjosti gnusne spavaće sobe i zatim, gledajući onog koji je bio instrument njenog zadovoljstva, videla je nešto zastrašujuće, zlokobno, crno.

Ukrljušten, prerušen, sa onim izgledom kog su mu davali ortodoksni rimskog katolicizma, posmatrao ju je nepomično, dok je jaki miris sumpora punio to mesto... Ženska nije mogla to podneti i pala je dole preplašena, a za to vreme ispuštala je vrlo tanke urlike...

Komšije, čuvši ove povike prišli su da joj pomognu, ali ih je miris sumpora naterao da preplašeni beže. Kasnije, nakon što je u bolnici ispričala šta joj se dogodilo, umrla je trećeg dana. Uzeo je Đavo...

Svedok priča da se taj miris širio još neko vreme u tom bordelu i da su ljudi, iz ovog razloga, mimoilazili ulicu gde se nalazila ta kuća. Ako pažljivo analiziramo ovu priču, praktično ćemo otkriti jednu operaciju moralne asepsije; hitna metoda koju je preduzeo sam unutrašnji Lucifer one žene.

Nesumnjivo je da je njen unutrašnji intimni Bog naredio svojoj senci, svom Luciferu, svom unutrašnjem ličnom Zmaju da se materijalizuje u tom obliku, ispred nesrećnice, da postane vidljiv i opipljiv pred njom i čak da kopulira sa njom...

Očigledno, njeno božansko intimno Sunce ne bi moglo učiniti tu kopulaciju, to pojavljivanje, ali njegova lična senka, pošto je polarizovana negativno nasuprot pozitivnoj Svetlosti, dokazalo se jasno i očigledno da je mogla konkretno sve ovo realizovati. Rezultat, kasnije, biće sjajan. Ona nesrećnica dezinkarnirala (umrla) se sa puno terora, kada se bude ponovo inkorporirala (otelotvorila), kada se ponovo bude rodila na ovom svetu, kada bude uzela novo telo, biće veoma teško da se povrati prostituciji; ostao je u Svesti taj teror, taj psihički šok.

Najsigurnije je da će u budućoj egzistenciji rešiti da sledi pravi put, put neporočnosti. Tako može Zmaj da radi i da na drastičan način operiše u datom momentu."

Pitanje: Impresionirali ste me. Ali, da li bi mogli da mi nešto kažete o antitezi Đavola, tj, o Bogu ili kako ga vi nazivate?

Odgovor: Sa najvećim zadovoljstvom, dobri moj prijatelju. U prvom redu treba da vam kažem da Bog nije neki starac koje se podigao tamo u oblake, koji grmi i seva nad ljudskom vrstom. To je jedna pogrešna koncepcija koju smo primili sa religijske tačke gledišta. Bog je, ako govorimo gnostički, Realno Biće Filozofije, ono koje nikada ne umire, ono koje nije imalo početka i niti ima kraja. Bog je nepromenljiv, večiti, drugim rečima, to je izuzetno božanski duh.

8

GNOZA I FILOZOFIJA

itanje: Možete li mi reći, gde je to Realno Biće o kojem govorite?

Odgovor: Bog, Biće, Božanstvo, nalazi se u najvećoj dubini svakog ljudskog bića. Svako ljudsko biće ima svoje sopstveno unutrašnje Realno Biće. Naš je cilj, u egzistenciji, da ga inkarniramo, da učinimo da bude meso, krv i kosti u nama. To je ono što u Gnozi nazivamo: autorealizovati se.

Pitanje: Naravno, čuo sam da se mnogo govori o autorealizaciji; čujem umetnike na televiziji, političare itd, ali ne vidim ništa božanstveno u njima. Zašto ljudi koriste ovaj izraz kao i vi?

Odgovor: Događa se da živimo u vremenu u kojima su reči, kao i mnoge moralne, filozofske, religijske, umetničke, društvene i druge vrednosti, u punoj dekadenciji i zato se žele nazivati pojave ili stvari iz svakodnevnog života rečima koje njima odgovaraju. Zato ste vi možda videli nekog magnata ili milionera koji govori da se oseća autorealizovanim, ali je ipak moguće da ova osoba ima veoma degradiran život; može biti da je bludan, tvrdica, prevarant itd. Ono što mi nazivamo autorealizacijom to je onostrano ovim pogrešnim tumačenjima. To je nešto vrlo ozbiljno, prijatelju. Auto-realizovati se znači da si otopio životinjski Ego i da si inkarnirao sve višestruke samosvesne delove koji sačinjavaju naše Realno Biće i ovo je veoma težak posao, ali nije nemoguć. To je nešto što traži da mi posvetimo ceo naš život da bi postigli taj dodir sa Božanstvom. Od mnogih koji pokušavaju, malo njih uspevaju.

Pitanje: Ali, onda je Gnoza samo za nekolicinu njih?

Odgovor: Ne. Samo, radi totalne integracije sa Realnim Bićem hermetičke filozofije, treba da uložimo naše fizičke, moralne i duhovne napore, za ovaj rad. Oni koji to rade to su ljudi sa izvanrednom voljom. Ljudi koji su se pripremili, uključujući i prethodne egzistencije i na kraju uspevaju. Ali, molim vas da razumete, autorealizacija nije rezultat evolucijske mehanike, nije nešto što će nam se jednog dana dogoditi, iako sedimo skrštenih ruku tokom naših egzistencija. Ne, autorealizovati se znači voditi neprestanu borbu sa mehaničkim evolucionim i involucionim silama. Autorealizacija je tvorevina treće sile koju nazivamo: Revolucija. Nesumnjivo, svaka se osoba može autorealizovati i zato smatramo da Gnoza nije elitistička. Ali, nisu sve osobe sa istim duhovnim čežnjama.

Pitanje: I kada se dostiže sreća, po Gnozi?

Odgovor: Tačno kad inkarniramo BIĆE nestane sa horizonta našeg života bilo kakav oblik bola. Jer, dobro zna Gnoza, da je bol stvorenje ignorancije, a ignorancija pripada Ego-u, životinjskom Ja-u kojeg svaka osoba nosi u svojoj unutrašnjosti. Prema tome, kada se otopi ego, nestaje ignorancija, a umesto nje otvaraju se pred nama vrata zakonite mudrosti. Sreća je BIĆE. Sreća ima transcendentalan i transcendentan ukus. Sreća nema nikakve veze sa poslednjim modelima kola, sa pijankama, fornikacijama, nakitima, novcem, putovanjima, sklapanjem brakova ili razvodima. Sve ovo je relativno, vremensko, prava sreća je apsolutna, permanentna, kada je kao takvu zaslužimo.

Pitanje: Voleo bih da znam da li postoje mnoge autorealizovane osobe?

Odgovor: Vaše je pitanje vrlo interesantno. Dozvolite mi da vam kažem da postoje stepeni i stepeni autorealizacije. Postoji mnoga bića koja su postigla mnogo sjajnih stepena autorealizacija. Tako, možemo vam reći, naprimer, da postoje mnogo lica kao anđeli, drugi kao moći, drugi su prestoli, gospodstva, serafimi ili heruvimi, govoreći hrišćanskim terminima. Ali, totalno autorealizovane individue nisu u tom broju kao prethodne. To je zbog činjenice da neće sva ljudska bića uvek primiti autorealizaciju i integraciju svih delova svog REALNOG BIĆA. Takve individue jesu, naprimer: Mojsije, Isus Hristos, Avram, Mohamed, Krišna, Buda itd, itd, itd.

9

GNOZA, DUHOVNOST I EZOTERIČKE ŠKOLE

Pitanje: Da li bi vi mogli da mi kažete kakvo mišljenje ima Gnoza o Ružokrstaškoj školi?

Odgovor: Ružokrstaška (Rozenkrocejska) škola postoji blistajući zajedno sa svojim uzvišenim ezoteričkim učenjima, ali ne u Fizičkom svetu nego u Višim svetovima Svesti, tj., u četvrtoj, petoj, šestoj i sedmoj dimenziji prostora. Pravi ružokrstaški Majstori i njihove veoma Sakralne škole nestale su u XV veku i, umesto njih ostale su pseudo-ružokrstaške škole koje prodaju učenja, ezoteričke stupnjeve, zaboravljajući da su ezoterički stupnjevi stvari za Dušu, a ne za ljudski Personalitet. Smešno je da se plaća za obrede prvog stepena, drugog, trećeg, četvrtog itd, itd, itd, kada *u stvari* ovi obredi treba da se dožive van Fizičkog tela, sa Astralnim telom i u divnim hramovima koji isto tako postoje u Astralnoj atmosferi, Mentalnoj ili Kauzalnoj. U našim danima, u tim pseudo-ezoteričkim školama njihovi članovi vrše preljubu, forniciraju, ponekad su i prevaranti itd, itd. i ipak ulaze u one lože kao da su sveci, da bi obukli ružokrstašku odeću i slušali te i te obrede. Ovo je prava farsa.

Istinski ružokrstaški muškarac i žena vode miran, tajanstven, kontemplativan život, ravnodušni su prema počastima sveta i neguju život ispunjen naučnom Neporočnošću (a ne seksualnom apstinencijom) i revolucionarnom etikom u svim njegovim aspektima. Mi u Gnozi poznajemo autentično ružokrstaško predanje i doživljavamo ga na unutrašnjem nivou, u Supraosetljivim svetovima.

Pitanje: A o Frankmasoneriji šta nam možete reći?

Odgovor: Pa nekako istu stvar koju sam vam rekao o ružokrstaškoj tradiciji. Pravi Masoni bili su gnostičari iz X, XI, XII, XIII i XIV veka. Tada je masonerija bila zaista posvećena da pokazuje put intimne autorealizacije BIĆA. Ali je posle pala u ruke političkih interesa i u našim danima, ova toliko poštovana institucija, izgubila je istinsko ezoteričko predanje i na ovaj način njeni članovi ostali su ograničeni u okviru onog što bi se moglo nazvati klub prijatelja politike. Sve je ovo za žaljenje, jer je Masonerija posedovala sav simbolizam Velikog unutrašnjeg Dela, a oni, majstori masoni naših dana, ne poznaju pravo značenje ove bogate simbologije.

Pitanje: Šta Teozofija predstavlja za Gnozu?

Odgovor: Pre svega dozvolite mi da vam kažem da veoma venerabilna Majstorka Helena Petrovna Blavatsky zaslužuje sve naše poštovanje za njene velike doprinose u ezoteričkom svetu XIX i XX veka. Ona je bila pored drugih Majstora te epohe, pionir preporoda ezoteričkih predanja u ovom strašnom ciklusu Kali-Yuge. Njeno monumentalno delo, naslovljeno TAJNA DOKTRINA, jeste za nas realno izvanredni izvor informacija. Ona je želela da u svet rasprostrani učenja posredstvom škole koju je ona nazvala TEOZOFSKA škola. Problem je da neki od članova škole nisu dobili od strane gospođe Blavatsky ključeve za dezintegraciju životinjskog Ja i za fabrikovanje egzistencijalnih vehikala BIĆA, odnosno, Astralno telo, Mentalno telo, Kauzalno telo itd, itd, itd. Kada je Majstorka Blavatsky preminula, među njenim značajnim članovima nastali su konflikti i stvorili su druge škole, a oni koji su ostali u teozofskom društvu pomirili su se sa lektirom tomova TAJNE DOKTRINE. Očigledno, niko se neće autorealizovati intelektualizacijom ove ili one stvari. Intimna autorealizacija našeg BIĆA – to je nešto praktično

– nije teorija i upliće Tri faktora Revolucije Svesti o kojima se mnogo govori u našim studijama.

Pitanje: I koje je vaše mišljenje, gnostičara, o Gurđijevoj (Gurdjieff) Školi Četvrtog puta?

Odgovor: Pre svega treba da vam kažem da je gospodin Gurđijev vrlo dobro poznavao mehaniku Ja-ova u centrima ljudske mašine. Odnosno, u intelektualnom, emocionalnom, motornom, instinktivnom i seksualnom centru. Sve je ovo znao posredstvom nekih lama iz Tibeta. Isto tako je Gurđijev poznavao sve u vezi sa disciplinama sufista, posredstvom Majstora derviša koji su ga takođe podučavali o njihovim sakralnim plesovima. Ovim plesovima je Gurđijev začudio evropsku publiku. Problem gospodina Gurđijeva bio je taj što je on primio pogrešnu informaciju u vezi sa onim što se u Indiji i Tibetu naziva moć Kundalini. Učinili su da gospodin Gurđijev veruje da se zlokobne sile organa Kundartiguadora stavljaju u aktivnost zajedno sa buđenjem Sakralne Zmije (u našoj fizičkoj i okultnoj anatomiji), tj., onda kada se u ljudskom biću budi Kundalinina Sakralna Vatra i, kao posledica, bilo bi bolje da se nikada ne probude ove električne sile koje su jedine sposobne da eliminišu životinjski Ego kog nosimo u našoj unutrašnjosti.

Pitanje: Samo momenat, šta je organ Kundartiguador?

Odgovor: Organ Kundartiguador je satanski rep koji se stavlja, na ikonama, Đavolu ili zlokobnim osobama. Ovaj rep, sigurno, može se razviti, ali nikada u fizičkom planu, nego atomskom. I postoje osobe koje su ga razvile, pretvorivši se tako u osobe sa satanskim moćima. Dozvolite mi da vam kažem da pre mnogo miliona godina, kada je na licu naše Zemlje postojao kontinent nazvan Lemurija, o kom ćemo pričati malo kasnije, čovečanstvo je stiglo da stvarno fizički razvije taj satanski rep. Ovo je bilo kada se dogodio takozvani anđelski pad čovečanstva, tada je ljudsko biće upoznalo zlo, ali je ovo tema koju ćemo raspravljati kasnije. Potom su neka božanska Bića izbacila iz ljudske vrste ovaj rep, a mali apendiks kog imamo u osnovi kičmenog stuba, u repnom delu, upravo je reminiscencija (uspomena) onog repa o kom govorimo.

Pitanje: I, dalje, šta se dogodilo?

Odgovor: Pa, pošto nije učio svoje učenike o realnosti u vezi Sakralne Zmije naših igniskih (vatrenih) moći, ovi su prosto ostali kao poznavaoci mehanizama životinjskog Ego-a, u ljudskoj mašini, ali nisu mogli da dezintegrišu ovo životinjsko Ja. Ovo je bio poraz Škole gospodina Gurđijeva. Istinska škola Četvrtog puta je Gnoza, prijatelju, jer Gnoza sadržava ono što je od realnog interesa iz puta kaluđera, puta fakira, puta jogina i puta veštog čoveka.

Pitanje: Govorite mi, molim vas, malo o ovim putevima (četiri puta).

Odgovor: Oprostite mi, ali trebalo bi da prisustvujete našim izlaganjima da biste proširili znanje o ovim putevima.

Pitanje: Budite ljubazni i recite mi šta za gnozu znači spiritizam?

Odgovor: Prijatelju, spiritizam pripada onome što mi nazivamo Crna Magija i objasniću vam zašto. Spiritisti invociraju ono što oni veruju da je Duša nekog preminulog. Taj entitet ulazi u telo medijuma i izražava se posredstvom medijuma. Ali, treba da znate da ono što postoji za vreme spiritističkih sesija to su, *u stvari*, personaliteti preminulih. Personalitet svakoga od nas nastavlja da postoji posle naše smrti i ima sopstveni život, ali de fakto nije naša Duša i sa tim manje Duh – koji je naše Realno Biće. Ako bi naš Božanski Duh ušao u telo nekog medijuma, dotično telo bi umrlo jer ne bi izdržalo energiji Duha. Ovo je prva greška ljubitelja spiritizma. Druga je, da nije pravilno da neko telo bude zauzeto od entiteta koji nije njegova Duša. Ovo je zlostavljanje Zakona univerzalne ravnoteže. Ovo je atentat protiv plana Oca koji se nalazi u tajnosti. A najgore je to što su tela medijuma često zauzeta od Crnih magova ili Demona Ambisa i čine lažna proročanstva koja slušaju naivni spiritisti. Pošto spiritisti nisu objektivni vidovnjaci verovaće svemu što govore ovi demoni ili entiteti ambisa.

Pitanje: Ali, ja sam video nekog spiritistu koji je davao proroštva koja su se kasnije ostvarila...

Odgovor: Da, ovo je moguće, jer entiteti koji zauzimaju fizičko telo medijuma iskorišćavaju reflektorni eter tela medijuma i ovom tehnikom može se videti budućnost osobe koja je u pitanju. Pored ovog, treba da dodam da, zbog toga što su zlostavili Zakon univerzalne ravnoteže, Karma medijuma biće da pate od epilepsije u njihovoj sledećoj egzistenciji.

Pitanje: I zbog čega su medijumi posednuti od ovih entiteta za koje oni veruju da su invocirani mrtvaci?

Odgovor: Zbog toga što imaju izbušena astralna i mentalna tela, ili naprosto njihova tela želja, kako ih dobro definiše Majstor Samael, jer čovečanstvo ne poseduje istinske astralne, mentalne i kauzalne vehikle.

Pitanje: Možete li mi reći mišljenje Gnoze o Protestantizmu?

Odgovor: Protestantizam kao religija pojavio se kao replika dogmama Katoličke crkve. Ova replika imala je na čelu dva glavna lica koji se zovu: Martin Luter i Kalvin (Calvin). Oni su prilagodili hrišćanstvo svojim interesima, kao što je to takođe u više navrata uradila Katolička crkva i odavde su se rodili aspekti: protestantski, evangelistički, metodistički itd, itd, itd. Naše je mišljenje da zaslužuju naše poštovanje čak iako znamo da su kao i mnoge druge religije ostale na bukvalnoj i dogmatskoj interpretaciji hrišćanskih tekstova i ovo ih je dovelo do fanatizma u mnogim aspektima u društvenom i religijskom životu.

Pitanje: Voleo bih da znam, ako je moguće, kakvo je mišljenje Gnoze o Crkvi Isusa Hrista i Svetaca posljednjih dana ili takođe nazvanim, MORMONI?

Odgovor: U prvom redu hoću da vam kažem da mi ne želimo da napadamo nekoga, niti institucije, ali treba po svaku cenu da kažemo istinu. Dotična crkva, prijatelju, podržava da jedan muškarac može da ima četiri ili pet žena zato što ga to više približuje Bogu. Vi ćete moći da razumete da, polazeći od ove tvrdnje, sve što odavde dalje proizilazi dokazuje se da je apsurdno. Imajte u vidu da upravo hrišćanske zapovesti govore činjenice da se NE FORNICIRA i NE VRŠI PRELJUBA. U slučaju ove crkve fornikacija i preljuba su odobrene i ovo konstituiše bogohuljenje. U ovom slučaju reč je o crkvama koje su se slučajno pojavile. Mormoni se oslanjaju na istoriju nekog tzv.

otkrovenja kog je svetu obelodanio neki Jozef Šmit, kom je Bog uru-
čio knjigu nazvanu „Mormonova Knjiga". Ova je crkva neka vrsta
salate između protestantizma, hrišćanstva i nekih trava misticizma.

Pitanje: Šta nam može reći Gnoza o svetu sekti?

Odgovor: Pre svega treba da definišemo šta je to realno
sekta jer se u poslednje vreme pripisuje naziv sekte svemu što
ne odgovara interesima nekih religija. Sekta je, pre svega, grupa
osoba zatvorena prema bilo kom kriterijumu koji dopušta raspravu
ideja. U nekoj sekti, lider je taj koji poseduje istinu koja se sma-
tra kao apsolutna i neosporna. U nekoj sekti članovi se obavezuju
da daju materijalnu imovinu ili jedan njen deo, lideru ili sektaškoj
organizaciji, ili će u suprotnom rizikovati da ne budu kvalifikovani
kao realni članovi. U nekoj sekti, ponekad, zabranjuje se članu da
napusti grupu onda kada on to želi. U sekti se događa običaj da,
ponekad, lider uzima sebi pravo da poseduje sve žene iz grupe, čak
iako ove imaju muževe u dotičnoj grupaciji. U nekoj sekti arbitrarno
se zabranjuje, kao na primer, da se daje krv nekoj osobi kojoj je po-
trebna, uključujući ovde čak i kada je ta osoba u srodstvu. U nekoj
sekti studira se samo ono što zahteva lider. U nekoj sekti ne postoji
pravo da se dublje istražuje u vezi sa principima same grupacije. U
sekti se obavezuje, ponekad, da pripadnici konzumiraju drogu ili da
nose oružje sa tzv. ciljem da bi branili svoja prava pred svetom koji
ih prividno ne shvata. U nekoj sekti može se dogoditi da lider odluči
da svi članovi treba da se žrtvuju kolektivnim samoubistvom radi
materijalnog ili duhovnog cilja itd, itd, itd. Ovo je svet sekti. Ono
što nije dobro to je da se neka grupa katalogizuje kao sekta, samo
iz jednostavnog razloga, jer se ne slaže sa određenim religijskim
konceptom.

*Pitanje: Recite mi koje je mišljenje Gnoze o crkvi Korejanca
Soon Yoon Moon-a.*

Odgovor: Crkava gospodina Muna zasnovana je na političkim
pitanjima u koja mi nećemo ulaziti. Ali se može reći da se dokazuje
apsurdnim realizacija kolektivnog sklapanja braka između 3000 ili
4000 parova, zato što u osnovi ovo miriše na marketing i želju da
se po svakoj ceni pridobiju pristalice. Crkva treba da ima duboke

fundamente i da zaista poštuje sakralni karakter, naprimer, braka. Ove su crkve zasnovane na kolektivnoj emocionalnosti i ne postoje zaista revolucionarni principi koji dopuštaju nekoj osobi da se stvarno približi svom Realnom Biću. U tim crkvama se ne objašnjava šta je životinjski Ego i tim manje kako ga eliminisati. U tim crkvama postoji puno fornikacija kao i u drugim mrtvim crkvama.

Pitanje: Mogla bi Gnoza da mi kaže kako ona vidi Sajentološku crkvu?

Odgovor: Vidite li vi, ova je crkva već optužena u raznim zemljama kao sekta. Svi fundamenti sajentologije prave su apsurdnosti stvorene od gospodina Ronalda Hubarda kada je ovaj bio u zatvoru. Ono što je još gore to je da su ga mnogi bivši članovi ove crkve denuncirali autoritetima iz raznih zemalja zato što su bili ucenjivani i pod pretnjom kada su hteli da napuste dotičnu crkvu. Ova je crkva prisvojila od gospodina Gurđijeva neke teme kao sopstveno samoopažanje i sve je to pomešala sa aspektima iz Teozofije. U osnovi, stvorila je neku salatu koncepata i sa ovom je stvorila tu crkvu.

Pitanje: Voleo bih da vas upitam kakvo je mišljenje Gnoze o kanonizacijama koje čine neke crkve sa određenim osobama koje, nakon njihove smrti, prividno, čine čuda?

Odgovor: Sa najvećim zadovoljstvom odgovoriću vam na pitanje. U antikvitetu, u početku hrišćanstva, sigurno je da su hrišćani slavili one mistike koji su imali veoma pravilan život, pred ljudima i pred Bogom i koji su, pored ovoga, posle svoje smrti, činili čuda. Setimo se Svetog Franje Asiškog (Francisc de Assisi), Antonija iz Padove, Svete Eulalije (žene koja je dostigla da se hristifikuje i zbog toga je doživela sličnu kalvariju, u nekim pogledima, kao i Isus), Svete Tereze Isusove (Tereza de Jesus), Svete Lučije, Svetog Štefana itd, itd, ovi su bili pravi martiri hrišćanstva, kao i Sveti Pavle, Sveti Petar, ali koji su se, više od toga, u unutrašnjosti autorealizovali. U našim danima, crkve slave one osobe koji su ostavile nekakvo nasledstvo crkvi, one koji su, iako su za života imale oholo, despotsko, segregacionističko itd, ponašanje, ipak, stvorili neki red ili instituciju koja donosi dotičnim crkvama udela moći: ekonomske, političke, propagandne itd. Iz ovog razloga ove crkve služe se, uključivši, lažima i saučesništvom sa nekim njihovim parohijanima, koji bi poslužili kao svedoci nekog takozvanog čuda. Priprema se ukupna montaža, uključujući i lekare koji pripadaju dotičnoj crkvi, i koji proveravaju činjenicu da je određena osoba bila teško bolesna i potom je Sveti taj i taj izlečio. Tako funkcioniše u današnjim danima marketing nekih crkava da bi zadobili adepte i parohijane. Ponekad, dogodilo se da poneki sveštenik stupa u politiku na ovom ili onom mestu sa kugle zemaljske (stvar koju ne bi trebalo da čini, jer sveštenik je da vodi Duše, a ne za političke mitinge ili paktove sa partizanima da bi išao u oružanu borbu itd). Kasnije, budući da je bio u politici, zaradiće neprijatelje iz protivničke političke stranke i ovi zadnji stižu da ga ubiju. Tada, odjednom se stavi u pokret sav markentiški mehanizam da bi brzo taj mrtvi sveštenik bio kanoniziran i da se od tada zove: Sveti taj ili Sveta ta. Ali, u realnosti, onaj gospodin nije umro kao martir, nego je sam to tražio ulazeći u stvari koje ga se nisu ticale.

Pitanje: Recite mi, ako je moguće, koje je mišljenje Gnoze u odnosu na Opus Dei.

Odgovor: Opus Dei jeste sekta u okviru katoličke crkve, koja ima za cilj da kontroliše sve aktivnosti Katolicizma. Opus Dei se pojavljuje kao reakcija prema hegemonskoj moći koju su pre imali u Katolicizmu Jezuiti. Gospodin Eskrivá de Balaguer, utemeljivač dotične sekte, predložio je sebi da iščupa moć Jezuita i sa sigurnošću je i uspeo. U ovom času Opus Dei je taj koji kontroliše aktivnosti Vatikana i, u određenom obliku, diktira ono što treba da radi Papa. To je veoma snažna sekta koja se temelji na ljudima multimilionerima, izabiranim iz različitih socijalnih struktura. Tu postoje kategorije članova i svaki član treba da izvrši, bez pogovora, naređenja koja stižu od pretpostavljenih vođa. Ponekad se traži od članova ove sekte da nose sa sobom „cilicij" (lat. cilicium) za vreme rada (neka vrsta pojasa sa bodljikama), sa tkz. ciljem da opere grehove. Svaki član treba da plati desetak za ono što oni nazivaju Delo (Opus). Ova sekta je imala veliku moć u Španiji i u drugim mestima Srednje i Južne Amerike. Nedavno, preminuo je utemeljivač ove sekte, i njegove pristalice vršile su automatski pritisak na Vatikan da proglasi gospodina Escrive de Balaguera svetiteljem. Uskoro će biti proizveden u čin Sveca i kasnije može biti podignut na višu kategoriju. Podrazumeva se da je Opus Dei takođe uticao na pad komunističkog režima koji je postojao u Poljskoj, kada je vladao general Jaruselsky. Zna se takođe da je ova sekta podržala dolaženje na vlast gospodina Foxa u prvoj magistraturi u Meksiku i javno se zna da je dotična sekta imala umešane razne ministre u španskoj vladi gospodina José María Aznara, nedavnog predsednika Španije.

Pitanje: Kakvo mišljenje ima Gnoza o gospodinu Sai Babi?

Odgovor: Sai Baba jeste hinduski mistik koji je stvorio doktrinu koja se oslanja na fenomenologiju. Sve što se ljudima sviđa to je da vide Sai Babu kako vadi iz nevidljivog sveta neku vrstu pepela koga potom pomeša sa svojom pljuvačkom i njome leči bolesne osobe. Gospodin Sai Baba sam sebe naziva Avatarom, ali mi znamo da on nije Avatar ove Ere, čak iako to njegovi sledbenici slepo veruju. U drugom redu, nijedan Majstor neće pokazivati svoje moći mnoštvima jer ovo nije odobreno od strane blagoslovene Bele Lože. Ljudima se sviđaju pseudo Majstori koji prikazuju svoje moći bez da znaju da li dotične moći proizilaze iz Bele Magije ili Crne Magije. Ali, lako je da se zna da gospodin Sai Baba nije legitimni Majstor Belog Bratstva jer on prihvata fornikaciju, a svaki Majstor Misterija koji se ne izražava protiv gubitka seksualne energije, jeste dakako Crni Mag.

Pitanje: I o gospodinu Edgaru Kejsu (Edgar Cayce) šta nam možete reći?

Odgovor: Edgar Kejs bio je pravi ultravidovnjak pripremljen da izlazi u Astral po volji, kada je on to želeo da čini. Možemo reći da je ovaj čovek fabrikovao u prošlim životima svoja egzistencijalna tela posredstvom Belog Tantrizma, o čemu sam već govorio, i zahvaljujući ovoj činjenici mogao je ići da posećuje bolesnike koji su mu postavljali pitanja na telefonu kada je on imao svoj radio program u Sjedinjenim Državama. Ovaj čovek, nakon što je slušao svoje bolesnike preko telefona obećao je da će ići da ih vidi koristeći svoje astralno telo i da pregleda koja je njihova bolest. I realno je to radio, kretao se svesno po Astralnom svetu i pomazao je čovečanstvo, a nije naplaćivao ni paru. Ovaj je čovek radio za Belu Ložu. Sada, ljudi iz Sjedinjenih Država Severne Amerike, zahvalni za njegov rad, osnovali su fundaciju za pomoć siromašnim i bolesnim ljudima i nazvali je FUNDACIJA EDGAR CAYCE.

Pitanje: Možete li nam reći šta misli Gnoza o onoj ličnosti po imenu Rasputin?

Odgovor: Sa velikim zadovoljstvom odgovaram na vaše pitanje. Rasputin je bio kaluđer koji se rodio sa velikim magnetskim moćima. Zahvaljujući ovom jakom magnetizmu kog je posedovao mogao je da leči osobe. Isti magnetizam omogućavao mu je da hipnotiše osobe. Posredstvom neke francuske ličnosti po imenu Žerar Enkos (alias Papus), Rasputin se uvukao na dvor ruskih Careva na početku XX veka. Pošto je jedan od Carevih sinova bolovao od bolesti poznate pod nazivom hemofilija, desilo se da jednoga dana taj sin počne da krvari i da niko nije bio u stanju da to zaustavi, niti čak lekari iz Rusije. To je bio momenat kada je nastupio u akciju Rasputin, i postavivši ruke na ranu iz koje je bez prestanka šikljala krv, uspeo je da zaustavi krvarenje koje bi inače usmrtilo carskog sina. Počevši od tada Rasputin je postao poznat na Carskom dvoru i iskoristio je tu svoju reputaciju da zavodi careve sestre i jednu njegovu kćer. Ovo je proizvelo gnev muževa tih žena, koji su tada planirali da ubiju Rasputina. Radi toga pozvali su ga na ručak, a desert je bio velika tacna sa otrovanom čokoladom, jer se znalo da je Rasputin voleo čokoladu. Na iznenađenje zaverenika, Rasputin je pojeo svu čokoladu sa poslužavnika i samo je dublje zaspao i kada je počeo da drema ovi su počeli da ga udaraju svakojakim predmetima, a Rasputin je počeo da se energično brani. Kada su videli da taj snažni čovek ne umire, počeli su da na njega pucaju puškom, a ni meci nisu uspevali da zaustave Rasputinov bes. Tada, oni dezorijentisani muškarci, ujedinivši se, uspeli su da bace Rasputina kroz prozor u reku koja je tekla pored one palate, i udarci od stena i besna reka okončali su život tom kaluđeru koji je, pre nego što se dogodilo ovo što sam vam ispričao, bio izbačen iz ortodoksne ruske crkve, jer je bio smatran kao demonski.

Pitanje: Koja je, po Gnozi, tajna Rasputinove snage i njegovog izvanrednog magnetizma?

Odgovor: Uzrok Rasputinove snage i magnetizma nalazio se u izvanrednoj seksualnoj moći koju je on posedovao. Ne zaboravite da je Rasputin bio ljubitelj pijanki i kada je ulazio u taverne da traži piće, ponekad, vadio bi virilni ud i sa njim bi udarao sto pred kojim je sedeo. Kada je to radio, uzvikivao je: ovo je kralj sveta! i gromko se smejao...

Pitanje: Šta nam može reći Gnoza o Šri Šivanandi?

Odgovor: Šivananda je legitimni Majstor velikog Belog Bratstva. On, iako nije javno govorio o Belom Tantrizmu, praktikovao ga je sa svojom suprugom koju je u tajnosti imao. On je autentični turija (turiya), odnosno istinski objektivni ultravidovnjak i veliki Inicijat. Svestan je u unutrašnjim svetovima i sada radi za čovečanstvo u višim svetovima. Javno, Šivananda je govorio o Hatha-Jogi, ali je svoje najbliže učenike učio Agni-Jogu, Kundalini-Jogu, odnosno Beli Tantrizam.

Pitanje: Da li Šivanandina škola uči sada učenje ovog Majstora?

Odgovor: Ne mogu vam odgovoriti na ovo pitanje, jer nisam stupio u kontakt sa tom školom posle smrti Majstora Šivanande.

Pitanje: Da li je moguće da mi vi kažete koje je mišljenje Gnoze o Hatha-Jogi?

Odgovor: Hatha-Joga jeste jedan od sedam ogranaka hinduske Joge. To je Joga koja pokušava da uči relaksaciju fizičkog tela i njegovu kontrolu posredstvom fizičkih vežbi. Mi se ne izražavamo protiv Hatha-Joge, ali naravno da upozoravamo da to nije put duhovnog oslobođenja jer se ograničava samo na stvari kao što je kontorzija tela uz pomoć orijentalnih položaja i ova stvar često prelazi u egzibicionizam.

Pitanje: Recite mi nešto o Rudolfu Štajneru (Steiner) i njegovoj Antropozofskoj školi...

Odgovor: Sa velikim zadovoljstvom. Gospodin Štajner je među malobrojnim istinskim ezoteričarima sa kraja XIX veka. Ovaj čovek je napustio teozofsku školu kada je počela da se nazire činjenica da se dotična škola zatvarala u proste intelektualne koncepte. Gospodin Štajner je uspeo da ostavi čovečanstvu nešto divno što je konstituisano u Štajnerovim školama, gde deca primaju integralnu edukaciju koja sadrži ne samo studiranje stabilisanih stvari (aritmetika, geografija, istorija itd), već više od toga kao što je proučavanje ljudske mašine podeljene u pet centara (intelektualni, emocionalni, motorni, instinktivni i seksualni). I još više, dotične škole govore učenicima o animiskom (duševnom) životu biljaka, životinja i podučavaju učenike da duboko poštuju Prirodu.

Pitanje: I o gospodinu Maksu Hajnelu (Max Heindel) šta nam može reći Gnoza?

Odgovor: Gospodin Maks Hajndel je uspeo, posredstvom svojih ezoteričkih studija i svojih disciplina, da uđe jednoga dana u četvrtu dimenziju i da poseti Hram Glavnih Misterija koji se nalazi u gradu Boemija (Nemačka). Tamo je stupio u kontakt sa istinskim adeptima koji su mu diktirali deo istinske Ružokrstaške doktrine. Zbog toga je on osnovao školu koja je potom nazvana „Zlatna Ružokrstaška škola". Na početku ova je škola sadržavala različite zaista ružokrstaške argumente, ali su vremenom ovi nestali. U našim danima, praktično ne postoji.

Pitanje: Ali, kako da se suočimo sa tolikim crkvama koje se u našim danima svugde pojavljuju?

Odgovor: Pre svega da poštujemo kriterijume onih koji žele da ih slede, jer je svako slobodan da misli kako želi. Kada se vi budete našli u skupu Duša koje su se okupile oko crkvene tematike, ono što je za vas zaista važno jeste da onda kada se nalazite pred novom crkvom koja se pojavljuje, ispitajte vi da li ta crkva govori o tri faktora: smrt životinjskog Ja, drugo rađanje (stvaranje egzistencijalnih tela našeg Bića) i požrtvovanje za čovečanstvo. Ako bilo koja vera, ma koliko lepo izgledala, ne govori o ovim trima stvarima, vi se tada nalazite pred pseudocrkvom ili pseudoideologijom. To je sve.

Pitanje: Pošto se u ovom momentu nalazimo na religijskom terenu voleo bih da vas upitam nešto interesantno. Po nekim religijama, kada se jednom sklopi brak, ovaj treba da opstaje do smrti, čak ako se taj brak pretvorio u Pakao. Kako mišljenje ima Gnoza o razvodu braka?

Odgovor: Brak je ujedinjenje dvaju bića, jedno koje voli više i drugo koje voli bolje. Brak se treba temeljiti na osnovama Ljubavi. Za istinu, ljudsko biće u današnjim danima ne poznaje ono što se naziva LJUBAV. Zbog ovog, u braku se veze utemeljuju na pogrešnim osnovama, na životinjskim strastima. Kada se jednom potroši životinjska strast, među supružnicima nastaje duševna praznina i potom se pojavljuje rutina. Neosporno, rutina i psihološki agregati pobrinuće se da unište taj brak posredstvom preljube, fornikacije, laži itd, itd, itd. Da bi brak trajao treba da se temelji na Tri faktora Revolucije Svesti, tj., UMRETI (psihološki), RODITI SE (praktikovati metod naučne neporočnosti koja se nikada ne treba brkati sa seksualnom apstinencijom) i ŽRTVOVANJE RADI ČOVEČANSTVA (pomagati konstantno bližnje). Ovi sastojci daju ljudskom biću transcendentni razlog njegove egzistencije. Kada se brak pretvara u Pakao, kada se Kupidon smrtno ranjen povlači i supružnici znaju samo da se svaki dan mrze, u onom razvodu naći će se potreban lek. Apsurdna je eklezijastička koncepcija po kojoj treba da nastavimo brakom ujedinjeni čak onda kada ne postoji ni gram ljubavi među supružnicima. Ovo je deo hipokrizije i religijskog fanatizma. Ovo ne vodi ničemu dobrom.

Pitanje: Čujte, ja sam čuo da se priča o religijskim grupama koje kažu da invociraju Svetog Duha i prividno on dolazi i čini da ljudi govore drugim jezicima, čini isceljivanja itd, je li to istina?

Odgovor: Cenjeni prijatelju, podseti se da je Sveti Duh veoma sakralna sila i nikada se neće pomešati sa ljudima koji forniciraju. Čak je i Apostol Pavle rekao: „Svaki greh će biti oprošten, osim onog protiv Svetog Duha" i već sam vam objasnio da je Sveti Duh u vezi sa naučnom neporočnošću i kao posledica nikada ne bi pristao da se manifestuje među ljudima koji forniciraju.

Pitanje: Ali, zbog čega ljudi govore drugim jezicima ili isceljuju, onda kada ga dozivaju?

Odgovor: Ponovo vas podsećam da i mračni čine čuda. Ponekad, na tim skupovima na kojima se po prohtevu doziva Sveti Duh, ono što ulazi u ljude koji njihovim rukama stvaraju žive lance, to su astralne larve, eks-personaliteti, Crni Magovi; i ima ljudi koji penuše na usta, a ostali kažu da je tu Sveti Duh koji se manifestuje. Sve je to čista prevara, Crna Magija i apsurdna fanatičnost.

Pitanje: Da li se vi slažete sa ispovestima?

Odgovor: Svaka osoba treba da se ispoveda sama pred sobom. Neke religije su ustanovile činjenicu da treba da se ispovedaju grehovi pred nekim sveštenikom pre Svetog euharističkog pričešća. Ovo nije nikada odredio Isus Hristos. Svaka osoba treba da se kaje za svoja loša dela ili za loše misli i loše osećaje, posredstvom refleksije i permanentne analize i da pokušava da doživi čin kajanja. Na ovaj način, svako treba da bude sopstveni sudac svojih dela i da čvrsto odluči da izbaci ja-ove koji proizvode ova zla dela ili zle misli.

Pitanje: Šta misli gnoza o Satanskoj crkvi koja je legalno ustanovljena u Sjedinjenim Državama Severne Amerike i u nekim zemljama Evrope?

Odgovor: Eto, za Gnozu je najočigledniji dokaz da živimo u vremenima Apostazije o kojoj je svojevremeno govorio Apostol Pavle iz Tarsa. Apostazija znači „Udaljavanje od Boga". A danas, više nego ikada, čovečanstvo se udaljilo od božanstva da bi se klanjalo kultu nauke i silama zla. Dokaz se nalazi tamo, u onim satanskim crkvama koje su bile optužene, ponekad, za izvršavanje zločina u njihovim ritualima, infanticida (čedoubica), žrtvovanje životinja itd. Ove crkve realiziraju crne službe koje privlače sile iz inferiornih dimenzija Prirode i te sile potom deluju u društvu stvarajući svakojake mračne manifestacije, kao samoubistva, zločine, drogiranja, borbe na smrt između roditelja i dece itd, itd.

Pitanje: Dolazi mi da vas pitam nešto u vezi sa religijskim predmetom. Šta Gnoza misli o službi realiziranoj od strane žena u Hrišćanskim crkvama?

Odgovor: Žena je oduvek imala svoju divnu ulogu u prastarim religijama. Podsetite se na Izis u hramovima starog Egipta. Žene koje su posvetile čitav svoj život isključivo da bi služile kao sveštenice u Hramovima. One su bile te koje su pripremale rituale, one su uređivale ambijent sa prijatnim esencijama i tamjanom, one su kitile hramove i čak dejstvovale u ritualima, u nekim njihovim delovima. Tada, oni rituali bili su realizovani od strane sveštenika i sveštenica. Onaj ko je rukovodio ritualom bio je sveštenik, a Izis je takođe učestvovala kao sveštenica (oficijantkinja), ponavljajući ono što je obred tražio. Onda su muškarac i žena bili oslonac liturgije, bili su ona dva glavna stuba Hrama, govoreći simbolično. Slično se događalo i u Grčkoj i Rimu. Žene posvećene kultu Boginje Veste bile su nazvane vestalke i imale su sakralnu dužnost da se brinu o lepoti hramova, o redu u sakralnim obredima, o ulepšavanju oltara, da pripreme tamjan i takođe da slede Apolove sveštenike u njihovim obredima. One su isto tako intervenisale u obredima da bi izgovarale sakralne mantre ili da bi predstavile prisutnima deo rituala. Žena je bila potisnuta u drugi plan zajedno sa pojavljivanjem koncepta Hrišćanske crkve, zbog toga što se na saboru iz Trenta i Nikeje osakatio pravi lik Hrišćanstva i instaurirao se celibat za muškarce sveštenike, stvar koja nikada nije postojala u paganskim religijama.

Pitanje: Ali, istoričari religija i teologija, eksegete, čak i arheolozi kažu da su dotične vestalke ili Izis bile u stvari „sakralne prostitutke" koje su se upuštale u karnalna zadovoljsta sa raznim sveštenicima. Da li je to istina?

Odgovor: Prijatelju, dozvoli mi da ti kažem da je ovo apsolutna laž. Dotične Vestalke bile su vaspitavane, u pubertetu, u vezi sa Sakralnim Misterijama, bilo Ozirisovim, Apolovim, Ormuzdovim itd. Učile su igru, muziku, matematiku, astrologiju, bile su obrazovane da budu dobre domaćice u kući i kasnije; kada bi porasle počele bi da pomažu Izis ili već zrelim vestalkama, u njihovom magisterijumu. Kasnije bi se dotična Izis ili Vestalka, već punoletna, udala za nekog sveštenika i od tada oboje bi se posvetili religijskom životu. Ovi parovi poznavali su Beli Tantrizam, o kom sam govorio u prethodnim paragrafima i razmenjivali bi recipročno ljubav. Ono što veruju teolozi i eksegete o Izis ili Vestalkama paganskih Misterija pogrešno je i čine to zato što u osnovi oni su pre mnogo godina zarobljeni u katoličkim dogmama. Nazivajući Izis ili Vestalke „sakralnim prostitutkama" onih misterija, prava je uvreda upućena ondašnjoj religiji.

Pitanje: Postoje mnoge osobe koje kažu da su, naprimer, Faraoni činili incest jer su se ženili sa sopstvenim sestrama. Koja je osnova takvog razmišljanja o Faraonima?

Odgovor: Zbog toga što su našli papiruse ili egipatske reljefe u kojima su napisane, hijeroglifskim jezikom, stvari kao ova: „O, ženo moja, o, sestro moja, ti si sa mnom na Ozirisovom putu itd, itd. ..." Eto, to što se događa, to je upravo ono što sam vas upozorio još u prethodnim stranicama. Ljudi koji sami sebe nazivaju „Eksegete" zbog činjenice da su ostvarili neku univerzitetsku karijeru u okviru katoličkog kolegijuma ili seminara, tumače doslovce prastare tekstove. I tada ne uspevaju da shvate da je za Faraona njegova supruga isto tako i njegova sestra „u Misterijima", jer oboje doživljavaju taj ezoterički ili inicijatički put. Vidite li vi dokle može stići senzorijalna pamet tumačeći stvari koje ne razume u njihovoj dubini, zbog dogmatskog samozatvaranja jedne ili druge religije.

Pitanje: Da li bi Gnoza prihvatila da žena zameni sveštenika i obavi obred?

Odgovor: Ovo se ne može prihvatiti jer se lomi kosmički red rituala. Imajte u vidu da u toku službe ili sakralnog obreda, svi pokreti koje čini sveštenik jesu arhetipski, tj., podčinjeni su nekoj dinamici koja ima repliku u unutrašnjim svetovima ili u paralelnim Univerzumima četvrte, pete, šeste i sedme dimenzije. Sve religije su faličke i zbog toga žena ne može da ima glavnu dužnost u ritualu, ali, naravno, može biti komplement u nekom ritualu dejstvujući zajedno sa sveštenikom za vreme održavanja obreda. Tako se događalo u prastarim vremenima pre nego što su eklezijastičke dogme uništile istinsku sakralnu liturgiju iz svih vremena.

10

GNOZA I METAFIZIČKE POJAVE

Pitanje: Sedamdesetih godina pojavila se ličnost koja je snagom svoje pameti savijala kašike, viljuške, učinila da se pokrenu časovnici koji su bili pokvarenu itd. Zvao se Uri Geler. Kakvo mišljenje ima Gnoza o ovom čoveku?

Odgovor: To vam je običan tragač za fenomenima. Ljudi su ostajali hipnotizirani pred televizorima kada su ga videli kako čini ove mentalne vežbe. Ali ljudi ne znaju da postoji mnogo osoba sposobnih da saviju kašike, viljuške i svakojake stvari, pomoću pameti. Ali, pamet je jedan od mnogih funkcionalizama sa kojima raspolažemo i kada koristimo pamet za takve gluposti znači da gubimo vreme na žalostan način. Pamet treba da edukujemo, zato što je mnogo neuredna, kod ljudi našeg sveta, treba da je rafiniramo, sublimiramo, da je pretvorimo u dete. Kada budemo ovo postigli, ući ćemo u kraljevinu velikih ezoteričkih istraživanja i pamet će biti naš saveznik.

Pitanje: Znate li vi, gnostičari, nešto o onoj ličnosti iz tridesetih godina zvanoj HUDINI (Houdini)?

Odgovor: Naravno da znamo. Hudini je bila osoba sa velikim hipnotičkim moćima i u isto vreme poznavalac onoga što u gnosticizmu nazivamo „Džinas Stanja". Stanja Džinas omogućavaju, onima koji ih poznaju, da stave ili da uvuku telo u druge paralelne dimenzije prostora, naprimer, u četvrtu ili petu dimenziju prostora itd. Na ovaj način, neka osoba nestaje iz fizičkog sveta i ulazi u drugu dimenziju, ali nosi u tu dimenziju i svoje fizičko telo. Na ovaj način Hudini je bio u stanju da uteče iz svakojakih veza, za čuđenje publike koja je prisustvovala ovim predstavama. Nažalost, pošto se „Stanje Džinas" treba koristiti samo za stvari koje su zaista esencijalne i radi pomoći čovečanstvu, veliko belo bratstvo kaznilo je Hudinija i u jednoj njegovoj predstavi nije mu funkcionisala kontrola nad Džinas stanjem, i izgubio je tako život u jednoj svojoj predstavi.

Pitanje: Iskreno, ponavljam vam, iznenađujete me objašnjenjima koje Gnoza daje. Onda, Džinas stanja mogla bi objasniti dela kao Isusovo Preobraženje pred njegovim Apostolima?...

Odgovor: Nesumnjivo, da. Nije samo Isus koristio, više puta, Džinas stanje, kao na primer kada je učinio da padaju hlebovi sa neba ili kada je izašao sa apostolima jednoga dana u basnoslovni ribolov, što se do tada nije desilo. U ovom slučaju, uvukao je Apostole u Džinas stanje da bi oni opazili ovu pojavu. Isto tako kada je Isus hodao na vodama Mora Tiveriade, koristio se pojavom Džinas, kao i Mojsije, Sveti Franja Asiški, Sveti Kupertino i mnogi jogini koji su u Indiji učinili da im telo levitira. U Gnozi poznajemo procedure za korišćenje tehnike stanja Džinas.

Pitanje: Da li bih i ja mogao da koristim ove procedure?

Odgovor: Dragi prijatelju, vi i svaka osoba koja to želi, može uneti fizičko telo u „Stanje Džinas" pod uslovom rigorozne discipline i DUBOKE VERE, jer je za ove stvari potrebna disciplina, strpljenje i mnogo vere.

Pitanje: Odgovorite mi na jedno pitanje, kako gleda Gnoza na Hipnotizam?

Odgovor: Hipnotizam je tehnika posredstvom koje možemo uspavati neku osobu i da učinimo da dotična osoba kaže tu i tu stvar ili da oseti tu i tu stvar itd. I moderni psiholozi koriste se hipnozom kako bi kontaktirali podsvest pacijenata i tako pokušavaju otkriti uzroke njihovih trauma da bi našli nekakva rešenja za njih. Ali, prijatelju, hipnotizam atentira protiv volje drugoga, jer mi, kada nekog hipnoziziramo imamo ga u našim rukama i ovo krši Zakon, u skladu sa božanskim principima. Ovo pripada, dakle, domenu onoga što nazivamo Crna Magija. Podsetite se da reč „hipnotizam" ima svoje korenove u grčkoj reči „hypnos" koja znači „san". I dovoljno je uspavana ljudska Svest, zašto bismo je mi još uspavljivali.

Pitanje: Sa antropološke i naučne tačke gledišta, da li Gnoza prihvata kao moguće da neki indijanski plesač učini da u datom momentu pada kiša?

Odgovor: Dozvolite mi da vam kažem da postoje razni načini da se vrši egzorcizacija Prirode kako bismo od nje tražili kišu, vetrove, gašenje vatre ili požara itd, itd. Stari Indijanci iz Severne Amerike, Centralne Amerike i Južne Amerike poznavali su procedure da bi pokrenuli elemente Prirode ili da bi ih smirivali, pomoću plesova uz molitve, pevanja ili ezoteričkih himni. Katolička crkva ismejava ove stvari, a takođe i naučnici, ali, pored svega toga, u mestima kao što je Španija, kada su bile zabrinjavajuće suše, organizovale su se povorke sa Devicom Rose, ili sa Makarenom, ili sa tom i tom Devicom, i na zanimljiv način, tražilo se od tih Devica da pošalju kišu kako bi se napunila akumulaciona jezera pijaćom vodom... i kiša se pojavila. U sve ovo mnogo utiče vera osoba koje su u povorci i vera koju oni unose u svoje zahteve ili molitve. Isto tako rade i oni Indijanci plesači, koji plešu čvrsto verujući i recituju svoje indijanske molitve sa dubokom verom i poštovanjem.

Pitanje: Da li vi, gnostičari, verujete i prihvatate egzorcizme koji su sposobni da isteraju demonske entitete koji su ušli u nekog zaposednutog?

Odgovor: Ne samo da verujemo nego i prihvatamo. Znamo da zaposednutost postoji i znamo kako da egzorciziramo neku osobu da bismo je oslobodili od te mračne zaposednutosti.

Pitanje: Voleo bih znati koje je mišljenje Gnoze o danu mrtvih ili danu preminulih?

Odgovor: Famozan dan mrtvih jeste predanje slavljeno od strane mnogih naroda. Polazeći od činjenice da je katolicizam želeo da interveniše u ceremonijalima koje su slavili plemenski narodi iz Evrope i Južne Amerike, Katolička crkva je tako dekretirala slavljenje dana svih mrtvih. Da bi ga slavili dekretirale su se službe namenjene mrtvima. U mnogim mestima, kao, naprimer, u Meksiku, ova svetkovina je toliko snažna da se pune groblja svetom koji posećuje grobove svojih pokojnika i ostavljaju na njima hrana koju je pokojnik voleo kada je bio u životu. Ono što je u svemu ovome zanimljivo to je da ako vi, naprimer, odete drugog dana na groblje i uzmete, naprimer, krišku hleba koja je na jednom grobu i jedete je, vi ćete opaziti da dotični hleb nema nikakav ukus, da je izgubio ukus.

Pitanje: Iz kog razloga?

Odgovor: Činjenica je da je personalitet pokojnika sigurno jeo eterički deo hleba i zbog toga pomenuti hleb nema ukusa u fizičkom svetu.

Pitanje: Ali zaboga, to mi se čini neverovatnim...

Odgovor: Čak ako vam izgleda neverovatno, ovo je realnost i vi to možete sami proveriti. Personaliteti preminulih osećaju se privučeni sećanjima njihove rodbine i, vrhunac je, ako rodbina preminulog počinje da plače nad grobom, tada personalitet mrtvaca, umesto da se vremenom dezintegriše, ojačava se i ostaje aktivan, osetiće se prisutan u kući rodbine koja je još u životu, i ovo nije dobro.

Pitanje: I zbog čega nije dobro?

Odgovor: Zato što u realnosti personalitet nije pokojnik, iako tako izgleda. Personaliteti imaju takozvani sopstveni život i jedina stvar koju čine to je da usisavaju energiju rodbini kada ovi posećuju grobove u grobljima. Ovo proizvodi glavobolje koje se teško leče, jer ASTRALNE larve koje konstituišu personalitet lepe se za osobu koja posećuje groblja i oplakuje smrt svoje rodbine. Ponekad, postojale su osobe koje su se obolele od reumatizma od momenta kada su u nekoj prilici posetile neko groblje i patile su od toga celog života. Ovakav reumatizam iz tog razloga je nazvan u ezoterizmu: mrtvačka hladnoća

Pitanje: Zna li Gnoza kako da izleči ovu mrtvačku hladnoću?

Odgovor: U potpunosti, da, znamo da lečimo ovu mrtvačku hladnoću, uzrok mnogih bolesti.

Pitanje: Onda, kada već pričamo o mrtvima, kakvo je mišljenje Gnoze o grobljima?

Odgovor: Groblja su žarišta zaraznih bolesti. Realno, za čovečanstvo nije dobro da postoje groblja. Uzmite u obzir da je zemlja živi organizam i, kao takav, diše. Kada sunčevi zraci probijaju zemlju u grobljima, tada se isparavaju molekuli iz leševa koji se razlažu i ovo se širi u vazduh na ulicama gradova, stvarajući tako raznovrsne bolesti

Pitanje: I, po ovoj teoriji, šta bismo trebali da radimo sa preminulim?

Odgovor: Najbolje je da ga spalimo. Peći za kremaciju su najbolje rešenje da bi se izbegle bolesti koje prouzrokuju groblja. Rođaci mogu posle, ako žele, da čuvaju pepeo svojih milih u specijalnim posudama koje postoje za takve ciljeve ili da bace pepeo u more ili gde je pokojnik zahtevao pre svoje smrti. Kada spaljujemo nekog umrlog, još više, eliminišemo personalitet ovoga i sprečavamo da dotičan personalitet uznemirava rođake ili prijatelje preminulog.

Pitanje: Ispričaću vam događaj da bi mi Gnoza objasnila šta se u realnosti dogodilo. Reč je o činjenici da se u kući nekih prijatelja stalno pojavljivao lik gusara koji je pokazivao svojim kažiprstom jedno mesto ispod poda u kuhinji, u kući ovih prijatelja. Oni si uklonili pod, kopali su i našli su blago takvo kakvo su po običaju zakopavali gusari u XVI, XVII i XVIII veku. Pitanje je sledeće: da li je onaj gusar bio personalitet ili je realno bio gusar, pokojnik, taj koji je pokazivao pod mojim prijateljima?

Odgovor: U ovom slučaju, prijatelju, reč je istinskom pokojniku koji je verovatno želeo da otkrije to blago zato što je, pred Velikim Božanskim Zakonom, to blago trebalo biti upotrebljeno za čovečanstvo, a gusar ga je na egoističan način zakopao. Ovo čini da takvi mrtvaci lutaju po unutrašnjim svetovima kao „mučene Duše", zato što, pored činjenice da su došli u posed tog blaga putem krađe od drugih ljudskih bića, još ga i skrivaju zakopavajući ga na to i to mesto. Kada se to blago otkopava i iskorišćava od drugih ljudskih bića, pokojnik postiže mir, jer se odvojio od stvari koje je na nepošten način prisvojio i tada Veliki zakon dozvoljava pokojniku da se ponovo vrati u fizički svet sa drugim fizičkim telom.

11

GNOZA, PSEUDO-EZOTERIZAM I MAGIJA

Pitanje: Veruje li Gnoza u vračare ili vračeve?

Odgovor: Naravno, da. I ne verujemo tek tako da bi verovali, već jednostavno znamo da postoje sile u Prirodi koje mogu biti rukovođene na čist način ili na prljav način. Magija nije drugo nego kontrola suptilnih sila Prirode da bi se stavile u službu dobra ili zla. Kada ih stavljamo u službu dobra postajemo Beli Magovi, a kad ih stavljamo u službu zla postajemo Crni Magovi.

Pitanje: Ali, crkva mi je uvek govorila da oni koji veruju u magiju, padaju u jeres...

Odgovor: Pa onda, na osnovu ovog mišljenja, Isus iz Nazareta bio bi prvi jeretik u istoriji hrišćanstva, zato što je realizovao magije kada je hodao na vodama kod Tiverijade, kada je učinio da nemi progovore i kada je uradio da gluvi pročuju. Podsetite se da je Isus uradio da hromi prohodaju, izvadio je iz Marije Magdalene demone i takođe iz jednog opsednutog koji je stalno patio. Prvi čin magije kojeg je Isus realizovao bio je upravo za vreme svadbe u gradu Kani. Tamo je, pred zvanicama na svadbi, pretvorio vodu u vino. Više od toga, ne zaboravite taj momenat kada je Isus uradio da Apostoli imaju dan za ribolov kakvog nikad nisu doživeli, kada su oni pomislili da tog dana ništa neće upecati. Sve je to magija, iako se u eklezijastičkom žargonu nazivaju čuda.

Pitanje: Možete li mi reći kakav je koncept Gnoze o Astrologiji?

Odgovor: Sa velikim zadovoljstvom odgovaram na vaše pitanje. Astrologija raspravlja relaciju između ljudskog bića i zvezda sa nebeskog svoda. Nema sumnje da nebeska tela koja vidimo u prostoru (planete, zvezde, galaksije itd.) svako od njih zrači energije. Ove energije putuju kroz beskonačni prostor i stižu na našu planetu određujući oblike ponašanja u okviru ljudske vrste. U antikvitetu stari egipatski, vavilonski, grčki, kaldejski, kineski i majanski sveštenici poznavali su vrlo dobro nauku astrologije i bili su sposobni da sastave ono što danas nazivamo ASTROLOŠKOM MAPOM neke osobe. Na dotičnoj astralnoj mapi ukazivane su cirkumstancije koje bi osoba trebalo da izbegne u svom životu i one koje bi joj donele materijalne ili duhovne koristi. Ali, imajmo na umu da je reč o sveštenicima koji su bili probudili svoju Svest i zato su bili sposobni da savršeno poznaju budućnost neke osobe, pomažući se kretanjem nebeskih tela, datumom rođenja ispitanika, zvezdanim konjunkcijama itd. Danas postoje mnogi pseudoastrolozi koji sastavljaju loše nazvane vašarske horoskope, u novinama ili na televiziji. Realno, bivaju smešne sve one osobe koje se poigravaju sa fantazijom TV gledaoca ili čitaoca pseudoezoteričkih publikacija. Sve je to diskreditovalo istinsku astrologiju iz prastarih vremena, a to stvara povoljno stanje za skepsu i materijalizam među ljudima.

Pitanje: Kako vidite vi, gnostičari, makumbu, vudu, santeriju itd?

Odgovor: Svi ovi oblici magije pripadaju čistoj i legitimnoj Crnoj Magiji. Ovi magovi poreklom su iz Afrike i nastanili su se na raznim mestima Amerike, kao Brazila, Haitija itd, još iz vremena kada su Afrikanci bili robovi u Novom SVETU, odnosno, u Americi.

Pitanje: Čuo sam da se govori da vudu, makumba, santeria mogu pričiniti zlo nekoj osobi čak i na rastojanju, je li to istina?

Odgovor: Iako zvuči neverovatno, to je istina. U ovoj igri važnu ulogu igra pamet i zlokobne moći koje poseduje vračar.

Pitanje: Šta nam o uroku može reći Gnoza?

Odgovor: Urok postoji. Reč je o osobama koje poseduju veoma hipnotičku vizuelnu moć, ili veoma snažan pogled, i, ponekad, iako nije zlonamerno, šalju nam hipnotičke vibracije kada nas gledaju. Ako je osoba koja prima te vibracije odrasla, tada može imati mučninu, loše opšte stanje, mali porast temperature i nedostatak apetita i velike podočnjake. Ovo može potrajati i osoba realno nema pojma o onome šta joj se događa. Ako je reč o detetu može biti opasnije jer dete počinje sa prolivom, temperaturom, podočnjacima, slabim apetitom i ne prestaje sa plačem. Mnogo dece umire zbog uroka. Lekari misle da je reč o bolestima želuca ili creva i ma da prepisuju mnoge stvari, dete nastavlja da plače, dan i noć, sa velikim je podočnjacima i temperatura ne pada. Oba slučaja, odraslog i deteta, mi gnostičari, znamo da lečimo. U takvim slučajevima koristimo egzorcizme (onih četiri i onih sedam) i vrše se magnetski potezi nad onim koji pati. Tada će se osoba oporaviti i ozdraviti. Može se dogoditi da neka osoba sa veoma jakim pogledom, i više, ako je i ljuta na nekog, urekne nekog jednim pogledom. Ima onih koji prenose urok iz zavisti prema nekoj osobi, koja postaje žrtva. Urok je češći nego što osobe misle, jer sada postoji mnogo zavisti i pohlepe u ljudima i ovo proizvodi mnoga egoička stanja koja se potom šalju prema svojim žrtvama.

Pitanje: Da li je moguće da se odbranimo od ovih mračnih napada?

Odgovor: U Gnozi postoje metode i prakse da bismo se odbranili od ovakvih mračnih napada, ali ovo pripada višim studijama naših učenja.

Pitanje: Čuo sam, jednom, da molitva OČE NAŠ je nešto čudnovato i da nas može odbraniti od mnogih takvih mračnih stvari o kojima mi pričate. Da li je istina da je ova molitva snažna? Koje je realno značenje ove molitve? Zbog čega ju je ostavio Hristos nama, ljudima?

Odgovor: Treba da vam kažem da je Isus, Veliki Kabir, poklonio čovečanstvu OČE NAŠ upravo zato što dotična molitva sadrži u njoj samoj veliku misteriju koju mi, gnostičari, poznajemo. Ova nas molitva neposredno povezuje sa našim REALNIM BIĆEM i već sam vam objasnio da BIĆE ima svu moć i svu snagu koja nam je potrebna u svakom momentu našeg života. OČE NAŠ, samo kada je izgovaramo, otvara, oko nas, prostor sakralnih vibracija koje dolaze u našu pomoć onda kada su nam potrebne. Ali treba da je izgovaramo sa mnogo vere, a ne da se mehanički ponavlja kako to čine ljudi u crkvi, onda kada recituju molitve sa metanijama.

Pitanje: Kakvo mišljenje ima Gnoza o vegetarijanstvu?

Odgovor: Vegetarijanstvo je dobro kao disciplina za povremeno isceljivanje tela. Ali kao sistem života apsurdno je, jer su telu potrebni određeni proteini i vitamini koji se ne nalaze u biljkama, iako se vegetarijanci tvrdoglavo trude da nas uveravaju. Prolaskom vremena, osoba vegetarijanac slabi, pobledi i može stići da oboli od teških bolesti kao što je osteoporoza.

Pitanje: Ipak, vegetarijanci kažu da ono što jedemo i pijemo samo su svinjarije, da mleko nije mleko, meso je pomešano sa hormonima itd, itd. Kako vi na ovo odgovarate?

Odgovor: Ne poričemo da hrana u našim danima nije najboljeg kvaliteta. Ali, ima mogućnosti i mogućnosti. Možemo kupiti meso koje ima garantni sertifikat po kom ono dolazi sa životinjske farme sa pravilnom ishranom, gde se ne ubrizgavaju hormoni, gde životinje žive slobodne u njihovoj okolini i nisu zatvorene u gnusnim kavezima. Što se tiče mleka, moguće je da ga nađemo svežeg i treba samo da ga prokuvamo da bismo uništili bakterije koje bi se tamo mogle naći. Na kraju, postoje različite mogućnosti.

Pitanje: Prisustvovao sam konferenciji o vegetarijanstvu i duhovnosti i tamo su rekli da radi autorealizacije čovek treba da prestane da bude mesožder i da su se naši zubi očnjaci razvili kada smo postali mesožderi. Da li je ovo istina?

Odgovor: Obe stvari su realno najveće laži. Više od toga reći ću vam da za autorealizaciju potrebno je da se intenzivno radi sa onim što smo već nazvali Beli Tantrizam. I radi ovoga potrebno je da održavamo ravnotežu sa ona četiri elementa Prirode koji se tiču ishrane. Naprimer, treba jesti ribe i plodove mora da bi se uravnotežili sa elementom voda. Treba da konzumiramo žitarice, zeleniš i povrće da bismo bili u ravnoteži sa elementom zemlja. Treba da pijemo nešto vina (jednu čašu, na primer za vreme ručka ili umesto toga da pijemo sok od grožđa) da bismo se uravnotežili sa elementom vazduh i pored ovog treba da jedemo crveno meso da bismo se uravnotežiti sa elementom vatra. Ovako kaže, ni manje ni više, sama tibetanska i kineska tantrička tradicija u, kako ga oni nazivaju, RITUALU PANKATATVA (PANCATATTWA).

Pitanje: Šta znači reč: PANCATATTWA?

Odgovor: To je tibetanska i kineska reč i sastoji se od dva korena: Panka (Panca) znači pet i Tatva (Tattwa) znači eteri. Pet etera jesu u osnovi onih pet elemenata Prirode.

Pitanje: Ali ja sam oduvek znao da postoje samo četiri elementa u Prirodi.

Odgovor: Prijatelju, postoje četiri osnovna elementa u Prirodi: voda, zemlja, vazduh i vatra, ali peti elemenat je osnova za sva ostala četiri i naziva se eter. Ali, dozvolite mi da nastavim sa odgovorom na prethodno pitanje. Vidite li vi, nikada se nisu našli ljudski kosturi koji nemaju očnjake. Ono što se dešava sa braniocima, po svakoj ceni, vegetarijanstva, to je da žele da nas ubede da verujemo da je čovek, tokom vekova, jeo samo travu, a ovo je laž. Sami egipatski Faraoni, ljudi koji su se autorealizovali u tim mestima, hranili su se mesom i pili su vino.

Pitanje: Šta nam Gnoza može reći o moćima talismana? Da li su realni njihovi efekti?

Odgovor: Nauka o talismanima pripada, kako je mi u Gnozi nazivamo, Visokoj Teurgiji. Teurgija je metafizička umetnost za sposobnost uticanja na elemente Prirode ili na metalne predmete ili predmete od drugih sastojaka. Naprimer, ako biste vi postigli da budete teurg, u potpunom smislu reči, mogli biste učiniti da se pojavi na ogledalu lik nekog preminulog kog biste želeli de vidite. Ali jedan teurg može pripremiti talisman od zlata ili srebra sa dragocenim kamenjem. Kada je napravio talisman potrebno je da ga impregnira sideralnim i elementalnim silama Prirode. Tada bi dotičan talisman trebalo da ispuni zadatak za koji je bio stvoren. Ono što se događa sa svim ovim stvarima, to je da postoje mnogi šarlatani i pseudo-ezoteričari koji prodaju kobajagi talismane za zdravlje, za sreću, za nalaženje ljubavi svog života, a ništa od toga nije istina. Potrebno je da se ispune pravila istinske teurgije da bi talisman bio realno konsakriran (posvećen) i da ispunjava zadatke. U Gnozi poznajemo ove tehnike, ali ih nikada nismo koristili radi parade i tim manje da bismo zadovoljavali ljudske kaprice.

Pitanje: I o satanskim rok grupama šta nam može reći Gnosticizam?

Odgovor: Postoje mnogo načina da se služe mračne sile. Jedan od njih je i posredstvom Satanske muzike. Postoje dokazi da su mnoge rokenrol (rock-and-roll) grupe koristile Crnu Magiju da bi izradile muzičke albume i da se ovi u potpunosti prodaju, i to su i postigli. Setimo se grupe Kiss, koja je prividno želela da izrazi reč: poljubac, na engleskom. Ali, realno, njihov naziv znači: Kings in a Satan Service, što se u prevodu kaže: „Kraljevi u službi Sotone". Ova grupa je jedna od najgadnijih iz Rok muzike, jer njeni pevači hule u njihovim pesmama protiv božanskog i čak i mokre na publiku. Na sve se to gleda kao na normalno, jer se smatra kao deo festivala Roka. Uspavana Svest ne zna da razlikuje dobro od zla i ovo se dokazuje kao veoma opasno po čovečanstvo uopšte.

Pitanje: Možete li mi reći šta misli Gnoza o Quija?

Odgovor: Quija jeste spiritistički sistem za invokaciju takozvanih „preminulih" da bi se konsultovali. Ono što se u realnosti pojavljuje na ovim invokacijama to su personaliteti preminulih i, ponekad, entiteti koji rade za Crnu Magiju. Do sada se dogodilo mnogo samoubitstava zbog korišćenja table za spiritizam sa njenim poznatim slovima i brojevima. Ovo ni za koga nije dobro.

12

GNOZA I ETIKA

Pitanje: Gnoza, kao doktrina, kakvo mišljenje ima o lutriji?

Odgovor: Lutrija kao i sve igre na sreću pripada Crnoj Magiji. Sve igre na sreću u kojima interveniše novac kontrolisane su od jednog demona čije je ime Sanagabril. Više od toga, lutrija je krađa od građana, jer novčići mnogih siromašnih ljudi stići će u džep nekoga kome možda nisu ni potrebni. Ali, još nešto, Veliki zakon želi da nam obezbeđuje novac na čist način, on ima mehanizme da to uradi bez da su mu potrebne lutrije i igre na sreću. Postoje ljudi koji provode svoj život igrajući igre na sreću i ovo, pored toga što je bolest nazvana ludopatija, još je i bedan način da se troši novac. Dobro je da znamo da ljudi često žele da igraju igre na sreću zato što, u osnovi, ne vole da rade da bi zaradili novac znojavim čelom, a ovo se zove LENJOST.

Pitanje: Čuo sam da se priča da je novac bio izmišljen od nekog demona, da li je to istina?

Odgovor: Ovo je stvarno apsolutna istina. Ime tog demona je Lucifugo Rofocale i on je taj koji je izmislio novac. Danas je novac instrument sa kojim se koristi i sam Zakon Karme da bi kažnjavala narode ili osobe. Na nesreću, ljudi ništa ne znaju o demonologiji i čak se ismejavaju verovanju takvim stvarima. Oni misle da verovanje u ovo označava ignoranciju ili da imamo srednjovekovni mentalitet. Takav je svet mišljenja zbog dijalektičkog materijalizma.

Pitanje: Ali, da li je možda loše da imaš mnogo novca?

Odgovor: Dragi prijatelju, novac nije ni dobar ni loš, sve zavisi od toga kako je upotrebljavan. Ako imate mnogo novca i sa njim činite mnogo dobročinstava, vi ćete zaraditi ogromnu dharmu za vašu sadašnju egzistenciju i buduće egzistencije. Ali ako koristite novac kao instrument moći i arogancije, da potčinjavate volje, prouzrokujete sramotu, da stvarate sukobe itd, itd, itd, vi ćete zaraditi strašnu Karmu, koju ćete platiti ne samo u ovoj egzistenciji nego i u budućim egzistencijama i na veoma različite načine.

Pitanje: Recite mi, ako je moguće, šta misli Gnoza o modi...

Odgovor: Poštovani prijatelju, moda je izum nekih individua koje su želele da se poigravaju tuđom voljom namećući drugima način odevanja u svakom godišnjem dobu. Veoma je žalosno da ljudi dozvoljavaju da budu manipulisani voljom drugih koji ponekad nemaju ni najmanje griže Svesti. Modom se, ponekad, utiče da osobe gube organsku sramotu ili da ispadaju smešne. Sve se ovo događa zato što ljudi imaju uspavanu Svest, a kada smo uspavani u Svesti, delujemo iz fascinacije i sna, a nikada iz svojih i etičkih kriterijuma. Postoje mode koje podstiču osobe na seksualnu degeneraciju i sve se to kao posledica vraća u društvenim problemima kao što su silovanja, bračni sukobi, razvodi itd, itd. Mi nikada nećemo nekoga osuđivati zato što se oblači na ovaj ili onaj način, ali zato ćemo uvek ovako odgovoriti u slučajevima kada smo upitani. Način odevanja treba da bude sasvim lični običaj, a pogotovo da pretpostavlja komotnost odeće. Postoje osobe, koje samo da su u modi, nose obuću koja muči noge, koja doprinosi zakržljavanju kičmenog stuba, ili su odevene da izgledaju kao prosjaci ili prostitutke, ali u osnovi pate kada moraju da se tako oblače. Zbog čega moramo da patimo na tako glup način? Zbog čega treba da udovoljimo gospodi mode? Sve je ovo protiv Prirode.

Pitanje: Sada, kada smo kod teme mode, mogli biste nam reći kakvo mišljenje ima Gnoza u vezi sa odećom od životinjskog krzna, od životinja koje su bile žrtvovane na zverski i okrutan način?

Odgovor: Odgovaram vam sa velikim zadovoljstvom. Odela koja su bila urađena od krzna žrtvovanih životinja na okrutan i divlji način dokazuju neospornu činjenicu da smo realno neljudi. Danas ne treba da upotrebljavamo životinjska krzna jer postoje tkanine koje pravilno čuvaju toplotu našeg tela i nije potrebno da koristimo životinjska krzna. Oni koji žrtvuju životinje na svirep način da bi iskoristili krzna za konfekciju odela za velike gospođe modne piste, snosiće veliku Karmu i isto tako i oni koji kupuju i koriste odela jer su saučesnici delikta pred Velikim Zakonom ili Božanskim. Starosedeoci Amerike, naprimer, upotrebljavali su životinjska krzna da bi zaštitili svoja tela od ledene hladnoće, ali oni nisu nikada to radili iz ponosa ili sujete. Iz ovog razloga oni su žrtvovali ograničen broj životinja i to samo za stvarne potrebe. Više od toga, oni nisu nikada stavljali bolne zamke kao lovci današnjih dana, koje čine da životinje umiru u dugoj i groznoj agoniji.

Pitanje: I kakvim su se metodama služili oni autohtoni narodi od nekada kada bi žrtvovali životinje i koristili njihovo krzno?

Odgovor: Odgovor na vaše pitanje sadrži metafizičke konotacije. Treba da znate da su prastari domoroci iz Amerike tražili plemenskom šamanu da sklopi pakt sa Dušama životinja koje su morale da budu žrtvovane. Da bi se taj pakt ostvario, šaman bi ušao u trans, posle određenih ceremonijalnih plesova i udubljen u četvrtu dimenziju razgovarao bi sa tim Dušama životinja ili elementalima. U tom razgovoru šaman je tražio od dotičnih Duša dozvolu za žrtvovanje njihovih životinjskih tela i objašnjavao je razlog dotičnog žrtvovanja. U zamenu, šaman je obećavao da će njegovo pleme štititi dotičnu životinjsku vrstu, da će loviti samo neophodne životinje i, pogotovo, da će oni hraniti životinje koje će biti žrtvovane mesec dana pre žrtvovanja onom hranom koju najviše voli ta vrsta. Posle nekoliko dana, ako je pakt bio sklopljen sa elementalima medveda, naprimer, videlo bi se kako kod plemena dolazi određeni broj medveda, a domoroci bi počeli da ih hrane medom. Med je hrana koja najviše prija medvedima. Nakon onih trideset dana prihranjivanja, domoroci bi sa poštovanjem žrtvovali životinju, pokušavajući da životinjskom stvoru nanesu što manje bola.

Pitanje: Video sam klanice gde se žrtvuju krave udarcem noža. Kako o ovome misli Gnoza?

Odgovor: Ovaj sistem žrtvovanja svojstven je varvarstvu ove civilizacije. Danas postoje, naprimer, električni pištolji koji brzo onesvešćuju i usmrćuju marvu. Metode koje mi vi opisujete sadistične su i nehumane.

Pitanje: Da li je sa ove tačke gledišta, zanat kasapina u protivrečnosti sa Božanskim zakonom?

Odgovor: *Zavisi od toga šta u stvari radite kao mesar. Naprimer, ako jednostavno sečete meso na nekoj tezgi u određenoj radnji da biste je prodavali, to nije karmički. Ali ako vi treba da ubijete životinju i metoda koja se za ovo koristi je varvarska, vi ćete zbog ovoga zaraditi Karmu svaki put kad žrtvujete neku životinju. Tako da biti kasapin nije obavezno karmički zanat, sve zavisi od toga šta konkretno radimo u okviru tog zanata.*

Pitanje: Druga stvar. Možete li mi reći da li je pravilno ili nepravilno da koristimo obuću napravljenu od svinjske kože?

Odgovor: Vidite li vi, svinja je involutivna životinja, a ako nosimo obuću napravljenu od kože ove životinje, tada nosimo involutivne atome ove životinje. Setite se da se sve svodi na energije. Beli Magovi meditiraju na tigrovoj koži, a Crni Magovi meditiraju na koži jarca ili koze. Nema sumnje da ne treba preći, iz ovog razloga, u fanatizam. Onda kada imamo hitne potrebe da budemo obuveni i imamo na raspolaganju samo cipele od svinjske kože, pošto nema druge obuće, tada treba da obujemo te cipele da ne bi rizikovali da idemo bosi kroz sneg, ili vodenu stihiju, ili peščanu oluju. Nikada ne treba da padamo u fanatizam. Ali ako možemo da biramo, u datom momentu, između obuće od svinjske kože i obuće od neke plemenite životinje, tada treba da izbiramo obuću napravljenu od superiornih životinja.

Pitanje: O konkursima Mis Sveta, Mis Amerike itd, itd, kakvo je mišljenje Gnoze?

Odgovor: U prvom redu moram vam reći da su ti konkursi izmišljeni da degradiraju ženu i da je transformišu u komercijalni predmet. U dotičnim konkursima uvlače se u igru i vrlo opskurni interesi, ponekad političkog karaktera, ponekad ekonomskog, ili publicitarne prirode. Ali, najgore od svega toga je to što gospođice aspirantkinje za Mis Amerika, Mis Univerzum itd, itd, prolaze kroz ruke mnogih ličnosti, sa velikim ekonomskim moćima i ponižavane su na svakojake načine – moralne, seksualne, itd. Ovo ceo svet zna. Na nesreću postoje žene kojima ne smeta da žive u takvim okolnostima jer žele više novca, da postanu modeli na modnoj pisti, da vode neki TV program itd, itd. Ovo nije drugo nego JA pohlepe i arogancije koji manipuliše psihu ovih devojaka.

Pitanje: Voleo bih da znam šta misli Gnoza o onim sportovima kao što je boks, trka formule 1, šampionat u slobodnim borilačkim veštinama i drugi u velikoj meri agresivni sportovi?

Odgovor: Reći ću vam na početku da to jednostavno nisu sportovi. To su društvene aberacije, zato što jednostavna činjenica da staviš da se dve osobe tuku dok jedan od protivnika ne izgubi svest, dokazuje da tu postoji zla volja i da mnoštva doživljavaju niske emocije kao u antičkom Rimu, onda kada su bili bačeni u arenu gladijatori da se međusobno ubijaju. Ovo je čista okrutnost. Takođe vam istu stvar kazujem što se tiče ostalih sportova kao slobodne borbe, koje hrane gledaoce nasiljem i željom da vide nekog mrtvim. Svi ovi lažni sportovi u fondu su podstrek za povećavanje ego-a i, *u stvari*, to se i uspelo, jer sada ljudi postaju sve više agresivniji. Formula jedan je pseudo sport koji služi samo da povećava gordost nekima koji su uključeni u ovu pseudo sportsku tematiku, koji su, naravno, sluge automobilskih brendova koji proveravaju napredovanje u konstrukciji automobilskih motora velikih brzina.

Pitanje: Kada smo u okviru ovih tema, recite mi koje je mišljenje Gnoze u vezi sa nečim što postaje običaj među ženama, tj., da jedna pozajmljuje matericu da bi bila veštački oplođena spermom nekog gospodina koji je suprug druge koja ne može imati dece? Onda kada prva rodi to dete, daje ga onoj drugoj koja će mu biti majka...

Odgovor: Iskreno govoreći, ovo se naziva seksualni promet. U ovim vremenima u kojima živimo sve ove stvari nazivane su modernizam. Mi smo stvarno hipnotisani takozvanim „napretkom nauke" i nimalo nas ne zanima etika. Zaista, žene se ponekad žale da se sa njima ne postupa sa dostojanstvom, ali one same daju povoda da budu objekat seksualnog ophođenja, kao što je slučaj o kom me pitate. Ovo je protiv etike, protivprirodno i nehumano. Nauka koja je odvojena od etičkih principa teži da postane makijavelistička i čini stvari u Frankenštajnovom stilu.

Pitanje: A o klonaži šta nam Gnoza može reći?

Odgovor: Prijatelju, klonaža je aberacija nauke, jer je to apsolutni atentat protiv etike i božanskih principa. U fondu, gospoda nauke žele da zauzmu mesto Boga. Žele nam reći, vidite li vi kako smo mi sposobni da stvorimo biće polazeći od ćelije majke. Oni se poigravaju sa onim što u Prirodi postoji i žele se predstaviti kao Bogovi. I što je vrhunac, ovo se sviđa ljudima kojima su prilično dosadne religije zbog njihovih zamršenih i tvrdoglavih dogmi. Postoje ljudi koji su stigli da kažu da će nam klonaža dozvoliti da spašavamo ljudske živote jer „kloniranim bićima" mogu se amputirati organi koji će biti potrebni, iz raznih uzroka (bolest, starost itd), licu od kog su se na početku uzele ćelije majke. Ovo je zaista svojstveno pričama sa Frankenštajnom. Ove su stvari, prijatelju, radili stari Atlantiđani, u njihovoj Kali-Yugi, u njihovoj epohi degenerisanja, pre nego što se taj kontinent potopio na dno Atlantskog okeana zbog zemljotresa i zbog podvodnih potresa koji su ga udarili. I kao što se sve vremenski ponavlja, zbog zakona Povratka i Rekurencije, onda ih sada imamo ponovo vraćene one atlantiđanske ljude od nauke, ali u telima svojstvenim Arijevskoj rasi u kojoj se nalazimo, sa istim njihovim onovremenskim glupostima. Ali vidite li vi, prijatelju, kako ove stvari nikoga ne skandalizuju. Niti čak religijske lidere iz naših dana. Ali, kada neko kaže da nije pogodno da se fornicira, da se gubi seksualna energija, stvara se sva intelektualna znatiželja i lupom se posmatra onaj koji je imao smelosti da to izjavi. Takav je svet i niko ništa ne kaže.

Pitanje: U okviru ovih naučnih tema, kakvo je mišljenje Gnoze o presađivanju organa?

Odgovor: Transplantacija organa, iako izgleda posebno humanitarna, u osnovi ona je usmerena protiv Prirode. Ponavljam, svako telo je stvoreno u utrobi jedne majke u skladu sa Zakonima koje kultivisani ignoranti uopšte ne poznaju. Svaka osoba ima sopstvene atome i energije u skladu sa Zakonom Karme, o kojoj smo govorili u prošlim paragrafima. Nesumnjivo, u našem telu postoje izvesne energije koje su nama svojstvene i treba da nas slede čitavog života. Kada se jednoj osobi presađuju organi nekog koji je preminuo, tada mu se unose energije koje nisu njegove i pored činjenice da se povezuje (posredstvom budućih egzistencija sa preminulim) uzima Karmu od osobe davaoca koja je uključena u atomima presađenog organa. Sve ovo, lekari ignorišu, nažalost, i zbog toga oni, iako čvrsto veruju da deluju dobro, ne znaju da usvajaju Karmu zbog činjenice što su mešali Karme dveju osoba. Sve ovo, prijatelju, nazivamo Crnom Magijom.

Pitanje: Ali, meni se čini da je sjajno da neko može da nastavi da živi više godina sa nekim bubrezima ili srcem primljenim od nekog koji umirući nema više potrebe za njima...

Odgovor: Da, da, razumem ja vaše misli i humanitarna osećanja prema ostalima, ali u ovom slučaju cilj opravdava sredstva. Ako bi čovečanstvo imalo budnu Svest, našlo bi druga sredstva da produži zdravlje nekome čiji bubrezi ili srce ne funkcionišu pravilno.

Pitanje: Objasnite mi, molim vas, vaše mišljenje, govoreći sa gnostičke tačke gledanja, u vezi sa implantacijom sa silikonom.

Odgovor: Prijatelju, sve te transplantacije sa silikonom koje rade žene da bi povećale grudi ili usne itd, to su stvari svojstvene Ego-u gordosti i sujete. Sve ovo u osnovi znači, ponavljam vam, da ne želimo da prihvatimo volju našeg Realnog Bića onda kada je osmislio u utrobi naše majke naše sadašnje fizičko telo.

Pitanje: Ali, zamislite jadnu ženu kojoj sledi da joj otklone obe dojke jer su postale kancerozne, a ako joj se ne otklone može umreti zbog metastaze. Tada, šta kaže Gnoza u ovom slučaju?

Odgovor: Jedna je stvar da se želi usaditi silikon iz čistog egoističkih razloga, a druga je stvar da se želi pomoći nekoj jadnoj ženi, o kojoj mi pričate, sređujući joj grudi silikonom, kako ne bi postala depresivna. Ovo je nešto drugo.

Pitanje: Kako gleda Gnoza na pojavu banaka seksualne sperme?

Odgovor: To je ista stvar. To su igre koje se sviđaju lažnoj nauci, da zadivljuju mnoštva. Ovo je način da se zadovolje ljudske ćudi. Ali sve to dejstvuje protiv prirode jer je reč o nečemu što je laboratorijski eksperiment.

Pitanje: Govorite mi, ako je moguće, o tome šta misli Gnoza u vezi sa pronalaskom ljudskog genoma.

Odgovor: Naučnici su dakako našli, kako izgleda, sve hromozome koji stvaraju ljudski genom. Sa ovim pretenduju, u buduće, da stvore rasu superiornih ljudskih bića kojima bi se modifikovali genetski kodovi da bi ih spasli od bilo koje bolesti, da im produže životni vek, da ih učine da budu imuni prema raku itd, itd. Sve je ovo da bi zadovoljili mnoštva. Zbog toga su mnogi ezoteričari od velikog glasa uporedili „materijalističku nauku" sa Apokaliptičkom Zveri čiji je broj 666. Upoređuju je sa tom Zveri zato što Apokalipsa kaže da pomenuta Zver ima moći čak da učini da pada vatrena kiša sa neba (ovo nas podseća na balističke rakete stvorene od nauke naoružanja), i svako će koleno kleknuti na zemlju da obožava Zver zbog mirakla koje je sposobna da realizuje. Ovo je to što se danas događa. Ljudi danas ne veruju ni u šta božansko jer kažu da sve njihove probleme rešava nauka. U kolegijumima i univerzitetima u celome svetu vrlo jako se podvlači značaj da se veruje samo nauci i na taj način apsolventi pomenutih studijskih centara izlaze programirani kao roboti da bi služili svog gospodara: Nauku. Iza tog otkrića ono što se prati to je zamena Božanstva, ali kultivisani ignoranti ne poznaju resurse koje imaju Više Jerarhije da učine da se ljudima presudi Karma onda kada zaslužuju. Čovečanstvo je

strašno kritikovalo naciste zbog njihovih genetskih eksperimena-
ta u takozvanim „poljima za istrebljivanje". Pa ipak, sav napredak
nauke u domenu genetike bazira se na eksperimente dr Smrti, a to
je bio epitet koji je imao u nacističkoj Nemačkoj dr Jozef Mengele.
Takvi smo, danas nešto kritikujemo jer je to uradio neprijatelj, a
sutra činimo mi istu stvar koju je činio naš neprijatelj. To je igra
ego-a, Ja-ova, ljudsko ponašanje.

*Pitanje: Vratimo se temi ekologije, voleo bih da vas upitam
o mišljenju Gnoze u vezi sa španskom borbom sa bikovima,
bičja svetkovina u kojoj je životinja, bik, strašno mučen pre
nego što će biti ubijen.*

Odgovor: Što se tiče te španske bičje svetkovine treba da
vam kažem da iako ima ancestralne reminescencije, koje datiraju iz
antičkog Krita i još od ranije, iz prastare Atlantide, danas je u velikoj
meri degenerisala i prosto se pretvorila u cirkus gde ljudi prazne
svoje najgore divlje instinkte skrivene u njihovoj podsvesti. Nekada,
u vremenima Atlantide, kraljevi su bili ti koji su slavili u njihovim
kraljevinama bičju svetkovinu. U ovoj, Inicijati i Inicijatkinje trebalo
je da se suoče sa bikom (koji je označavao životinjski Ego) naoružani
samo nekim lasom. A kada bi bik na njih napadao, Inicijati bi ska-
kali na leđa životinje i pokušavali su da ga pokore dok ne bi stavio
glavu na zemlju. Kružna arena predstavlja Samsaru točak (vreme),
unutar kog se vrte duše i ponovo se vraćaju u ovu dolinu plača svaki
put kad ih Zakon obavezuje. Onih dvanaest zaklona ili mesta gde
toreador traži sklonište, onda kada vidi da je u opasnosti, pred-
stavljaju dvanaest sazvežđa u kojima se sklanja Duša. Setimo se
da svaki put kada dolazimo u egzistenciju menjamo zodijački znak.
Blistavo odelo toreadora predstavlja egzistencijalna tela stvorena
u Vulkanovom ognjištu od strane Inicijata, odnosno posredstvom
Tantričke seksualnosti. Postoje u borbi sa bikovima banderiljeri, oni
koji okrutno zabadaju banderile u bičju grbaču i oni predstavljaju
masonsko-gnostičke kompanjone, tj., one koji su već sposobni da
kazne životinjski Ego određenom snagom. Pikadori koji jaše i uba-
daju bika kopljem onda kad ovaj izlazi iz arena, simbolizuju mason-
sko-gnostičke učenike koji pokušavaju malo-pomalo da se približe
do ego-a da bi ga postepeno uništili, a matador, nazvan ponekad

žargonom koride, majstor, predstavlja Adepta koji je već stručnjak u borbi sa ego-om i završava sa smrtnim ubodom koristeći se svojim mačem. Sve je to postojalo u prastaroj Atlantidi, ali nikada nisu stigli do toga da muče životinju, a niti da je ubiju. Simulirale se sve ove umetnosti koje smo maločas opisali, ali se nisu upravo tako događale. Danas, toreadori privlače veliku Karmu nad sobom zbog toga što muče pomenute životinje i dokrajčuju im okrutnu smrt posle dugog mučenja. Najgore je što tamo vidimo, na tim bičijim svetkovinama, gospođe, prividno domaćice sa svojom decom, kako prisustvuju pomenutim kasapljenjima. Sve se to oslikava u personalitetu koji se stvara kod dece i zbog toga kada porastu postaju agresivni. Sve ove krvave svetkovine karakateristika su ovog Crnog doba u kom živimo, u kom se sve vrti oko bogaćenja i ojačavanja naših sopstvenih Ja-ova. Mi smo protiv svih ovih stvari. Ponekad, elementalna familija bikova, tj., duševni deo onih životinja, sveti se tako da napadaju toreadora sve dok ga ne usmrte.

Pitanje: Kakvo mišljenje ima Gnoza o lovcima, tj., o onima koji ubijaju iz prostog zadovoljstva divlje svinje, lavove, slonove, jelene itd, itd?

Odgovor: To su prosto instinktivni ljudi. Pripadaju kategoriji osoba: motorno-instinktivno-seksualnoj. To su prilično egoički ljudi koji osećaju ogromno zadovoljstvo da ubijaju životinje i da se fotografišu ispred leša životinje koju su ubili. Sve je to deo gordosti, sujete i samoljublja. U osnovi to je arogancija i želja da se osećamo superiornijim od drugih ljudskih bića, samom činjenicom da smo ubili jednog lava. Ovo su karmički akti za lovca jer bezobzirno vrši atentat protiv Prirode. Bila bi druga stvar ako bismo se našli izolovani na nekom ostrvu ili u šumi i ne bismo imali šta da jedemo. Tada bismo morali da se latimo lova da bismo našli hranu za naše fizičko telo. Ali, ovo je mnogo različitija stvar.

Pitanje: Recite mi, ako je moguće, mišljenje Gnoze u vezi sa borbama petlova ili pasa, koje se praktikuju u raznim mestima ovoga sveta.

Odgovor: To su prave okrutnosti koje se čine prema životinjskom carstvu. Zaista je neljudski da staviš da se bore dve elementalne kreature kao što su petlovi i psi. Ovo je sto posto karmički i deo je instinktivne degeneracije čovečanstva. I vrhunac vrhunca, stvaraju se strašno agresivne rase pasa sa ciljem da anihiliraju druge protivničke pse u borbi pomenutih životinja. Krivica ove ekološke tragedije pada na ljudsko biće koje, u ovim slučajevima, dokazuje da je više životinjsko nego petlovi pa čak i psi. Ovo nam do zasićenosti dokazuje da je ljudska psiha pometena i na ovakve vrste gadosti gleda se kao da su apsolutno normalne...

Pitanje: A u vezi sa lovom na kitove, kako to gleda Gnoza?

Odgovor: Lov na kitove je takođe atentat protiv te vrste životinja. Ove kreature pripadaju baštini čovečanstva i one nikome ne čine zlo. Realno je ozbiljno da stavljamo u opasnost gašenja ovog

toliko veličanstvenog i divnog reda cetacea. Zemlje koje još čine ovu divlju praksu lišene su ljudskih principa i opravdavaju ovu klasu delovanja argumentima koji nemaju oslonac u bilo kojoj analizi, kao na primer: „mi smo zemlja po tradiciji kitolovačka" ili „mi iskorišćavamo sve sastojke kitova". Dokazuje se smešnim da neke zemlje kao Norveška i Japan nastavljaju da love kitove, dok one nemaju potrebe za dotičnim mesom ili derivatima iz ovog, jer su to zemlje koje nisu ni u kakvoj oskudici. Druga bi stvar bila kada bi narodi kao Eskimi sa Severa našeg sveta, ponekad, zavisili od lova na kitove da bi imali čime da se održavaju kao narod.

Pitanje: Vidite, pada mi na pamet pitanje u vezi sa ovom tematikom. Kako gledaju gnostičari na pravo da se u kući drži oružje, kao što predviđa Ustav, naprimer, Sjedinjenih Američkih Država?

Odgovor: Oružje je oružje. Sa ovim vam želim reći da oružja nisu predmet za ulepšavanje kuća ili stvari koje donose mir u njima. Oružje je uvek pravljeno da nešto ili nekog uništi. Prema tome, apsurdno je da vatreno oružje ili bilo kakve druge vrste oružja imamo u kući jer, imajući u vidu da posedujemo veoma živi Ego, ne znamo u kom momentu može gnevno Ja posrnuti da koristi to oružje i da provocira nesreću bilo porodičnu ili u komšiluku ili nacionalnu. Vidite li vi da u Sjedinjenim Američkim Državama, zemlja u kojoj je apsolutno legalno da gomilaš oružje u kući ili domu, tamo se čini najviše samoubistava, zločina, slučajnih ubistava itd. Potom se još i žale da je nasilje na ulicama njihovih gradova u porastu. A oni sami, Severno Amerikanci potkrepljuju nasilje svoje dece držanjem oružja u kući i čak ih od malih nogu uče da njime rukuju. Ovo se naziva kolektivno ratničko vaspitavanje. Sjedinjene Američke Države je društvo koje boluje od agresivnosti, ovo dobro znaju sociolozi i zbog toga je to zemlja koja održava najviše konflikta sa drugim zemljama našeg sveta. Kultura oružja je kultura ignorancije grubosti i sve to, dozvolite mi da kažem, istovremeno predstavlja atentat protiv pete zapovesti koja kaže: „Ne ubij". Zbog toga u Gnozi kažemo da ljudska bića današnjice nemaju istinsku koncepciju o onome šta je religijska vera i tim manje o onome šta je hrišćanska vera. Za čuđenje je da u Sjedinjenim Državama svako može da osnuje crkvu ako jednostavno plati nekih 30 ili 60 dolara. Dokazuje se da je gadno i sramotno da mesto, koje je prepuno crkvama, bude istovremeno i mesto gde se dnevno događa najviše zločina.

Pitanje: A o pornografiji, uopšte, koje je mišljenje Gnoze?

Odgovor: Pornografija je tehnika koju su stvorile određene grupe koje su zainteresovane da degenerišu čovečanstvo kako bi ga na ovaj način, po njihovim željama, mogle manipulisati. U pozadini pornografije nalaze se lica i makijavelistički planovi koje ljudi ne poznaju. U pozadini pornografske industrije nalaze se milioni i milioni dolara. Postoje gangsterske ili mafijaške grupe koje rukovode ovom industrijom i one služe drugim grupama političkog karaktera koje imaju stvarne projekte da degenerišu ljudsko biće. Neka se vodi računa da se posredstvom pornografije nadražuju podsvesni i infrasvesni nivoi ljudskog bića, a tamo se nalazi najgori deo životinjskog Ego-a svake osobe. Zbog toga, kada jednom osoba postaje zavisna od pornografije, dokazuje se da je veoma teško da se kasnije izvuče iz tog začaranog kruga. Voleo bih da vas upoznam sa činjenicom da kada je Gnoza, posredstvom svog venerabilnog Majstora Samaela Aun Weora, izdala delo „Savršeni brak", tada su u unutrašnjim svetovima, u delu kog mi nazivamo Crna Loža, pretili Majstoru Samaelu kazivajući mu: „Napadaćemo te našim silama" i ubrzo su se na tržištu pojavili prvi pornografski časopisi približno 1950-te, datum kada je bilo publikovano naše delo.

Pitanje: Recite mi kako gleda Gnoza na alkoholizam?

Odgovor: Prijatelju, alkoholizam je tragedija koju sada nosi čovečanstvo. Nesumnjivo da alkohol, kada premašuje normalnost, povlači vrlo teške posledice u nervnom sistemu i šteti neuronima mozga. To je atentat protiv našeg tela i kažnjavani smo za to od strane Zakona Karme u ovoj i u sledećim egzistencijama.

Pitanje: Na koji način smo kažnjavani od strane Zakona u slučaju ovog delikta?

Odgovor: Dobijamo teške bolesti ili jednostavno prilikom rađanja, u budućim egzistencijama, donosimo biološke ili psihološke mane. Sve je to zbog toga što nismo vrednovali napore Božanske Majke Prirode koja je stvorila u utrobi naše fizičke majčice telo koje smo uništili alkoholom.

Pitanje: I, koje je mišljenje Gnoze o pušenju?

Odgovor: Pa isto tako kao što sam vam rekao u vezi sa alkoholizmom. Svi su poroci stvoreni od psiholoških agregata. Podsetite se da su Indijanci iz Severne Amerike pušili duvan pomoću lule. Ali su oni to činili samo u okviru nekih sakralnih ceremonija ili da bi potpisali neki međusobni pakt ili alijanse između njihovih naroda i, uključivši alijanse sa evropskim belim čovekom kada je ovaj stigao na američke zemlje. Duvan, kada se puši kao porok, ne samo da proizvodi cerebralne štete u ljudskom telu, nego je i kancerogeni agent jer cigare sadrže hemijske supstance koje su pravi otrovi koji se unose u krv. Posledicu svih ovih stvari plaćamo prevremenim gubljenjem našeg fizičkog tela i Karmom koju ćemo takođe platiti u budućim egzistencijama.

Pitanje: Možete li mi reći kako gleda Gnoza na pirsing ili prstenje koje ljudi uvlače u nos, pupak, jezik itd, itd?

Odgovor: Sve su ove takozvane „modernističke" stvari prosto posledica snobizma u našim vremenima. Ljudi naših dana postali su strašno pokondireni i vole da sa ovim praksama skreću pažnju. Sve je ovo u osnovi deo čovečijeg SAMOLJUBLJA. Ljudima se sviđa da su prema ostalima u centru pažnje i radi ovoga u stanju su da urade bilo šta, čak i ako je to strašna nekomotnost.

Pitanje: Ali, neke afričke kulture ili iz Južne Amerike vekovima praktikuju pirsing. Šta nam o tome možete reći?

Odgovor: Ovo ne znači da je evolutivni akt. Setite se da ima mnogo kultura koje su u jasnoj involuciji, u čistoj degeneraciji i ne bi trebalo da im radi toga oponašamo običaje.

Pitanje: U ovom idejnom redu, Koje je mišljenje Gnoze o ablaciji klitorisa koje se čini devojčicama u pubertetu ili adolescenciji?

Odgovor: Očigledno je da je ta praktika gnusna i ona je takođe atentat protiv Prirode. Ablacija, pored toga što je okrutan i opasan čin (jer ima devojčica koje umiru zbog krvarenja ili infekcija pričinjenim tim ablacijama) rezultat je afričkog mačizma. Smatra se da odstranjivanjem klitorisa žena neće više osećati zadovoljstva u toku seksualne relacije. Nesumnjivo, zahteva se, u skladu sa onim shvatanjima kojima se sviđa ablacija, da će na ovaj način žena uvek biti verna jer neće tražiti seksualna zadovoljstva. Sve je ovo u osnovi abnormalno i ukazuje na strašnu mentalnu, instinktivnu i seksualnu degeneraciju. Kod žene klitoris je organ koji pripada njenoj anatomiji i treba se poštovati, jer je deo Kreacije. Druga je stvar kako će ona upotrebljavati njen klitoris. Ovo odgovora samom njenom životu i ona će biti odgovorna za svoja dela pred ljudima i Bogom. Sramotna je činjenica da postoje vlade na afričkom kontinentu koje tolerišu ove seksualne prakse njihovih stanovnika. Razlog ove tolerancije treba tražiti u mačizmu i u činjenici da je kod nekih afričkih naroda ablacija bila uvedena i u njihove sisteme religioznog života. Ovo je vrhunac.

Pitanje: Nedavno sam doznao da je neka žena trebalo da bude kamenovana, u nekom mestu u Africi, zbog činjenice da je ostala trudna sa nekim muškarcem, ali se pre toga razvela od svog muža. Šta nam Gnoza kaže u vezi sa ovim?

Odgovor: Odgovoriću vam upravo rečima velikog Kabira Isusa iz Nazareta: „Koji je među vama bez greha neka najpre baci kamen na nju." Usmrtiti kamenima neku osobu sigurno je pravi zločin, pogoto za delikte koje u osnovi skoro sav svet čini na ovaj ili onaj način. Ovo se događalo u vreme Isusa Hrista kada je mnoštvo htelo kamenom ubiti ženu preljubnicu. Ali, najgora stvar je ta da bi kaznili tu pretpostavljenu grešnicu, odlučili su je ubiti kamenjem. Ako bismo morali da zaista primenjujemo zakon na jednak način za sve, mnogi muškarci bi takođa trebalo da budu ubijeni kamenjem, uključujući i sudije koji su presudili da jadna žena bude ubijena kamenovanjem, jer danas skoro sav svet vrši preljubu. Sve ovo nam pokazuje koliko mnogo nastavlja da bude učaurena pamet u apsurdnim dogmama. Ako je Isus Hristos oprostio onoj ženi preljubnici, o kojoj se govori u Svetim Knjigama, ko smo mi da osuđujemo nekog koji čini preljubu. Svako neka odgovara za svoja dela pred svojom Svešću i božanstvom.

Pitanje: Upravo sada, postoji ovde neki Englez koji fotografiše hiljade osoba koje se svlače i zauzimaju stavove koje od njih osoba traži. I sve ovo otvoreno na ulici u Parizu, Barseloni, Njujorku. Kako vidi Gnoza ovu pojavu?

Odgovor: Gnoza je uvek znala da postoje određeni planovi da bi uveli, malo pomalo, sve čovečanstvo u neku vrstu entropije negativnog karaktera. Entropija je mehanizam posredstvom kojeg se pozitivni i negativni tovari, u određenom momentu, izjednačavaju, tj., onaj pozitivni se poravnava sa negativnim ili se negativni poravnava sa pozitivnim. Naprimer, možete na groblju zakopati, u dve zasebne rake, bogataša i siromašnog čoveka, ipak, prolaskom godina, ako otkrijete oba groba videćete da su obe osobe u stanju truljenja, da oba leša imaju vrlo neprijatan miris i da su oba leša monstruozna. Entropija nas sve poravnjava u času smrti. Isto tako, postoje institucije koje postepeno vode čovečanstvo ka velikoj seksualnoj degradaciji da bi posle pokrenule u funkciju druge planove još zlokobnije i mračnije. Ovo ne poznaju mase, koje na nesreću prihvataju ove gluposti verujući da na ovaj način društveno protestuju protiv ustanovljenih dogmi. Ne shvataju da su manipulisani. Ista stvar se događa sa pojavom droge, sa pojavom nasilja, sa pojavom homoseksualnosti itd, itd. Podsetite se da 50-tih ili 60-tih godina filmovi strave ili nasilja nisu prikazivali takve slike koje prouzrokuju psihičke traume gledaocima. Ali, malo pomalo, navikli su publiku da prihvati sve okrutnije scene u vezi sa nasiljem i strahom. Sada, pokazuju se ljudima strašne scene što se tiče nasilja ili straha i ljudi to brzo prihvataju, jer im je pamet već naviknuta da prima svakojake grozne scene, drugim rečima, već su bili zatrovani. Potom ljudi traže novi film strave ili nasilja da bi išli da to gledaju. Doći će vreme kada će bioskop postati nešto zaista opasno za ljudsko biće, ali ovo, uspavano, niti će to shvatiti. Treba da vam kažem da se ista stvar događala i sa filmovima erotsko-romantične vrste. Ranije se nisu prikazivale totalno seksualne veze protagonista, samo se insinuiralo, sada se prikazuju čak i detalji seksualnih relacija među glumcima i to sa pretekstom „da smo sada moderniji". Sve ovo pripada veoma dobrom izučenom planu nekih političkih institucija, koje nećemo ovde spomenuti.

Pitanje: Molim vas, možete li mi reći šta misli Gnoza o kolonijama nudista ili o onima koji vole da se prikazuju nagi na plažama?

Odgovor: Nesumnjivo je da nudizam pripada psihološkim agregatima bluda, egzibicionizma, seksualne i mentalne fornikacije, a takođe i sujete. Osobe nudisti imaju oštećene zone mozga koje ne reaguju na organsku sramotu. Ove osobe se, često, osećaju toliko poistovećene sa tim psihološkim agregatima pa je za njih zastrašujuće normalno da se prikazuju golišavi pred drugima. Ovo pripada potpuno uspavanoj Svesti. Takva jedna osoba realno je više učaurena nego bilo koja druga iz našeg sveta, jer činjenice to ističu.

Pitanje: Ali, nudisti to argumentuju da im nudizam dopušta da budu bliže Prirodi i da u svetu postoje domorodačka plemena (u Amazoniji, naprimer) koji žive potpuno golišavi i da je sve normalno. Kako na ovo odgovara Gnoza?

Odgovor: Dozvolite mi da vam kažem da danas živimo u društvu u kom su koncepti bili preinačeni od strane šarlatana intelekta. Na ovaj način, sociolozi naprimer, smatraju delikvenciju, drogu, prostituciju kao deo društvenog napretka. Na ovaj način se opravdavaju ratovi, varvarski opiti sa nezaštićenim životinjama, zločini protiv Prirode itd, itd. Prema tome, nas, gnostičare, neće ubediti da sve što leti može se i jesti. Jedna je stvar kada govorimo o evolutivnim plemenima i druga je stvar kada pričamo o plemenima u involuciji. Postoje involutivni običaji kod mnogih plemena koja još opstaju u našem svetu (uključivši i one iz Amazonije) i ovo ne znači da mi treba da prihvatamo takve običaje. Ali, čak i tako, pretpostavljajući da u Amazoniji ima plemena u kojima žive domoroci kompletno nagi, ali oni nisu odrasli u seksualnom besramlju niti sa seksualnim porocima našeg društva, koje je stvorilo ukupnu pornografsku industriju oko seksa i koje je odstranilo od seksualnosti svaki uzvišeni princip, zato što vidi seksualnost kao instrument zadovoljstva.

Pitanje: O pedofiliji, šta nam može reći Gnoza?

Odgovor: Pedofilija jeste posledica strašne seksualne degeneracije od koje pati čovečanstvo. Kada je osoba isprobala sve seksualne aberacije koje danas postoje, tada njegovi najbludniji psihološki agregati teraju ga da traži seksualna zadovoljstva koja već imaju kriminalni karakter. Nivoi infrasvesnosti ljudskog bića prepuni su veoma opasnim psihološkim agregatima koji su ljudima nepoznati. Ljudi veruju da nemaju takva skretanja jer se vide lepi pred ogledalom, jer im nikada ne prolaze kroz pamet takve stvari, jer pripadaju tom i tom socijalnom nivou, jer su studirali u nekoj religijskoj gimnaziji, ili iz nebrojano prosto intelektualnih razloga. Ali, životinjsko mnogostruko Ja jeste, u osnovi svake osobe, nešto zaista đavolsko, monstruozno, što se ne bi moglo ni zamisliti. Ponekad je moguće da se dogodi da neka osoba, prividno veoma stidljiva i mirna, stiže da ubije, u nekom izlivu besa, svoju ženu i decu. I kada policija pokupi kriminalca, ovaj se hiljadu puta kune da nije on taj, da on nije sposoban za takve stvari, da se ne seća kako je ili zašto uradio. U takvim slučajevima, razlog ubistva treba da se traži u ŽIVOTINJSKOM JA koje živi u dubokoj unutrašnjosti svake ljudske osobe. U današnjim danima, seksualnost se pretvorila u nezasićenu potražnju neljudskih zadovoljstava, sadičnih, perverznih itd, itd. i ovo stvara pedofiliju koju već prati policija u celom svetu kao kriminalni delikt.

Pitanje: Kako vidi Gnoza pedofiliju povezanu sa sveštenicima nekih religija?

Odgovor: Pa to je blasfemija protiv božanstva. Sveštenik, koji se pretpostavlja da je primeren da pomaže Dušama da se pročiste i da se ujedine sa božanstvom i za kog se dokazuje da je pedofil, to je onda ruglo za čovečanstvo i, više od toga, to je neposredni atentat protiv božanskih principa. Ovo povlači veoma tešku Karmu za sveštenika koji je umešan u pedofiliju. Ovo je isto kao kada bismo rekli da se nalazimo pred činjenicom da Đavo služi službu. U osnovi pedofilija je upravo rezultat jedne druge teške greške koju su napravile neke crkve onda kada su uvele celibat. Celibat je nešto što ide protiv Prirode. Prastari profeti i patrijarsi imali su supruge. Setite se Mojsija i Sefore, Avrama i Sare itd, itd. Svi Apostoli Isusa Hrista imali su žene, čak iako je potom Katolička crkva htela da kaže da su ih kasnije napustili da bi sledili Isusa i tako ostali neženje. Sve je to velika laž jer su se oni, Apostoli, osim Pavla iz Tarsa, autorealizovali i uspeli su to upravo zato što su svoj život darovali čovečanstvu, zato što su dezintegrisali psihološke agregate i zato što su radili u Belom Tantrizmu da bi postigli apsolutnu neporočnost. Danas, kao i pre mnogo vekova, neke crkve uskraćuju svojim sveštenicima brak i, očigledno, seksualna snaga je krajnje eksplozivna i u isto vreme veoma suptilna. Ovo prouzrokuje da sveštenicima onih crkava ispada iz ravnoteže, malo pomalo, njihov nervni sistem i da hormoni počinju da stvaraju probleme. Na kraju završavaju da čine aberacije protiv Prirode i da vrše atentat protiv sopstvenih Jevanđelja. Rešenje ovog problema bilo bi da se sveštenicima dozvoli brak sa ženom kao i svakom drugom ljudskom biću.

Pitanje: Ali, one crkve su prihvatile celibat zato što, po njima, Isus nije imao ženu, a sveštenici bi trebalo da slede njegov primer. Kako na ovo odgovara Gnoza?

Odgovor: Već sam vam ranije rekao da je istorija hrišćanske religije bila unakažena na Nikejskom saboru (godine 300-te) posle Hrista i 500. godine posle Hrista (na saboru iz Trenta). Tamo na onim saborima, usadile se strašne dogme koje nisu imale nikakve veze sa istinskim hrišćanstvom kog je pripovedao Nazarećanin. Isus je imao suprugu i zahvaljujući ovoj činjenici mogao je ostvariti Veliko Delo, tj., da pokaže svim ljudskim bićima put koji vodi do Oca koji se nalazi u tajnosti. Apokrifna Jevanđelja, koje Katolička crkva i druge crkve ne žele da prihvate, govore o Isusu i Mariji iz Magdale, kao njegovoj supruzi. Ovo nesumnjivo zvuči kao grom u ušima visokih eklezijasta koji su do zasićenosti puni dogmama. Ljudi žele da vide Isusa pobožnog i kastriranog, ali je realnost mnogo drugačija od onoga što tvrde te dogme.

Pitanje: Upravo se u ovom momentu sećam slučaja nekog episkopa Anglikanske crkve koji se deklarisao kao homoseksualac i, iz ovog razloga, nastalo je ispitivanje anglikanskih eklezijastičkih autoriteta o tome; šta da se radi u ovom slučaju. Glasalo se i pobedili su oni koji su bili mišljenja da može da nastavi da praktikuje svoje svešteničke funkcije čak iako je homoseksualac. Sve je to stvorilo raskol u anglikanskoj parohiji. Kakvo mišljenje ima Gnoza u ovom slučaju homoseksualnosti, ni manje ni više nego episkopove?

Odgovor: Cenjeni prijatelju, sve ovo nije drugo nego gojenje ŽIVOTINJSKOG EGOA kod ljudi naših dana. Životinjski Ego ne poštuje religije, niti vere, niti ideologije, ništa, ništa, ništa. Ego-u je svejedno da se manifestuje bilo gde i bilo kad. Nesumnjivo da jedan episkop ili bilo koji sveštenik, koji postaje gej ili homoseksualac, ne vrednuje sopstvene religijske principe jer je homoseksualnost van normalnosti i u osnovi to je nešto protiv Prirode.

Pitanje: Zbog čega koristite izraz „protiv Prirode"?

Odgovor: Zbog toga što telo i njegovi organi imaju svoje definisane funkcije. Postoje muški i ženski genitalni organi i nazvani su „genitalni" upravo zbog toga što generišu život, pored seksualnog zadovoljstva i, takođe, zato što generišu unutrašnji život, u skladu sa tantričkim seksualnim doktrinama iz Orijenta. Veze između muškaraca, na seksualnom nivou, jesu apsurdnost. Više od toga, rektum je u ljudskom organizmu namenjen za „izbacivanje fekalija" a ne zato da ima seksualnu aktivnost. Ono što se događa to je da je čovečanstvo stiglo, zbog bluda, da traži zadovoljstva onostrano normalnosti i ovo je dovelo do stanja homoseksualnosti i lezbejstva, koja se svugde vide. Ono što je ozbiljno, ponavljam, to je da je više od toga i otežavajuća okolnost, u slučaju episkopa ili homoseksualnog sveštenika, činjenica da je na njemu velika odgovornost, a to je da vodi Duše prema čistoti, naučnoj neporočnosti, unutrašnjem duhovnom i materijalnom razvitku. I, kako će moći da generiše ravnotežu osoba koja je neuravnotežena? To je prava aberacija i siguran simptom propasti takvih crkava.

Pitanje: A u hetero seksualnim parovima, kako vidi Gnoza seksualnu vezu rektalnog karaktera?

Odgovor: Isto tako; verujemo da je taj seksualni čin protiv Prirode iz razloga koji sam vam malopre izložio. Ljudi, mnoštva, nažalost, ne shvataju da postoji normalnost i nenormalnost. Čovečanstvo je stiglo dotle da možemo reći da su pojedine zone mozga paralizovane ili sagorele i ljudska bića više nisu u stanju da razlikuju normalno od nenormalnog. Ovo je vrhunac. Jednoga dana moguće je da vidimo nekog silovnika kako služi neki obred i svi ćemo biti toliko zadovoljni zato što, eto današnje sudije, određuju da čin silovanja ne zabranjuje nekome da služi u crkvenom obredu. Ego, prijatelju, ne poštuje nikoga pa čak ni sudije; iako su sudije, imaju unutar svoje psihe strašne psihološke agregate kao i ostala ljudska bića.

Pitanje: Sve što mi objašnjavate izgleda mi veoma tužno...

Odgovor: Sigurno da je tako. Čak iako vam se čini neverovatnim, sve ovo što sam vam rekao ima previše dokumentacije da to potvrdi.

Pitanje: Kakvo mišljenje ima Gnoza o kanibalizmu kog još uvek praktikuju neki narodi Afrike?

Odgovor: Kanibalizam je dokaz činjenice da se oni koji ga praktikuju nalaze u jasnoj životinjskoj involuciji. Ovi ljudi kanibali ući će, kada budu umrli, u infradimenzije Prirode ili u religijske Paklove. Kanibalizam je formiran iz realno zverskih psiholoških agregata koji kontrolišu ljudsku mašinu onih osoba i zbog toga su one osuđene na involuciju. Ovo je druga smrt o kojoj se govori u Svetim Knjigama.

Pitanje: Nedavno je bio javno prikazan slučaj čoveka nemačke nacionalnosti koji je postavio na internet oglas u kom poziva svakog koji to želi da dozvoli da ga pojede. Navodni kanibal sigurno je pojeo jednu žrtvu koja se dozvala pozivu. Najgore je što je u tribunalu kanibal izjavio „da je dobio više od 800

*ponuda od ljudi koji su želeli da nakon smrti budu pojedeni".
Moje pitanje je sledeće: kojoj činjenici duguje ova pojava?*

Odgovor: Nesumnjivo, prijatelju, nalazimo se pred najstrašnijim dokazom činjenice da je ljudska vrsta, kao solarni eksperiment, realno propala. Prvo, činjenica da je nemački subjekat predložio ljudima da ih on pojede i još, više, ljudi mu se ponudili da budu prožderani na kanibalski način, kategorički pokazuje da je ljudska rasa strašno posednuta od strane agregata unutrašnje Zveri čiji je broj 666. Ovo ne uznemirava ljude zato što je većina ljudskih bića toliko uspavana u svojoj Svesti, pa se zato i ne uznemiravaju. Drugo, kanibalizam je vrlo arhaička pojava koja je praktikovana ne samo od strane afričkih plemena u stanju jasne involucije, nego i od ljudi iz prastarih rasa koje su bile pre nas u toku istorije, kao na primer stara Atlantida. Dokazuje se da su pre potapanja onog famoznog kontinenta, u punom Gvozdenom dobu Atlantiđana, postojali narodi naklonjeni kanibalizmu. Kanibalizam je sastavljen od realno ambiskih psihičkih agregata koji pripadaju najskrivenijim i mračnijim stanjima ljudske pameti koja je već degenerisana. Sve je ovo deo Kali-Yuge ili Doba tmina u kom se sada nalazimo.

Pitanje: Šta nam Gnoza može reći o kartanju koje se praktikuje u okviru društvenih skupova?

Odgovor: Prijatelju, igra karata je degenerisanje karata egipatskog Tarota kojeg su antički Inicijati koristili u zemlji faraona. Treba da vam kažem, dakle, da te karte predstavljaju degeneraciju egipatskih karata. Igrati se tim kartama, dragi prijatelju, znači služiti Crnoj Magiji, jer se koriste Sveti Arkanumi kao instrument za društvenu zabavu.

Pitanje: Kako vidi Gnoza siromaštvo koje postoji, naprimer, u mestima kao što je Afrika?

Odgovor: Nesumnjivo je da postoje zemlje koje možemo da smatramo karmičke i zemlje koje bismo mogli smatrati darmičke. Evropa je, naprimer, darmička u poređenju sa Afrikom. Ali ovo ne znači da ne treba da se brinemo za one koji pate od gladi i žeđi i niti bar imaju sklonište. Podsetite se da sam vam u nekom drugom paragrafu ove knjige ponovio aksiom među mnogim drugima koji postoje u hramu Velikog Zakona, u unutrašnjim ili hiperdimenzionalnim svetovima: „Plaćamo Karmu za zlo koje drugima činimo, ali i za dobro koje kada drugima možemo činiti – ne činimo". Tako da, prema tome, bogate zemlje trebalo bi da kooperiraju, sve zajedno, da realizuju veliku kampanju za iskorenjivanje siromaštva na tom kontinentu. Glad u Africi je sramota koja pritiskuje zapadne demokratije koje se toliko mnogo hvale da su pravne i demokratske. Sva ljudska bića trebalo bi da sarađujemo sa organizmima kao što je Crveni krst i druge Nevladine organizacije da bi pokušali da umanjimo glad na ovom napaćenom kontinentu. Najžalosnije je što, ponekad, bogate zemlje izjavljuju da pomažu Afrikance i često šalju hranu čiji je rok istekao ili, kako u poslednje vreme misle, da im šalju genetski modifikovanu hranu sa izgovorom da manje košta i da se lakše proizvodi. Ovo je to poznato „zapadno dobročinstvo". Mi gnostičari kažemo: ohladilo se dobročinstvo... Ako bi svaka zapadna familija uzela pod zaštitu jedno afričko dete i odredila bi novac za izgradnju škola, univerziteta i, još više, ako bi se navodnjavali tereni da bi se učinili plodnim i sejalo bi se, tada bi glad prestala da bude kazna u onim mestima.

Pitanje: Kakvo je mišljenje Gnoze o predbračnim odnosima?

Odgovor: Dakako, dozvolite mi da vam kažem da mi nismo puritanci i ne volimo puritanizam. Ali želimo da ostane jasno da se neke predbračne veze opravdavaju samo onda kada, istinski, verenici imaju ozbiljne namere da stupe u brak i da konstituišu dom. Inače, predbračne veze služe samo da se kod verenika ojačavaju agregati bluda, za stvaranje nepoželjnih trudnoća, za stvaranje osamljenih majki koje potom postaju socijalni problem velikih dimenzija i pogotovo da proizvode kod žena psihološku neuravnoteženost koja će im uništavati, vremenom, dostojanstvo. Žena koja nema dostojanstvo moguća je kandidatkinja za prostituciju i za mnogo više zla koja odavde proizilaze.

Pitanje: Voleo bih da vas nešto upitam. Izumela se kontraceptivna pilula nazvana „pilula za dvadeset i četiri sata". Po lekarima, ova pilula osigurava devojci da ne zatrudni u toku

24 sata polnog odnosa, jer se poništava svako začeće koje se događa u ovih 24 sata. Koje je vaše mišljenje o ovome?

Odgovor: Svi ovi prividni naučni mirakli koji fasciniraju svet, za nas su otrovi u pravom smislu reči. Sve te tablete ulaze u krvotok žena i vremenom proizvode raznovrsne bolesti. Ali, s druge strane, sve te pilule su, *u stvari*, makijavelijski izumi koji dopuštaju ljudskom biću opravdavanje činjenice da nastavlja, levo i desno, fornicirati. Veliki mudrac Solomon je nekada rekao: „Kad je reč o suđenju uživanjima, ljudi nisu nepristrasne sudije". Čovečanstvo je veoma daleko da bi razumelo transcendentnost seksualnosti i divne tajne koje su ovde sadržane i zbog toga je pretvorio seksualnost u neku vrstu sporta. Tako stoje stvari, prijatelju...

13

GNOZA I VANREDNE POJAVE

Pitanje: Šta nam kaže Gnoza o Jetiu (Yeti) ili snežnom čoveku?

Odgovor: Vaše pitanje je veoma interesantno. Famozni Jeti sigurno je da postoji. Bio je viđen u snežnim Himalajima i u nekim snežnim mestima u Kanadi. Špekulisalo se mnogo u pogledu ove kreature i čak se i verovalo da je opasna, ali Jeti nikada nikome nije učinio zlo, jer postoje osobe koje su uspele da ga vide iz blizine i nikada ih nije napao. Naprotiv, Jeti je izašao bežeći iz vidnog polja svojih pratioca ili ljudi koji su želeli da ga fotografišu. Jeti, sam po sebi, to je stvorenje koje potiče od degenerisanih Atlantiđana i na misteriozan način je uspelo da se održi do današnjih dana.

Pitanje: Postoje za Gnozu Gnomi ili patuljci iz priča za decu?

Odgovor: Gnomi zaista postoje. To su Duše koje započinju evoluciju i polaze imajući kao fizičko telo svet minerala. Oni su, dakle, Elementali Mineralnog carstva. To su bezazlena stvorenja sa dugom bradom, muškarci sa debeljuškastim telom, žene. Dva švedska naučnika uspela su da se sprijatelje sa Gnomima, koji su jednom želeli da im se prikažu. Dotični Gnomi pričali su im o svojim običajima, o svom načinu života itd, itd. i dozvolili su naučnicima da objave sve što su ispričali. I, zaista, još je u prometu ova ogromna knjiga naslovljena „Gnomi". Ova stvorenja su čuvari blaga koja su skrivena na raznim mestima našeg sveta i sa sigurnošću imaju moći da fabrikuju zlato. Ali oni ne gledaju ovaj metal sa nimalo pohlepe, tako kako to činimo mi, ljudi. Oni, ponekad, opunomoćeni od Božanskog Zakona, dozvole nekome koji ima velike potrebe, da nađe drago kamenje ili plemenite metale, da bi mu bilo od koristi u životu i da više ne doživljava nesrećne trenutke u ovom svetu.

Pitanje: I o Ondinama, Nereidama, Silfama i Silfidama o kojima govori Paracelsus u svojim delima, šta nam može reći Gnoza?

Odgovor: Sve ove kreature su strašno Božanske i to su elementali vode i vazduha. Ova su izuzetno lepa stvorenja i u Gnozi imamo praktike da radimo sa ovim bezazlenim Elementalima, kako bismo pomagali nama tako i da pomažemo našim bližnjima. Istu stvar bismo mogli reći i o Salamandrama. Salamandre su Elementali vatre i može se raditi sa ovim Elementalima posredstvom ezoteričkih praksi koje Gnoza poznaje u svojim studijama.

Pitanje: Želim vas nešto upitati. Da li je istina da su Amerikanci učinili da nestane jedan ratni brod, u vreme Drugog svetskog rata, u toku nekog eksperimenta?

Odgovor: Nesumnjivo, ovo je realno. Bio je to opit koji se ostvario na osnovu nekih znanja koja su stigla u ruke Amerikanaca i iskoristili su ih da bi izgradili neku vrstu mašine koja je učinila da taj ratni brod uđe u Četvrtu dimenziju. Ali, kasnije nisu mogli kontrolisati taj eksperiment. Priča se da je deo posade tog broda ostao u Četvrtoj dimenziji Prostora, iako izgleda da je brod bio ponovo vraćen ovde, u treću dimenziju sveta u kom živimo.

Pitanje: I oni jadni ljudi koji su tamo ostali, u četvrtoj dimenziji, šta tamo rade?

Odgovor: Treba da vam kažem da tamo u Četvrtoj vertikali ili Četvrtoj dimenziji prostora postoje gradovi udubljeni u tu dimenziju. Gradovi su isti kao i ovi ovde u fizičkom svetu, ali su u

Četvrtoj dimenziji. Onda su ti ljudi o kojima vi govorite nastavili da žive tamo, isto kao i ovde u našem fizičkom svetu.

Pitanje: Veruje li Gnoza u zombi, oni jadni ljudi koji su kao živi mrtvaci?

Odgovor: Zombi, prijatelju, postoji. Nije legenda. Pretvaranje neke osobe u zombi pripada Crnoj Magiji i ovo se praktikuje u mestima kao što je Haiti. Ova vrsta Crne Magije dolazi iz Afrike. Kada se vršila kolonizacija Amerike od strane Španaca, Portugalaca, Iraca, Engleza i Francuza, bili su dovedeni mnogi Afrikanci kao robovi u Ameriku, a te osobe iz Afrike donele su sa sobom ove umetnosti koje pripadaju Crnoj Magiji. Postoji neki prah koji se priprema na gnusan način, koji sadrži, među ostalim stvarima, istucane kosti mrtvaca, a ovaj prah se baca na neku osobu i tada se ona pretvara u zombi. Obolela osoba doživljava nekakvu prividnu smrt, jer ostaje nepokretna i sa veoma slabim disanjem, tako da lekari ne mogu da ustanove otkucaje srca čak ni stetoskopom. Tada se osoba smatra da je mrtva, pokopa se i posle tri dana, crni mag odlazi na groblje i izgovara neke mantre, koje pripadaju Crnoj Magiji, pa se tada vraća životu prividni mrtvac. Počevši od tada, zombi će uvek izvršavati bilo kakva naređenja od strane crnog maga.

Pitanje: Ima li Gnoza mehanizme da pomogne osobi koja je bila pretvorena u zombi i da je izvuče iz tog groznog stanja?

Odgovor: Da, ima.

Pitanje: Veruje li Gnoza u egzistenciju one monstruozne kreature koja se pretpostavlja da živi u jezeru „Ness", u Britaniji?

Odgovor: Nismo ispitivali ovu pojavu, ali je ne osporavamo, jer može biti reč o nekoj praistorijskoj kreaturi isto kao i famozni Snežni čovek.

14

GNOZA IDEOLOGIJE I POLITIKA

Pitanje: U okviru ove teme, recite mi, kakvo je mišljenje Gnoze o politici?

Odgovor: Odgovoriću vam sa velikim zadovoljstvom, gospodine. Politika, rekao je Platon, veliki atinski filozof, bila je „umetnost guverniranja naroda". Primetićete vi da je Platon naglasio da je reč o umetnosti, a ne o nekom načinu da se obezbeđuje egzistencija. U antikvitetu narodi su bili rukovođeni od strane mudraca, od ljudi sa budnom Svešću, u najpotpunijem smislu reči. Na nesreću, zajedno sa nastupom Kali-Yuge (Crno doba u kom se sada nalazimo) politika je pala u ruke intelektualnih prevaranata. Prevarant je neko sa velikim intelektualnim kapacitetom, ali kome nedostaje ljubav. Iz ove gnusne smeše rađaju se obmanjivači i žalosno je da znamo da se danas politika nalazi u rukama obmanjivača. Ljudi koji umeju da vrlo dobro govore, znaju da ubeđuju mnoštva sa njihovim veoma bogatim argumentima, ali u momentu delovanja dokazuje se da su neki banditi koji pljačkaju blaga u raznim zemljama. Kad i kad, vrlo retko, pojavljuje se poneki političar sa istinskim etičkim principima i obično se događa da ga eliminišu, ubiju ili traže da mu podmeću zamke da bi ga diskreditovali pred javnim mnenjem, sa ciljem da se više ne pojavljuje na izborima.

Pitanje: Recite mi molim vas, kakvo je mišljenje Gnoze o marksizmu-lenjinizmu?

Odgovor: Dakle, marksizam-lenjinizam je doktrina koja je stvorena da prevari one naivne. I ovo kažemo zato što marksizam-lenjinizam prvenstveno prati da odvoji narode od njihovih duhovnih principa podržavajući da „religije su opijum za narod". Ali, ono što ljudi ne poznaju to je da je sam Karl Marks bio jevrejski rabin i da je stvorio tu političku mašineriju pridržavajući se instrukcija jedne koterije koja želi da ukine sve ostale religije sveta, osim one hebrejske. Ovo je bio razlog zbog kog je Marks, prilikom proslave prve internacionalne socijalističke konferencije, izjavio: „Ja nisam marksist". Evidentno je da je to trebao reći jer je on bio sveštenik rabin, a Marksizam, kao doktrina, bio je ateistički.

Pitanje: Ja sam stalno slušao da je marksizam-lenjinizam zahtevao jednakost svih ljudskih bića na ekonomskom nivou...

Odgovor: Pa, gledajte vi posle više od pedeset godina marksizma u zemljama kao Mađarska, Čehoslovačka, Istočna Nemačka i Rusija. U kakvo su stanje dospeli ti narodi? Pa, jednostavno, u ekonomski krah. Danas su te zemlje odustale od marksizma-lenjinizma i komunizma, zato što su videle da je reč o velikoj prevari koja je donela ljudima samo glad, depresiju i smrt.

Pitanje: Da li ovo znači da je kapitalizam najbolji sistem?

Odgovor: Nikako. Kapitalizam i komunizam su one dve glave istog monstruma. Za čovečanstvo idealan sistem života bio bi gde se bogatstva raspodeljuje na društveni i hrišćanski način, ali za ovo bilo bi potrebno da čovek odustane od svoje pohlepe, svojih ćudi, svog egoizma, svojih želja za političkim i ekonomskim moćima, rasipništva itd. Na kraju, bila bi potrebna radikalna promena unutar svake osobe da bi tako jedan narod stigao da ima zaista uravnoteženu politiku.

Pitanje: Izvinite me zbog mog pitanja, ali da li je istina da je Hitler pripadao tajnom društvu i da je na osnovu toga stvorio političku doktrinu ili nacizam?

Odgovor: Malo je teže odgovoriti na ovo pitanje zbog činjenice što je odgovor dosta složen. Ali, ukratko, mogu vam reći da se tajno društvo, kome je pripadao Hitler i nekoliko njegovih budućih komandanata, nazivalo Thule. Dotično društvo primalo je *u stvari* instrukcije upravo od Sakralnog ordena iz Tibeta; to je bio beli red koji je želeo da pomogne čovečanstvu posredstvom nekog programa za regeneraciju, koji je trebalo biti primenjen u Nemačkoj, sa spajanjem Luksemburga, Holandije, Belgije, Austrije i Čehoslovačke. Plan je uključivao da se mnoštva uče o potrebi buđenja Svesti, da se opaža i uništava Ego i pored svega ovoga, da se poboljša ljudska rasa eliminacijom poroka i loših navika. Ali, na početku je Hitler delovao kao što je bilo predviđeno i zbog toga je Nemačka postala gigant u prvim godina Hitlerove vlasti. Kasnije, neki crni orden nazvan Klan Dag Dugpa (koji još uvek postoji u nekim mestima u Tibetu i koji je sekta mračnog karaktera) poslao je u Nemačku izaslanika koji je trebalo da se predstavi upravo kao član Sakralnog ordena iz Tibeta. Ovaj izaslanik je uspeo da se smesti čak u kancelarije Trećeg Rajha i počeo je da udaljuje Hitlera od njegovog prvobitnog zadatka. Ova ličnost, koja je bila nazvana Čovek sa zelenim rukavicama (nikada nije skidao te rukavice sa ruku) bio je taj koji je uticao na Hitlera da napadne Poljsku, da zauzme Francusku i da proširi rat na svu Evropu. Isto je ta ličnost uticala na Hitlera sa idejom nacističkih koncentracionih logora i na kraju uticala je na Hitlera na takav način da je Firer stigao da proizvede velike katastrofe koje su ga dovele čak do ludila. Kada je admiral Denic (Doenitz) potpisao kapitulaciju Nemačke, pred saveznicima, na ulicama Tibeta izašli su crni magovi Dag Dugpa, sa povicima: Pobedili smo! Pobedili smo! itd, itd. Prema tome, možemo zaključiti da je Drugi svetski rat bio dvoboj između dve Lože, Bele i Crne. Ovo je tužno, ali je tako bilo...

Pitanje: Da li je istina da su Hitler i njegova supruga izvršili samoubistvo i da su umrli u skloništu u kom su živeli u toku rata?

Odgovor: *Ova činjenica nije istinita. Hitler je umro star u nekom tajnom mestu u Španiji. Ostaci koji su nađeni u Hitlerovom skloništu i koji su bili pripisani Fireru bili su u stvari ostaci dvojnika – Hitlerovog i njegove supruge.*

Pitanje: I šta se još zna o čoveku sa zelenim rukavicama?

Odgovor: Ne znamo, ali pretpostavljamo da se on vratio u Tibet.

Pitanje: Neki izvori kazuju da je Hitler poznavao ulaz u Agarthu i da je znao da postoji ulaz na Južnom polu, prema kraljevini Agarthi. Da li je istina?

Odgovor: Hitler je poznavao mnoge stvari koje ljudi ne poznaju. Istina je da je znao ulaze u Agarthu i da je zbog toga poslao flote podmornica prema Južnom polu za vreme njegovog mandata i treba da kažemo, da posle Firerove smrti, nekoliko Nemaca je otputovalo prema Južnoj Americi, u podmornicama, upravo da traže ovaj ulaz u Agarthu. Pošto ga nisu našli, ostali su u ovim zemljama Južne Amerike gde još žive njihovi potomci.

Pitanje: Kakvo mišljenje imaju gnostičari o nemačkom nacionalnom socijalizmu Adolfa Hitlera?

Odgovor: Prijatelju, svaki nacionalizam koji ide do granica fanatizma završava se kolektivnim ludilom. Ovo se dogodilo sa Hitlerovim nacionalnim socijalizmom; završio je prosto u kolektivnom ludilu koje je prouzrokovalo veliku štetu čovečanstvu, a pogotovo Evropi.

Pitanje: Da li je istina da je Hitler tražio Longinusovo koplje, rimskog vojnika koji je ranio Hristova rebra, za vreme raspeća Gospoda, i više od toga i Pehar ili Sveti Gral u kom je bila Spasiteljeva Krv?

Odgovor: Sa sigurnošću prijatelju. Firer je znao da ove svete relikvije imaju ogromnu moć koju je Hitler mislio da iskoristi radi svojih ciljeva. Na svu sreću nije ih mogao naći, jer bi to bilo katastrofalno za čovečanstvo kada bi sve to iskoristio čovek sa zelenim rukavicama.

Pitanje: Kada smo spomenuli sveti Gral, da li je istina da je ovaj pehar bio odnet od Josifa iz Arimateje u Evropu i da se nalazi na nekom skrivenom mestu?

Odgovor: Apsolutna je istina. Dotični Pehar koji sadrži Spasiteljevu prolivenu Krv za vreme njegovog raspeća bio je uzet od rimskog senatora Josifa iz Arimateje i ovaj ga je poneo sobom kada se ukrcao sa Marijom Magdalenom, Martom i Lazarom (vaskrslim) prema Evropi. Oni su se iskrcali u pristaništu Sveta Marija, blizu Avinjona, Francuska. Tamo se Marija Magdalena povukla u neku pećinu ili kavernu gde su o njoj brinuli keltski sveštenici ili druidi. Ovi sveštenici poznavali su presvetu tajnu koja je prekrivala Mariju Magdalenu i nisu dozvolili ni jednom čoveku da se penje do dotične pećine. Danas se to mesto naziva Sainte-Baume i mogu ga posetiti turisti koji vole sveta mesta. Lazar i njegova sestra Marta skrasili su se u tvrđavi koja je postojala u podnožju Sainte-Baume i pridikovali su ljudima hrišćansko jevanđelje. Josif iz Arimateje otišao je u Španiju i stigavši na planinu Montserat (u Kataloniji) dobio je naređenje (u unutrašnjim svetovima, u astralnom svetu) da sakrije svetu relikviju u onim krajevima.

Pitanje: Da li je istina da na toj planini, Montserat, postoji od pre mnogo vekova kaštel Templara nazvan Monsalvat?

Odgovor: I ovo je veoma istinito, dragi prijatelju. Kaštelj Monserat postoji, ali se sada nalazi udubljen u Džinas stanje, odnosno postavljen je u četvrtu dimenziju. I Pehar Spasitelja nalazi se u glavnoj dvorani u tom kaštelu. Ovaj kaštel može posetiti svaka osoba koja bude naučila da izlazi u astral ili da putuje svojim telom u Džinas stanje, odnosno da postavi fizičko telo u četvrtu dimenziju. Veliki Majstor Regent ovog kaštela je Majstor Hilarion, koji je, naravno, Isusov antički apostol, po imenu Pavle iz Tarsa.

Pitanje: Ali, ja sam uvek verovao da se Pavle iz Tarsa autorealizovao u vremenima apostola. Nije li tako?

Odgovor: Prijatelju, Pavle iz Tarsa primio je od Hrista otkrovenje koje ga je konvertiralo u hrišćanstvo, ali u toj egzistenciji nije se mogao autorealizovati. Kasnije, u nekoj drugoj njegovoj egzistenciji, uspeo je da se ujedini sa svojim Realnim Bićem.

15

GNOZA I ČUDNE BOLESTI

Pitanje: Možete li mi reći mišljenje Gnoze u vezi sa bolestima kao što su anoreksija ili bulimija koje su sada vrlo mnogo prisutne u ženskoj zajednici našeg sveta?

Odgovor: Sigurno, ove bolesti koje usmrćuju mnoge mlade devojke i gospođe ovog sveta, imaju svoj uzrok u prekomernom kultu kojeg pridajemo telu. U današnjem danu, na veštački način, stvorila se posredstvom sredstava za komunikaciju, neka vrsta modela tkz. idealne žene. Ova žena treba da ima te i te telesne dimenzije da bi bila, kako se kaže, estetska. Pošto mnoge mlade žene žele da oponašaju, zbog njihovog ženskog samoljublja i sujete, one stereotipe, same sebe podvrgavaju strašnom gladovanju i završavaju tako da gube, deskvalifikuju i upropašćuju svoje zdravlje. Toliko mnogo oslabe da stižu da budu kao pravi ljudski kosturi i na kraju mnoge umiru. Ovoliko, u pogledu anoreksije. Bulimija je nešto slično, ali je povezana sa pohlepom. U ovom slučaju, osoba koja je u pitanju pojede hranu i, potom, provocira povraćanje da se ne bi ugojila. Sve je to protiv Prirode. Ove su stvari radili Rimljani u toku svojih bahanalija. Jeli su, jeli i opet jeli, i kada su se osećali puni provocirali bi povraćanje tako što su unosili perce u grlo, kako bi ispraznili želuce i nastavili ponovo da jedu. Eto kako degradacija ljudske vrste dolazi iz davnina.

16

GNOZA I EKOLOGIJA

Pitanje: Šta nam možete reći o ekologiji?

Odgovor: Ekologija je ultra-potrebna nauka u našim danima. Koliko bi dobro bilo da sav svet postigne da ima ekološku Svest, onda bismo mogli da udaljimo razgradnju našeg sveta.

Pitanje: Ali, niste li me ubeđivali da će naš svet biti uništen?

Odgovor: Svet kao planeta još ne, ali aktuelna rasa stvarno je na putu da se samouništi zbog toga što je zagadila izvore hrane. Gledajte vi kakva su mora naše planete, puna svakojakog hemijskog otpada. Sve to jedu ribe mora, a potom mi pecamo, i postajemo potrošači zagađenih otpadaka. Očigledno je da sve to dovodi za sobom svakojake bolesti, zaraze, trovanja. Mora su postala deponija planete i ovo izgleda da je zaista proizvod satanske pameti. Isto se dogodilo i sa vazduhom; ima zemalja kao što je Japan gde ljudi hodaju ulicom sa gas maskama jer je vazduh toliko zagađen da ljudima brzo obolevaju pluća i srce zbog nedostatka kiseonika. U Meksiku, druga velika zemlja koja je mnogo zagađena, dnevno umire mnogo ljudi i mnogo dece zbog bolesti disajnih organa. U ovoj zemlji i u drugim južno-američkim zemljama voda je znatno zagađena i ljudi imaju problema da piju nešto toliko sveto i toliko elementarno kao što je voda. Ovim redom ideja, pogledajte vi šta smo bili u stanju da uradimo sa ozonskim slojem naše atmosfere. Uništili smo ga zbog emisije hlorofluorkarbonskih gasova i zbog svih emisija industrijskih gasova i dima u našim velikim gradovima. Sada je Sunce, zvezda kralj, postalo opasno za stanovnike naše planete. Ovo je vrhunac! Sada ljudi treba da se štite suncobranima, u mnogim mestima, da im sunčevi zraci ne bi prouzrokovali rak kože ili melanome. Pogotovo leti. Najgore je to što kada su se oformili međunarodni sporazumi kako bi se pokušalo da se ova pojava zaustavi, koja sigurno remeti svu klimu naše planete, i kada se zatražilo od država da potpišu protokol zabrane emisije štetnih gasova, neke su odgovorile da neće potpisati, jer će to, kobajagi, predstavljati smanjivanje njihove trgovinske zarade. Prema tome, u osnovi, nipošto nas ne interesuje što malo pomalo stižu da umiru mnoge osobe zbog zagađenosti i da naša planeta sve više strada od uragana, tornada, ciklona, zemljotresa, klizišta i hiljade i hiljade mrtvih, potresa na dnu mora, nezapamćenih temperatura, jakih kiša koje uništavaju naselja itd, itd, itd.

Pitanje: Može li biti ovo uzrok visokim temperaturama koje su bile zabeležene u poslednjim godinama u celom svetu i koje su, više od toga, na sve strane prouzrokovale požare?

Odgovor: Nesumnjivo, da. Činjenica da se uništio ozonski omotač odražava se na nas donoseći nam svakojake klimatske nevolje, koje se pretvaraju u zastrašujuće prirodne katastrofe i povlače za sobom hiljade i hiljade mrtvih. Dodajmo ovome da se svaki put osa naše planete menja malo pomalo, na Severnom i Južnom polu će biti Ekvator, a na Ekvatoru Polovi. Naučnici su zabrinuti, jer kada su nedavno proverili ledenjake sa Severnog pola, otkrili su da su se tamo, umesto velikih masa leda, počela stvarati ogromna jezera. Sva ta voda povećaće nivo naših mora, okeana i reka i, očigledno, videćemo velike poplave, svaki put sve teže, srazmerno sa prolaskom vremena.

Pitanje: Ko snosi najveći deo krivice za činjenicu da smo u takvoj meri abandonirali brigu prema našem svetu.

Odgovor: Treba da vam kažem da ovaj problem ima svoje poreklo u kolektivnoj nesvesti u kojoj smo sva ljudska bića udubljeni. U ovom stanju lako je da idemo sve više putem dehumanizacije. Nesumnjivo je da Ja, Ego, ne voli nikoga i ništa i traži da zadovolji samo svoje interese. Dozvolite mi da kažem da u našem zapadnom svetu religije nisu znale da objasne mnoštvima nužnost poštovanja Prirode i ovo je u velikoj meri zbog toga što su zapadne religije, udaljivši se u periodu između III do V veka posle Hrista od gnosticizma, počele da bivaju materijalističke i skeptičke. Naprimer, gnostičari su uvek smatrali da su minerali, biljke i životinje i čak i ona četiri elementa Prirode osposobljeni animičkim elementima. Tako da mi znamo da životinja ima Dušu, isto kao i drvo ili žbun i isto tako i mineralni svet. U Indiji, naprimer, religija uči da treba da se poštuju sva biljna, životinjska i čak i mineralna stvorenja zato što ih smatra da su osposobljena Dušom u evoluciji, koja će jednog dana stići do ljudskog stadijuma. Ovo je doktrina božanstvenog Gospoda Krišne, doktrina Transmigracije. Ovde, na zapadu, religije ismejavaju ove stvari, skeptične su i očigledno kooperiraju na samouništavanju planete, jer ne ulivaju svojim vernicima poštovanje prema Prirodi. Zbog toga ih nazivamo mrtve religije. Tek sada je Papa, pre nekoliko godina, imao smelosti da izjavi da životinje imaju delić Duše. Za razliku, kod naroda Azije normalno je da ljudi znaju da u svemu postoje animičke sile, to su narodi kod kojih su religije igrale važnu ulogu, upoznavale su njihove vernike sa istinskim religijskim i takođe i naučnim principima.

Pitanje: Kako računate vi, gnostičari, da bi se religija mogla pozabaviti više ekološkim pitanjima?

Odgovor: Jednostavno pomažući internacionalne institucije koje se bave ekologijom. Onda kada lideri svetskih religija putuju u razna mesta planete trebalo bi da skreću pažnju ljudima u vezi sa ekološkim problemima koje mi stvaramo našom nesvesnošću. Nažalost, raspravljaju se samo teme kao što su vera, potreba ekonomske saradnje sa njihovim crkvama, važnost da se podrži ta i ta politička partija (to se kaže na suptilan način) itd, itd. Sve se to dešava zato što su, u osnovi, religijski lideri materijalisti, skeptični i nedovoljno humani, iako to ne izgleda.

Pitanje: A šta može Gnoza reći o akvarijumima gde su izloženi orke, delfini, ajkule itd, itd?

Odgovor: Prijatelju, sve što predstavlja zatvaranje životinje da bi se ona predstavljala publici akt je protiv Prirode. Ni nama ne bi prijalo da provodimo ostatak života zatvoreni u kavezu i da nas svet ceo dan gleda. Pravilno bi bilo da idemo da posetimo kitove, orke, ribe itd. u njihovom prirodnom ambijentu, kako se to radi u nekim zemljama. Radi toga ljudi se ukrcaju u barku koja ih prevozi na mesto gde živi i ima svoju okolnu sredinu dotični red cetacea (red sisara u koji spadaju kitovi, delfini, ...). Ovo je zaista pravilno. Ona druga stvar čini se da bi se zaradio novac i pokretači ovih stvari opravdavaju se činjenicom da na ovaj način deca mogu iz blizine posmatrati ove životinje. Za čovečanstvo, sve je ovo karmičko.

Pitanje: Recite mi, ako je moguće, koje je mišljenje Gnoze u vezi sa hemijskim đubrivom ili prihranjivačima koji se danas koriste u poljoprivredi.

Odgovor: Vidite li vi, hemija ima svoju dobru stranu i svoju opasnu stranu. Najbolje đubrivo koje postoji za zemlju, najbolji prihranjivač, to je onaj koji dolazi iz Prirode. Nekada, ljudi su koristili kao đubrivo izmet krava, konja, ovaca i čak i svinja. Tada se niko nije žalio na rak i slične bolesti. U današnjim danima kada se koriste „moderni" fertilizatori, svugde se pojavljuju osobe obolele od raka, pogotovo u zemljama koje se samoproglašavaju vrlo razvijenim. Domoroci iz Amerike nikada nisu koristili hemijska đubriva i dobijali su bogat rod poboljšane hrane upravo iz Prirode. Danas, imamo u supermarketima lepu papriku, sjajan krompir, divan luk, ali prepuni su pesticidima i hemijskim prihranjivačima koji će vremenom proizvesti rak. Ovo je današnji modernizam.

Pitanje: I kako vidi Gnoza ideju reciklaže plastike, papira, stakla, aluminijuma itd?

Odgovor: Sve što je od pomoći da ne nastavljamo da degradiramo Prirodu, da ne nastavljamo da je i dalje bezrazložno eksploatišemo, dobro je, potpuno je dobro. Na ovaj način možemo produžiti život naše planete i da od ovoga svi imamo koristi.

GNOZA I ZEMALJSKA APOKALIPSA

Pitanje: Ali, kako nam to dođe, da je naša rasa osuđena da nestane?

Odgovor: Da bih ovo objasnio trebalo bih da počnem sa objašnjenjem da su ljudske rase eksperimenat Božanskih Jerarhija ili Solarnih Jerarhija. Sve ove formiraju kako mi, gnostičari, nazivamo THEOMEGALOGOS (Gospod velike reči, koji se odnosi na kosmokratore ili kosmokreatore). Svaka se rasa formira da bi proizvela solarne muškarce i žene, odnosno, ljude božanske prirode koji mogu biti po obličju slični sopstvenom kreatoru. Očigledno, ova je rasa dostigla vrhunac svoje okrutnosti i izgubila je svako interesovanje prema zaista transcendentalnim stvarima, prema stvarima koje pripadaju Duši, BIĆU itd. Kada se tako nešto dogodi Božanske Jerarhije unište te rase, jer isto tako čini i naučnik u svojoj laboratoriji onda kada mu uginu embrioni koji bi trebalo da se razvijaju; tada taj naučnik baca u deponiju te embrione jer mu više nisu od koristi za njegov eksperimenat. Na isti način, ova rasa više nije ni od kakve koristi regentima ljudske evolucije i prema tome biće uništena.

Pitanje: I kako će se odvijati to uništavanje?

Odgovor: Sve to upliće postepeni proces. Priroda ne čini skokove (Natura non facit saltus). Priroda je već započela da pomera tektonske ploče da bi pripremila scenarij za šestu veliku rasu koja će se pojaviti iz pepela naše rase. Ali, dozvolite mi da kažem da postoji nebeska mehanika još od samog stvaranja Univerzuma. I u skladu sa tom nebeskom mehanikom, svaki put kada neka rasa završi svoj ciklus u ovom svetu, tada se pojavljuje jedan gigantski svet, 35 puta veći od našeg i 7 puta veći od Jupitera (giganta našeg sunčevog sistema). Ta planeta, u svom kružnom kretanju oko njenog centralnog Sunca koji se naziva Tilo (Tylo), dotaknuće, sa magnetske tačke gledišta, naš svet i prouzrokovaće potpuno okretanje osa naše planete, na ovaj način mora će potpuno poplaviti gradove. I, pored ovog, magnetska sila onog gigantskog sveta već od sada privlači magmu na površinu naše planete i zbog toga se svugde pojavljuju vulkani. Tako da, među podmorskim potresima, zemljotresima i vulkanskom vatrom, malo pomalo naša rasa biće istrebljena da bi napravila mesto šestoj velikoj rasi koja već ima ime i zvaće se Koradi (Koradhi).

Pitanje: Ko je već dao ime šestoj velikoj rasi?

Odgovor: Cenjeni prijatelju, mi smo u kontaktu sa venerabilnim Majstorima Belog Bratstva i oni su nam kazali ime šeste velike rase, kao što sam već rekao, zvaće se Koradi.

Pitanje: I kako se naziva ona gigantska planeta koja će se magnetski sudariti sa našim svetom?

Odgovor: U ezoteričkim terminima naziva se HERKOLUBUS. Naučnici je nazivaju Hladna planeta, drugi je nazivaju Bernard I i nacrtali su već putanju po kojoj će se kretati taj svet. Taj svet utiče već u toliko velikoj meri da ose Zemlje više ne odgovaraju polovima, ovo je nešto što svako može da proveri. Herkolubus je bio taj koji je prouzrokovao potapanje atlantiđanskog kontinenta, isto je on prouzrokovao nestanak Lemurije, i na isti način, bio je uzročnik nestanka Hiperborejske i Protoplazmatičke rase.

Pitanje: Koji je približni proračunati datum totalnog sudara Herkolubusa sa Zemljom, na magnetskom nivou?

Odgovor: Oko 2500. godine. Ali Herkolubus već sa udaljenosti menja naš svet, jer menjanjem osa Zemlje menja se i klima koju na čudan način svugde doživljavamo. Herkolubus već prouzrokuje zemljotrese, vulkanske erupcije, uragane, ciklone itd.

Pitanje: Ali ja sam čuo na televiziji da su se sve ove pojave već dogodile 1800. naprimer, ili 1930. ili pre 50 godina itd, itd.

Odgovor: Stvarno, uvek ćete čuti istu stvar svaki put kada se pojavi neki vulkan ili neki zemljotres koji sruši sa lice zemlje sav grad, slušaćete da se govori da su pokretanja tektonskih ploča naše planete normalna. Ali ovo je zbog toga što postoji neki sporazum među vladama kako se ne bi svetu kazala istina o onome što se dešava, jer bi se tada širila panika, pala bi berza na svetskom nivou, događala bi se samoubistva itd, itd. Emocionalno, ljudi su veoma nestabilni.

Pitanje: I ako ljudi budu uništeni, kako će se formirati šesta velika rasa?

Odgovor: Dragi prijatelju, Božanske Jerarhije imaju stabilizovan plan kako bi ljudska vrsta nastavila na licu zemlje. Ali, očigledno, ona vrsta ljudi koja će formirati šestu veliku rasu, biće sastavljena od izabranih ljudi, ljudi sa određenim stepenima Svesti, humanizirani ljudi u kompletnom smislu reči, ljudi koji izbacuju iz svoje prirode užasni životinjski Ego, na kraju, ljudi pročišćeni od zverstva koja čini aktuelna arijevska rasa.

Pitanje: I na koji način će biti spašeni odabrani ljudi?

Odgovor: Čovečanstva iz sideralnog prostora vrlo dobro znaju kritičke momente kroz koje prolazimo mi, Zemljani. Ova će čovečanstva doći u pogodnom momentu i času sa svojim svemirskim brodovima da bi izvukli iz našeg sveta one koji to zaslužuju. Dan i sat niko ne zna, samo Otac koji se nalazi u tajnosti.

Pitanje: Postoje religije koje nam kažu da će se spasiti samo 144.000 osoba, jer tako pišu Svete knjige. Da li je istina?

Odgovor: Vidi, u prvom redu ponavljam da Svete hrišćanske knjige, kao i svaki drugi sakralni tekst, to su knjige napisane od strane Inicijata da bi bile shvaćene od Inicijata. Problem je da ljudi žele da tumače sakralne spise pomoću senzorijalne pameti, a to je nemoguće. Sakralni tekstovi treba da se interpretiraju pod svetlošću Kabale, Numerologije, komparativne Simbologije i, više od bilo čega, uz pomoć intuicije (otkrovenja). Ovo je dovelo do apsurdnih religijskih nadmetanja između hrišćana, muslimana, hindusa i jevreja itd, itd, itd. Broj 144.000 treba se tumačiti koristeći se numeričkom Kabalom. Ovaj se broj odnosi na brojku 9, koja se dobija zbirom cifara: 1+4+4+0+0+0=9. Broj 9 je u vezi sa Misterijama Devete sfere (originacija svetova, kontinenata, ljudi, životinja i Bogova). Deveta sfera neka bude shvaćena kao praktika ili upražnjavanje Arkanuma A.Z.F, onog koji obećava svima, onima koji ga poznaju, samospasenje – da sami sebe spasu posredstvom naučne seksualne Neporočnosti.

18

GNOZA I NLO

Pitanje: Da li je istina da postoje ljudi iz drugih svetova koji žive ovde među nama?

Odgovor: Istina je isto tako kao što je istina i Sunce kojeg svakog dana vidite. Ti ljudi, naviknuti su na naše običaje, savršeno znaju naše jezike i u toku su sa svim događajima koji se dešavaju u našem svetu, zbog toga da bi, u određenom momentu, nama pomogli u kritičnim trenucima koji se približavaju.

Pitanje: Da li se ti ljudi hrane isto kao i mi?

Odgovor: Naravno da isto tako. Oni se hrane mesom, ribom, piletinom, povrćem, voćnim sokovima itd, itd. Tamo, u njihovim svetovima, postoje namirnice slične našim.

Pitanje: Da li je istina da postoje tajne baze, na našoj planeti, za brodove iz drugih svetova?

Odgovor: Ovo je apsolutno istinito. Postoje baze na dnu okeana, u određenim pustinjskim mestima naše planete, u planinama Himalaje, u Amazonskim šumama, na Severnom i Južnom polu.

19

GNOZA I SPELEOLOGIJA

Pitanje: Voleo bih da znam da li je istina da postoji čitav na-rod koji živi u unutrašnjosti naše planete i da li su to ljudi sa Atlantide rukovođeni od Kralja Salema, onog kojeg Sveta Pisma nazivaju Melkisedek (Melchisedec);da li je istina?

Odgovor: Treba da vam kažem da stvarno postoji jedan na-rod koji živi u, kako se okultno naziva, Agarthi, tj. u podzemnom svetu. Tamo žive samo Inicijati, autorealizovani ljudi neshvatljive starosti, pošto oni poseduju eliksir dugog života. Melkisedek je pla-netarni genijus naše planete. Svaka planeta ima svog planetarnog genijusa koji rukovodi evolucijom dotične planete. Oni, ponekad, izlaze na površinu naše planete radi obavljanja izvesnih zadataka i zatim ulaze ponovo u to sakralno kraljevstvo. Postoje pećine u raznim mestima naše planete koje neposredno vode u Agarthu. Ali ljudi nemaju hrabrosti da se avanturistički upute u te pećine jer izgleda da nemaju kraja.

Pitanje: Veliki pisac Žil Vern, u jednom od svojih romana, priča o PUTOVANJU KROZ SREDIŠTE ZEMLJE i tamo opisuje neki kontakt između istraživača i tog izgubljenog kraljevstva, preživelih sa stare Atlantide. Ima kakve veze taj roman sa svim ovim?

Odgovor: Nesumnjivo da ima. Žil Vern je imao dosta razvijenu ultravidovitost (vidovnjak) i bio je sposoban da pokaže svetu, u svojim romanima, da bi ljudi mogli živeti na dnu mora pomoću podmornica i da bi takođe mogli putovati na mesec pomoću raketa. On je nazirao takve stvari. Žil Vern je pripadao tajnom društvu koje se zvalo „Braća guste magle". I baš u tom romanu koji govori o putovanju ka centru Zemlje, on opisuje kako istraživači ulaze u zemljinu unutrašnjost kroz krater ogromnog ugašenog vulkana. U svetu postoji devet ulaza prema kraljevini Agarthi. U Indiji postoje osobe koje znaju da stignu do Agarthe, ali nikada ne bi otkrili gde je ulaz prema tom kraljevstvu.

Pitanje: Postojao je pisac po imenu Fernando Ossendosky koji priča neverovatne stvari koje je on doživeo u Tibetu i, između ostalog, priča kako je jednom ušao u neko mesto i odjednom se čulo kako se približava nekakva konjica i ceo se svet spustio na kolena, zato što je bilo reči o konjici Melkisedeka. Da li je ovo realno?

Odgovor: Dozvolite mi da vas podsetim da je Fernando Ossendosky bio naučnik i stizao je da održava konferencije o fizici u Sjedinjenim Američkim Državama. On je stvarno putovao u krajeve Mongolije i Tibeta i doživljavao je neobična iskustva u koja mnogi veruju, dok drugi, isto tako mnogi, ne, ali Ossendosky je bio ozbiljan čovek. Napisao je knjigu naslovljenu: LJUDI, BOGOVI I ZVERI, koju vam preporučujem da je pažljivo čitate. To što me vi pitate bila je realna činjenica i, nekim povodom, u Engleskoj, u toku vojne parade u vreme kraljice Viktorije, desilo se da se odjednom, pojavi među učesnicima korpulentna osoba sa turbanom na glavi jašeći slona. Kad je kraljica Engleske upitala ko je taj što je smeo da se uvuče u svečanu povorku, niko nije znao da joj odgovori, ali se kasnije neko lice približilo njoj i šapnulo joj na uho: „reč je o Melkisedeku, Svetskom kralju, Vaše veličanstvo..." Kasnije su slon i jahač nestali sa vidika učesnika.

Pitanje: Kakve mi stvari pričate, nikada nisam slušao takve očaravajuće priče. Stvarno me zadivljuje svet Gnoze...

Odgovor: Sve što sam vam pričao, dragi prijatelju, samo je mali deo onoga što Gnoza poznaje. Zato je bila nazvana: majka svih spoznaja.

20

GNOZA I SEKSUALNOST

Pitanje: Dozvolite mi da vam ponovo tražim da menjam subjekat i želim da vas sada pitam, kakvo mišljenje imate o homoseksualnosti?

Odgovor: U pogledu seksualnosti treba da vam kažem da je seks za Gnozu sakralni. Ono što vam sada govorim neće biti baš lako da mnogi ljudi razumeju, jer sav svet gleda na seks samo kao na instrumenat zadovoljstva i perverznosti. Mi, gnostičari, drugačije mislimo o ovoj stvari. Smatramo da je seks nešto grandiozno, divno, a kojeg su nekadašnje civilizacije (kao egipatska, vavilonska, grčka, hinduska itd, itd) znale da interpretiraju pravom merom i zbog toga su stigle da grade hramove kao onaj iz Kajuraho, u Indiji, gde vidimo hinduske Bogove i Boginje voleći se intenzivno. Seks je najveća sila koja postoji u ljudskoj mašini i može da uzvisi i oplemeni ljudsko biće sve dok ga ne divinizuje (obogotvori) ili, naprotiv, može da ga podjarmi i da od njega sa sigurnošću načini životinjsku i izopačenu kreaturu, u najstrožijem smislu reči. Seks je ona tačka oslonca o kojoj je Arhimed govorio; veliki grčki filozof je rekao: „Dajte mi tačku oslonca, pa ću vam pomeriti svet...“ Nesumnjivo je da će se naše reči sukobiti sa materijalizmom i intelektualizmom iz naših dana koji vide sve ove stvari veoma smešne. Ali, ponavljam vam, postoji jedna viša seksualnost koja je bila poznata u antikvitetu u hramovima misterija i koja je omogućila mnogim muškarcima i ženama da se autorealizuju, odnosno, da inkarniraju njihovo Realno Biće. Sva se ta spoznaja izgubila onda kada je stupilo u aktivnost Crno doba u kom se nalazimo, nazvano sanskritskim terminima Kali-Yuga i počevši od tada, čovečanstvo je koristilo seks samo kao instrumenat radi zadovoljstva ili za prostu reprodukciju ljudske vrste. Danas su ljudi obezvredili seks jer ne poznaju ogromne mogućnosti koje seksualni centar sadrži unutar ljudske mašine. Mi, gnostičari, poznajemo tajne koje se nalaze u seksualnoj

energiji i znamo da je rasipanje putem fornikacije i seksualnih aberacija stvarna glupost sa računima koje ćemo kasnije platiti, u toku naših egzistencija uključujući i veoma velike kamate. U ovom redu ideja, treba da vam kažemo da je homoseksualnost jedan od mnogih načina korišćenja seksualne energije sa kojim se ne slažemo. Ne mešamo se u kriterijume onih kojima se sviđa homoseksualnost, ali mi više verujemo da je muškarac stvoren za ženu i žena za muškarca i da se u njihovom ujedinjenju nalazi ključ svih velikih duhovnih realizacija prema kojima teži ljudsko biće. Dozvolite mi da dodam da seksualnost, koju vam može predavati Gnoza, pored činjenice da pričinjava seksualna zadovoljstva, što je legitimno pravo muškarca i žene, daće vam nepokolebljivo zdravlje i jedan radijantni magnetizam koji će vam otvoriti vrata za uspehe, kako na materijalnom tako i na duhovnom planu.

Pitanje: I kako bi seksualnost o kojoj mi govorite pomogla mom telesnom zdravlju?

Odgovor: Tako što u seksualnoj energiji postoje takozvani lizozomi koji su agenti za podmlađivanje ćelija i kada gubimo seksualnu energiju gubimo i dotične agente i sve to ubrzava starost, seksualnu impotenciju itd, zbog seksualne zloupotrebe.

Pitanje: Ali, da li mi vi govorite slučajno o seksualnoj apstinenciji?

Odgovor: Ne, molim vas, nikako. Govorim vam o činjenici da se seksualna energija može transmutirati u drugu višu energiju i, pomoću ancestralnih tehnika, unosi se u krvotok. Ovo se u Orijentu poznaje pod nazivom Tantrizam i postoji Beli, Sivi i Crni tantrizam. Mi poznajemo i praktikujemo Beli tantrizam. Posredstvom ove tehnike koju su poznavali u antikvitetu Egipćani, Grci, Persijanci, u okviru misterija koje su bile kultivisane u onim monumentalnim hramovima, seksualnim spajanjem muškarac i žena mogu probuditi metafizičke mogućnosti koje su sada uspavane kod ljudske vrste. Seksualna abstinencija je akt protiv Prirode... Rezultati seksualne apstinencije ili potiskivanja veoma su teški. Od mentalnih bolesti pa do nepovratnih organskih pometnji. Podsetite se da su ludnice pune ljudi koji su skrenuli s pameti zbog seksualnih potiskivanja ili seksualnog degenerisanja. Seksualna energija je najsuptilnija i u isto vreme najeksplozivnija u ljudskom organizmu. Pokušavati da se potiskuje ili suzbije seksualna energija ekvivalentno je sa prekriti Sunce prstom, ovo je zaista apsurdno.

Pitanje: Mogli biste da nam govorite o organskim negativnim posledicama seksualnog potiskivanja?

Odgovor: Vidite, potisnuta seksualna energija obično uvlači se u nervne kanale koji njoj ne odgovaraju i tada se pojavljuju u osobi dve karakteristike. Ili se osoba pretvara u pravu svinju punu sala ili postaje slaba i suva sa dodatnom karakteristikom koja se naziva cinizam. Sve se ovo ogleda u filmu naslovljenom „Ime ruže". Tamo se reflektuju ove karakteristike koje Gnoza naziva „venenoski-rienske influencije". Očigledno, ovo ne znači da zbog toga ako je neka osoba debela (iz genetskih razloga ili zbog toga što se ne može obuzdati što se tiče hrane) ima ove influencije u svom organizmu ili potiskuje seksualnost. Govorimo na specifičan način u slučaju kada postoji seksualno potiskivanje i o njegovim posledicama.

Pitanje: Zašto mi ne objasnite ovu seksualnu metodu o kojoj mi pričate?

Odgovor: Zato što ovo iziskuje izučavanje i dublje objašnjenje koje ne mogu da rezimiram u nekoliko redova. Ali sa velikim zado-voljstvom objasnićemo vam sve ovo ako ćete vi prisustvovati u na-šim centrima za temeljna izučavanja, a koja su potpuno besplatna.

Pitanje: A šta može Gnoza da uradi da bi se izbegla prenaseljenost planete?

Odgovor: Upravo, dragi prijatelju, seksualni Beli Tantrički sistem izbegava da se parovi napune decom na apsurdan način. Posredstvom Sahaja Maithune (naziv po kom je poznat ovaj sistem supraseksualnosi u Indiji), automatski se kontroliše koncepcija, a ne natalitet. Kontrola nataliteta je atentat protiv ljudskog života. Priroda nas je osposobila sa svim mehanizmima da ne budemo u situaciji da upotrebljavamo spoljna mehanička sredstva koja su stvorena od strane retardiranog mentaliteta intelektualaca, kao: spirale, bakarni T-ovi, kontraceptivne kreme koje prouzrokuju kancer zida materice, prezervative, kontraceptivne pilule sa svim njenim posledicama po živčani sistem žena i mnogo druge stvari koje možda već poznajete. Ono što se dogodilo to je da je čovečanstvo abandoniralo sva ova saznanja i sada je u bezizlaznoj situaciji. Sa jedne strane želi da ima normalan seksualni život, a sa druge strane dokazuje se da je posledica toga svetska prenaseljenost sa svim političkim, privrednim, sanitetskim, pravnim i opšte društvenim problemima. Ovo je začarani krug iz kog današnji čovek ne ume da izađe.

Pitanje: I sada, kada smo u ovoj toliko interesantnoj seksualnoj tematici, recite mi šta misli Gnoza o homoseksualnim brakovima?

Odgovor: Pa, otvoreno, iskreno govoreći, svako može da radi šta hoće sa svojim životom. Svako će morati da položi račune pred Velikim Zakonom, jednog dana nakon naše dezinkarnacije (smrti). Mi verujemo da brak postoji da bi muškarac i žena sastavili par koji je, *u stvari*, osnova društva. Brak između dva muškarca ili dve žene čini nam se da ne poštuje kriterijume logike i dokazuje se da nije normalan. Isto tako, u svim Svetim knjigama iz svih vremena, nikada se ne govori o braku između muškaraca ili žena. Proverite vi Levitiski zakon (Treća Mojsijeva knjiga) i Ponovljeni zakon (Peta Mojsijeva knjiga) iz hrišćanske Biblije i videćete da ne postoji nikakva aluzija o braku između dva muškarca ili dve žene. Isto će se dogoditi ako proverite muslimanski Koran ili jevrejski Talmud ili hindusku Bhagavad-Gitu. Sada je ova pojava karakteristika našeg vremena i ima uzrok u društvenom neredu koji ima korene u seksualnom i cerebralnom neredu kod ljudi današnjih dana.

Pitanje: Šta nam može reći Gnoza o adopciji dece od strane homoseksualaca?

Odgovor: Po ovom pitanju treba da budemo stvarno radikalni. Jer je u pitanju život i budućnost dece koja će biti prihvaćena. Gnoza smatra da je pravna i društvena aberacija, pored činjenice da predstavlja nešto što je protiv Prirode. Deca imaju potrebu da se osećaju u okruženju oca i majke, radi pravilne izgradnje njihovog personaliteta. Ono što se može dogoditi prilikom adopcije dece od strane parova homoseksualaca to je stvaranje jednog mnoštva društveno neprilagođenih bića, u budućnosti, i istovremeno sa teškim problemima ličnog i kolektivnog ponašanja. Detetu je potrebna nežnost majke i autoritet oca. Kada ovi sastojci ne postoje, dete će biti, vremenom, ljudsko biće kome nedostaju fundamentalni elementi da bi nastalo, sa društvene tačke gledišta, normalno biće.

Pitanje: Ali pravnici iz mnogih krajeva sveta slažu se sada sa adopcijom dece od strane homoseksualnih parova...

Odgovor: Ovo ne znači da je pravilno, dragi prijatelju. Setite se da smo imali dva svetska rata i, ponekad, bili smo na ivici trećeg svetskog rata, upravo zato što senatori i deputati mnogih vlada Zemaljske kugle, koji su prividno ljudi sa principima, *u stvari* su nesvesni u potpunom smislu reči. Dakle, činjenica da je neko pravnik ne znači da je i svestan. Veliki intelektualci su ljudi koji drže naš svet prepun gorčine njihovim zakonima, normama i dekretima. Ratovi zbog kojih je patilo ovo čovečanstvo, na svetskom nivou, bili su stimulisani i odobreni ratovi od strane ljudi koji deluju nesvesno, čak iako ih vidite kako mnogo čitaju i kako su odeveni, sa mašnom u odelima poslednje mode.

Pitanje: Recite mi šta misli Gnoza o politici porodične planifikacije, kao na primer, činjenica da se čini kolektivna vazektomija muškarcima, isto tako kao što je to vlada Indije uradila za vreme mandata Indire Gandi?

Odgovor: Odgovoriću vam na ovo pitanje na sledeći način: sve to nije ništa drugo nego atentat protiv Prirode. Kako vazektomija kod muškaraca tako i vezivanje jajnika kod žena, rezultat su nepoznavanja mehanizama koje poseduje ljudski organizam da se samopodešava u pogledu prokreacije (produženje vrste). Ako bi medicinska nauka imala samo trunku poniznosti i posvetila bi se proučavanju sistema tantričkog seksualnog života, kao što sam govorio u prethodnim redovima, ne bi postojala potreba ovih aberantnih politika. Doznali smo, više od toga, onda kada su praktikovali ove kolektivne vazektomije u nekom velikom parku u Indiji, davao se na poklon muškarcima koji su bili pristali na ovu operaciju, jedan radio, što *u stvari* znači da se igramo sa mentalitetom jadnih ljudi koji realno ne znaju šta im se radi. To znači da se ponašamo sa ljudima kao sa decom; ovo nije pravilno i beskrupulozno je od strane nekih vlada. U drugim slučajevima, vlade, bez imalo humanitarnog osećaja, više vole da vade ženama uterus, jajnike itd, itd, nego da troše na socijalna osiguranja u vezi sa svim što sledi nakon porođaja ili sa problemima ginekološkog zdravlja. Ovo do zasićenosti pokazuje da u realnosti ne postoji osećaj čovečnosti u medicinskoj nauci, a tim manje kod političara.

Pitanje: Možete li mi objasniti dokle su neophodni, po Gnozi, jajnici, materica kod žena i kakve se posledice mogu pojaviti kod žene, na duhovnom i duševnom nivou, činjenicom da se ti organi vade?

Odgovor: Sa najvećim zadovoljstvom. U prvom redu treba da vas podsetim da su kako jajnici tako i uterus, materica potrebni za podešavanje menstruacije, za koncepciju deteta itd, itd, itd. Ali, više od toga, žena kojoj se izvade ovi organi biće u nemogućnosti da se autorealizuje, govoreći sa duhovnog gledišta. Odnosno, ne poseduje potrebne organe da bi mogla praktikovati ono što mi nazivamo Beli tantrizam. Da bi se jedan par mogao duhovno razvijati posredstvom Belog tantrizma potrebno je da oba supružnika budu u normalnom stanju na nivou seksualnih organa.

Pitanje: Ali, to što vi kažete zvuči kao duhovno odstranjivanje, duhovna ksenofobija, religijski radikalizam itd.

Odgovor: Iako liči na radikalizam, ali nije tako. Setite se vi da čak i Sakralna hrišćanska pisma kažu u Trećoj i Petoj Mojsijevoj knjizi stvari kao ove: „Neće u carstvo Božije ući oni sa uništenim seksualnim organima itd, itd." Treba dodati da je istina kao oluja, kada se pojavi napravi lom. Ljudima se sviđa da im se kaže da će svi ići na nebesa tog dana kada budu umrli, čak iako su bili perverzni, degenerisani, ubice itd, zato što su nas ubedili da verujemo da pomoću neke „Svete službe" Bog će nas bilo kako primiti tamo u njegovo carstvo. Ovo je fantazija najgore vrste i znači da verujemo da ono što nazivamo Bogom u osnovi je neki glupan i ignorant.

Pitanje: Ali, koji je razlog zbog kog neki par ne može da se autorealizuje kada im nedostaju neki njihovi seksualni organi, iako želi da doživljava one Misterije Belog tantrizma o kom mi govorite?

Odgovor: Uzrok stoji u sledećoj činjenici: da bi transmutirane seksualne energije pravilno tekle kroz organizam i da bi stigle da probude moći koje su zatvorene u žlezdama i u drugim centrima moći, potrebno je da postoje magnetska kola koja su neophodna za ovu funkcionalnost. Nesumnjivo, onda kada ne postoje kompletna kola, seksualni elektricitet ili seksualni magnetizam se gubi i ne stiže da izvrši zadatke. Tako se to događa. Da bi postojala svetlost potrebna su dva pola, pozitivan i negativan, pozitivan je muškarac i negativan je žena. Potrebno je još i neutralno polje. Ali, ako je jedan od polova u kvaru, tada čak iako je tamo, ničemu ne služi i kao posledica neće biti svetlosti. To zna svaki najobičniji električar.

Pitanje: Ja sam studirao Jogu i čitao sam jednom, u nekoj knjizi za Jogu, da je moguće da probudimo Sakralnu vatru ili Kundalini uz pomoć disajnih sistema i seksualne transmutacije za celibatere, koji se naziva Vajroli-Mudra. Zašto vi insistirate na činjenici da treba da postoji par?

Odgovor: Zato što je u Prirodi sve dualno. Podsetite se da je sam Bog definisan u hebrejskim terminima kao Muško-žensko: IOD-HEVE (Jehovah) i Asteci su definisali Boga kao OMETEOTL i OMECIHUATL (Veliki Gospod i Velika Gospođa). Prema tome ako je i Bog muško i žensko, istovremeno, zbog čega bi ljudsko bilo izuzetak. Ne zaboravite da su Adam i Eva bili zajedno u Raju kada ih je Bog stvorio i oboje su napustili onaj Paradis (Raj) kada su pali u životinjsku generaciju, onda kada su stvorili životinjski Ego. Prema tome, ako su oboje zajedno izašli iz Raja, oboje će morati da se ponovo u njega vrate. Sa druge pak strane, dozvolite mi da vam kažem, sistem Vajroli-Mudra čak iako može pomoći celibataru ili celibatarki da transmutiraju njihove stvaralačke energije, takođe može učiniti da padnu u masturbaciju i ovo nikako neće pomoći intimnoj autorealizaciji Bića.

Pitanje: Što se tiče masturbacije, prisustvovao sam kursevima seksualne edukacije i na ovima nam je bilo rečeno da je masturbacija zdrava i potrebna?

Odgovor: Dozvolite da vam kažem da „put koji vodi u Pakao popločan je dobrim namerama". Ludnice su prepune masturbatorima koji su oštetili nervni sistem zloupotrebljavajući seksualnost, posredstvom masturbacije. Masturbacija proizvodi, vremenom, preranu ejakulaciju kod muškarca, jer je navikao nervni sistem da reaguje pomoću mentalnih slika koje je on sam stvorio i kada treba da se suoči sa normalnom seksualnom vezom, jedva će moći da održi erekciju, jer njegovi sfinkteri (mišići stezači) ne mogu održati pri seksualnom kontaktu, a ovo proizvodi gorčine u braku, nezadovoljstva i neverstva. U mnogim slučajevima, muškarac naviknut na masturbaciju stiže da kasnije bude impotentan, zato što uništava određena nervna vlakna mozga i ne uspeva da ostvari normalnu seksualnu vezu. Tako da vidite koliko je dobrotvorna masturbacija. Treba još da dodam da masturbacija proizvodi psihološke štete kod tinejdžera i tinejdžerki, kao i smetnje u personalitetu, nedostatak volje, stidljivost, melanholiju i zbog toga, ponekad, bila je nazvana kao porok usamljenosti.

Pitanje: Čujte, vi, gnostičari, kakvo mišljenje imate o deci koja su stvorena veštačkim sistemima za reprodukciju, kao takozvana deca iz epruvete ili veštačkim osemenjavanjem itd?

Odgovor: Sve je to, ponavljam još jednom, protiv Prirode. Zašto? Zato što se jednostavno koriste sistemi nepredviđeni od same Prirode.

Pitanje: Ali, poneki bračni par može biti sterilan i ako žele da imaju dete, bar pomoću ovih sistema mogu to postići. Ovo donosi sreću jednom paru, nije li tako?

Odgovor: Ne poričemo da dete može doprineti sreći nekom bračnom paru, to ne poričemo. Ali, dozvolite mi da kažem da je upravo ovo stanje u kome čovečanstvo neće da prihvati Božansku volju i da se pomiri sa datom situacijom. Ljudska bića, bilo da se nazivamo hrišćani, muslimani, jevreji, hindusi itd, u momentu kada treba da prihvatimo volju onog kog deklarišemo da ga tako mnogo volimo i kog nazivamo Bog, tada se dokazujemo kapriciozni i tražimo samo zadovoljavanje naših ćudi, bilo koje da su one. Dakle, činjenica da smo hrišćani jeste pod znakom sumnje. Ponekad je bračnom paru predviđeno da nemaju dece iz različitih razloga koje Veliki zakon smatra važnim, ali pošto čovečanstvo ništa ne zna o božanskim zakonima i, u osnovi niti želi da išta zna, tada dopušta sebi da radi iz svoje glave, zaobilazeći Veliki zakon. Druga bi stvar bila ako neki bračni par ne može imati dece zbog neke bolesti i da nauka može da izleči takvu bolest. U ovom slučaju bračni par ima sve pravo da ima dete prirodnim putem, odnosno, posredstvom seksualnih odnosa.

Pitanje: I, odgovorite mi ako je moguće na ovo pitanje: do koje mere neko dete rođeno posredstvom ovih veštačkih reproduktivnih sistema ima Dušu u dobrim uslovima kao i ostala deca rođena posredstvom normalnih seksualnih odnosa?

Odgovor: Treba da vam kažem da u ovim vremenima Dušama koje se vraćaju u ovu dolinu plača koju nazivamo život, nedostaju duhovne vrednosti i mistički nemiri. Zbog toga, svakim danom vidimo svet sve više materijalistički. I ako su te Duše došle na svet posredstvom nekog normalnog seksualnog odnosa između njihovih fizičkih roditelja, zamislite vi kakve su Duše koje dolaze u život posredstvom asistiranih reproduktivnih sistema, veštačkih, u kojima ne postoji glavni sastojak koga nazivamo Ljubav.

Pitanje: Šta misli Gnoza o korišćenju prezervativa, bakarnih T-ova, krema, spirala itd?

Odgovor: Zaista je žalosno, prijatelju, da gledamo žene pretvorene u seksualna eksperimentalna polja. Hiljade puta se dokazalo da su većina kontraceptivnih sredstava štetna. Naprimer, kreme proizvode u toku vremena iritacije zidova materice koje posle mogu biti kancerogene. Isto tako se dešava i sa kontraceptivnim pilulama koje doprinose oštećenju nervnog sistema, hormonalne pometnje, pometnje menstruacije itd. Spirale i bakarni T-ovi takođe, vremenom, prouzrokuju kod žena različite probleme materice sa veoma neprijatnim posledicama. Sve se ovo može izbeći ako bi čovečanstvo koristilo revolucionarni seksualni metod kojeg Gnoza predlaže i kog sam izložio u prethodnim redovima. Više od toga, gnostičkim sistemom seksualnog života bračni parovi neće imati previše dece i ovo sprečava svetsku suprapopulaciju koja stvara toliko društvenih problema.

Pitanje: Odgovorite mi, molim vas, šta kažu gnostičari koje je doba pogodno da neka osoba može početi da ima seksualne odnose?

Odgovor: Vaše pitanje je veoma interesantno i požuriću da vam odgovorim. Vi treba da znate da je ljudsko telo stvarno zrelo za seksualni život kod muškarca u 21. godini i kod žene u 18. Zločin je da se pre ovog doba otpočinju seksualni odnosi zato što ljudski organizam još nije dovršio svoj razvoj. Ono što se dešava ovim pogrešnim ponašanjem, to je kočenje razvoja ljudskog organizma, a ovo privlači svakojake nimalo prijatne posledice. Mozak prima šokove koji će se kasnije ogledati u problemima seksualne impontencije kod muškaraca u približno četrdesetoj godini života i u problemima prerane menopauze u slučaju žena. Važno je da poštujemo razvitak našeg organizma. Problem je da u sadašnjem društvu postoji takvo degenerisanje da se mladi žure da gube svoje seksualne energije sa preranom kopulacijom, a kasnije su posledice zaista štetne.

Pitanje: Ali, recite mi jednu stvar, da li ste vi, gnostičari, za ili protiv braka?

Odgovor: Mi, dragi moj prijatelju, smatramo da je brak divna veza sve dotle dok među supružnicima postoji ljubav. Ali, treba da vam kažem, ponekad je značajnije faktičko ujedinjenje nego pravno. Zbog toga, mi smatramo bračni par, onaj par gde su jedan drugom verni i sa stvarnim afinitetom i kada je brak sklopljen pred religijskim i civilnim vlastima, a i onda kada nije, zato što u osnovi, ako se zaista vole i verni su jedan drugom, oni su onda u braku pred Bogom...

21

GNOSTIČKA ANTROPOLOGIJA

Pitanje: Sada vas molim, da li možete govoriti o Atlantidi, kao što ste mi obećali?

Odgovor: Dobro, obećanje jeste dug i treba da se odužimo. Pre svega, treba da vam kažem da je Antlantida bio kontinent koji se prostirao između Amerike i Evrope. Taj je kontinent bio ogroman i bio je sastavljen iz velikih kraljevina. Stas Atlantiđana bio je oko tri metra. Oni su imali veliku civilizaciju, dostigli su da razviju nauku kakvu mi, iz rase Arija, nismo u stanju ni da zamislimo. Atlantiđani su imali kapacitet da grade robote u koje su unosili elemental, tj., evolutivnu Dušu neke životinje ili biljke, sa prethodnom dozvolom od strane Božanskih jerarhija, pa je dotičan robot imao sopstveni život. Kada su Atlantiđani želeli da se upoznaju sa svojom istorijom stavljali su na glavu kacigu i ova je direktno prenosila u pamet i u mozak ono što su želeli znati. Posedovali su vehikle koji su mogli da se kreću na zemlji, nad vodom, pod vodom i u svemiru. Atlantiđani su imali veoma moćne svemirske brodove sa kojima su istraživali naš Sunčev sistem, a mi smo stigli samo do meseca i to sa velikim problemima, smrtnim slučajevima, svemirskim neuspesima

itd. Stvarno smo smešni ako se uporedimo sa onim što su Atlanti-
đani mogli.

Pitanje: Zbog čega su nestali Atlantiđani?

Odgovor: Već sam vam rekao, da svaka rasa ima sedam
podrasa i zatim nestaje sa površine Zemlje, ostavljajući za sobom
preživele, kako bi procvetala druga rasa, koja će da je zameni.
Svaka rasa doživi četiri doba: zlatno, srebrno, bakarno i gvozdeno
doba. Svako od doba predstavlja određene vremenske periode. U
zlatnom dobu blista na površini Zemlje svesna duhovnost. Rekli bi-
smo, da Bogovi žive sa ljudima. U srebrnom dobu, svetlost se malo
zamrači. Podsetite se da srebro nije kao zlato, ali takođe lepo sija.
U ovom srebrnom dobu Solarne Dinastije se ne manifestuju pred
ljudima kao u zlatnom dobu. Potom dolazi bakarno doba. U ovom
periodu ljudsko biće počinje već da vodi ratove, stvara koncepte
domovine i zastave i deli zemlju stvarajući granice. U gvozdenom
dobu u kojem se sada nalazimo mi, Arijanci, Bogovi se povlače, to
je zalazak svetlosti i čovek zaboravlja sve božanske, etičke, moralne
i duhovne principe. Čovek se u gvozdenom dobu, pretvara u inte-
lektualnu životinju, u lukavog čoveka, drugačije rečeno u individuu
sa puno intelekta, a malo ljubavi. Prema tome, kada se pojavilo
gvozdeno doba kod Atlantiđana oni su već poznavali nuklearnu
energiju. Ulice Atlantide bile su osvetljene lampama koje su funk-
cionisale uz pomoć nuklearne energije. Proizilazi da su postojali ra-
tovi između kraljevina Atlantide sa upotrebom nuklearne energije.
U tim vremenima Atlantiđani su bili veoma degenerisani i pošto su
mešali magiju i nauku, činili su grozne stvari, kao što je mentalno
stvaranje monstruma kojeg bi posle kristalizirali u fizičkom planu,
pa mu zatim unosili krv. Postojale su kraljevine kao ona u kojoj je
kraljica bila po imenu Ketabel (ona tužnih sudbina) i koja je prakti-
kovala podmlađivanje, izvlačeći vitalne fluide i hormone sugrađani-
ma svoga kraljevstva, da bi tako održavala mladost, tokom mnogih
godina. Zatim je, nesrećnikov leš, bio bačen gomili ljudi da ga po-
jedu, jer su već spali u kanibalizam. Nuklearna energija i dolazak
Herkolubusa (planeta o kojoj smo već govorili) ubrzali su potapanje
Atlantide. Ovo je potapanje ostalo zabeleženo u svim sakralnim
tekstovima našeg sveta kao poznati Univerzalni (Opšti) Potop.

A znameniti biblijski Noje zvao se u stvarnosti Manú Vaivasvata. Ova ličnost je predosećala potapanje Atlantide i skupa sa nekim mudracima, koji su pripadali društvu zvanom Akaldán, počeli su da organizuju peregrinaciju ka novim zemljama, za koje je on znao da neće biti potopljene zemljotresima koji su se približavali. Od ovih peregrinacija pojavile su se kasnije kulture koje su se ustanovile u Egiptu, Indiji, Kini itd, itd, itd. Na kraju, nizovi zemljotresa su dovršili potapanje tog kontinenta o kojem su govorili egipatski sveštenici iz Platonovog grada Saisa, te je ovaj napisao sve što mu se pričalo, u svome delu Timaios.

Pitanje: I, odakle dolaze Atlantiđani?

Odgovor: Oni dolaze iz prethodne rase, zvane Lemurijska rasa.

Lemurijanci su takođe živeli na ogromnom kontinentu koji se nalazio gde je sada Tihi okean. Lemurijanci su bili visoki četiri do pet metara. Oni, Lemurijanci, gradili su kiklopska zdanja. Ova rasa, na svom početku, bila je androginska i imala je izvanredne moći. Znali su kako da oslobode oluje, uragane, zemljotrese ili da zaustave bes ovih elemenata. Ova je epoha u kojoj bi trebalo da postavimo hebrejsku Genezu, zato što se u tom periodu ostvarila, nešto kasnije, podela na suprotne polove (seks). U samom početku Lemurija je bila u zlatnom dobu i kaže se kako je „Adam bio sam u Raju i da je bio po liku i obličju kao Bog na zemlji". Tako da, sigurno, androginski Lemurijanac imao je izvanredne božanske moći. On sam, budući da je androgin, samooplođavao se. Njegovo telo proizvodilo je jaja koja su bila oplođena sopstvenom prirodom. U ovome je intervenisala kreativna imaginacija (koja je ženska karakteristika) i volja (koja je muška). Fetus se razvijao u onome što mi danas nazivamo nožni listovi. Dokazuje se veoma zanimljiva činjenica da u Brazilu ljudi nazivaju ovu zonu tela ventre das pernas (nožni trbuh), kao remininscencija (davni trag) da je to mesto začeća fetusa novog Lemurijanca. Danas, muškarce veoma privlači list ženskih nogu, jer je sigurno da se u našoj memoriji još čuva uspomena o tim događajima. Vremenom, kasnije dogodio se težak slučaj, o kojem mi je nešto teže da vam objašnjavam u ovim redovima. Posledica tog događaja nije bilo ništa drugo, nego podela na suprotne seksualne polove. Tu je bio početak rađanja Lemurijanca sa različitim polovima: muški i ženski. Ovo je momenat u kojem nam Biblija kaže da je Bog uspavao Adama (androginskog Lemurijanca) u dubokom snu, pa je izvadio Evu iz njegovih rebara. Ova simbolička priča nije neka činjenica koja se dogodila preko noći. Ovo odvajanje suprotnih polova ostvarivalo se tokom stoleća. Tragovi ovog odvajanja prisutni su u našem telu. Možete primetiti da su bradavice kod muškaraca rezultat atrofija dojki i ženski klitoris je takođe atrofija falusa. Svi imamo ženske i muške hormone u našem telu. Lemurijanci su mogli opažati svojim očima 450.000 tonova boja. Mi opažamo samo onih sedam glavnih boja, izvedenih iz prizme i kombinacije koje sa njima činimo. Život Lemurijanca a trajao je 1500 godina (15 stoleća) i oni se nisu bojali smrti, zbog toga što su mogli zapažati sve dimenzije prostora. Kada bi neko trebalo da umre, sam bi sebi iskopao raku, ispružio bi se i napustio bi telo i otišao bi sa svojom Dušom u više dimenzije prostora. Rodbina bi ga pratila pozdravljajući se sa njim za vreme dok bi ovaj ulazio u paralelne Univerzume.

Pitanje: Koliko su neverovatne ove stvari, neverovatno je...

Odgovor: Ali je vrlo istinito, dragi moj prijatelju.

Pitanje: Pričajte mi, šta se desilo posle sa Lemurijanaca?

Odgovor: Dakle i taj je kontinent dostigao gvozdeno doba i uništili su ga vulkani, koji su se svugde pojavljivali i bacali lavu preko onih lemurijskih gradova. Kasnije su zemljotresi potopili taj kontinent i njegovi se trgovi nalaze na dnu Tihog okeana.

Pitanje: A ovi Lemurijanci o kojima mi govorite, odakle dolaze?

Odgovor: Lemurijanci proizilaze iz prethodne rase koja je nazvana Hiperborejska. Hiperborejci su bili na severu našeg sveta, tj., između Severnog pola i Ekvatora. Oni, Hiperborejci, nisu još posedovali ćelijska tela. Tela Hiperborejaca bila su polufizička, polueterička ili bolje rečeno bila su kao neki gas. Ponekad su se prikazivali vidljivim u fizičkom svetu, a ponekad su nestajali vrativši se u eterički svet. U vremenima Hiperborejaca, čovečanstvo je takođe bilo androginsko. Hiperborejci su imali takođe velike božanske moći, kao što su ultravidovitost, ultrasluh, telepatija, mogli su da pokrenu ona četiri elementa Prirode ili da ih ukrote i posedovali su vrlo visoka božanska učenja. Neverovatno, Hiperborejci su stigli da se bore međusobno, iako životinjski ego, kao takav, nije postojao u njihovoj prirodi.

Pitanje: Ali, ovo ne može biti, kako to da su se međusobno borila anđeoska stvorenja ako nisu imali ego?

Odgovor: Prijatelju, dozvoli mi da kažem da je već unutar familije Hiperborejaca dolazilo seme onoga što će u buduće biti Ego. Odnosićemo se sad na nešto što se u hinduskim tekstovima zove Gune. Prevod ovog termina je: karakteristike kosmičke materije. Ima tri vrste guna: guna Rayas (Rajas), guna Tamás i guna Sátva. Pre nego što život izađe iz Apstraktnog apsolutnog prostora, o kojem govori hebrejska Kabala, drugačije rečeno, pre nego što će život napustiti AIN SOPH, ove karakteristike materije su bile u potpunoj ravnoteži. Guna Rayás predstavlja akciju (neka se razume akcija BIĆA), guna Tamás predstavlja non-akciju (takođe, neka se razume non-akcija BIĆA), a guna Sátva predstavlja ravnotežu između Rayasične i Tamasične. Onda kada život napušta AIN SOPH i dolazi prema materiji, tada, što se više udaljavamo od AIN SOPH-a, postepeno izlaze iz ravnoteže ove karakteristike materije ili gune, o kojima smo ranije govorili, a Rayasična guna će se pretvoriti u lično delovanje (akciju) Duše, voljom koja ne sluša uvek Oca, Tamasična guna se pretvara u lenjost, tj. u nesaradnju sa planovima Bića, a Satvična guna ostaće poremećena, pa se tako gubi ravnoteža.

Pitanje: Ima li kakve veze ovaj izraz Sátva sa budističkim izrazom bodisatva (bodhisattva)?

Odgovor: To je istina, prijatelju. Pravi bodisatva, u pravom značenju termina, to je neko sa sto posto probuđenom Svešću i koji vodi računa samo o volji svog Realnog unutrašnjeg BIĆA. To je neko vrlo uravnotežen, koji zna da dejstvuje kada treba da dejstvuje i da se uzdržava kada je potrebno da se uzdržava.

Pitanje: Kako su se razmnožavali Hiperborejci?

Odgovor: Preko sistema pupčenja. Da li ste videli kako se razmnožavaju korali? Dakle, kod Hiperborejaca se događalo slično. Malo po malo, na jednom Hiperborejcu pupčao je drugi, sve do momenta odvajanja od svog roditelja. Razgovaramo sada, poštovani prijatelju, o onome što se dogodilo pre više miliona godina, kada se život spuštao u materiju na našoj planeti.

Pitanje: Postoji li kakav tekst koji nam govori o onome što se dogodilo sa Hiperborejcima?

Odgovor: Tekst kao takav ne, ali postoji veoma poznati bazaltni monolit, koji se nalazi u Muzeju antropologije i istorije u prestonici Meksičke Republike, tj. u Federalnom Distriktu. Tamo se nalazi Astečki kalendar koji sadrži istoriju svih pet rasa koje su već postojale u našem svetu. I svaka rasa ima svoje ime koje je u vezi sa nekim božanstvom ili nekim simbolom. Odnoseći se na Hiperborejce, oni su ovu rasu nazivali Sinovi drugog Sunca (druga kosmogonska etapa, druga rasa) i dali su joj ime Ehécatl Tonatiuh (Sunce Vetrova). Asteci su kazivali da su u tim vremenima ljudi bili poslušni Bogovima, ali su se jednog dana međusobno borili i Bogovi su ih kaznili uraganima koji su opustošili Hiperborejski kontinent. Zanimljivo je da doznajemo da je reč uragan astečkog porekla ili nahuaškog i takođe postoji u starom jeziku Maja, astečkih suseda. Bog vetra ili uragana bio je Ehekatl (Ehécatl) i ovo je božanstvo bilo to koje je primenilo kaznu Hiperborejcima. Nesumnjivo, da su preživeli Hiperborejci formirali kasnije rasu Lemurijanaca, o kojima smo već govorili. Mnoge legende postavljaju Avalon, ostrva Ase, po irskoj tradiciji i po Arturijanskoj tradiciji, na hiperborejskom kontinentu. Ovo je ostrvo Thule, o kom govore vikinške tradicije severnjaka itd, itd, itd.

Pitanje: Kakvo mišljenje ima Gnoza o runskom pismu?

Odgovor: Nordiske Rune su starije od hebrejske azbuke. Nordiske Rune su bile date čovečanstvu od strane arhanđela Urijela, vodiča lemurijskog čovečanstva. Ali, Hiperborejci su ih već predosećali. Nordiske Rune, pored toga što su ancestralna azbuka, magični su simboli koji, takođe, uključuju duhovne vežbe i ove mogu pomoći našem intimnom razvoju.

Pitanje: Da li poznaje Gnoza te Runske vežbe?

Odgovor: Poznaje ih i to vrlo duboko. Mi predajemo ove vežbe našim studentima u okviru studija višeg stupnja.

Pitanje: Da idemo dalje, možete li mi reći odakle potiču Hiperborejci?

Odgovor: Sa velikim zadovoljstvom, sa velikim zadovoljstvom. Hiperborejci su bili potomci njihovih predaka, Protoplazmata. Ova je rasa bila prvi kontakt čovečanstva sa materijom. Protoplazmati duguju ime činjenici da je njihov kontakt sa fizičkim svetom ili materijom bio u vidu protoplazme. Zahvaljujući ovome, kada Protoplazmati ulaze unutar protoplazme mogu da se povećaju i zauzmu visok stas ili da se umanjuju, ako bi kontraktirali protoplazmu. Oni, Protoplazmati, bili su takođe androginsko i božansko čovečanstvo, obdareno strašnim moćima nad svim elementima. Asteci, u njihovom Sunčanom točku ili Astečkom kalendaru, govore o protoplazmatima kao o Sinovima prvog Sunca (prva rasa, prva kosmogonska etapa) sa nazivom Ocelotl-Tonatiuh (Sunce Jaguara). Ocelotl je centralno-američki jaguar i ova je životinja bila simbol božanstva. I astečke tradicije kažu da je ova prva rasa bila prožderana od jaguara ili centralno-američkih tigrova. Nesumnjivo da ovo treba tumačiti simbolički i želi se reći da su bili prožderani od božanstva, jer je bila rasa koja nije pala ni u kakvu degeneraciju. Ovo je, prijatelju, istorija našeg čovečanstva i njegovih pet rasa, koje su ga sačinjavale, ispričana u glavnim crtama. Vidite vi da ovde nije umešana nikakva famozna karika koja nedostaje o kojoj govore istaknuti ignoranti i sav taj njihov pseudonaučni žargon. Očigledno je da će kultivirani ignoranti materijalističke antropologije navaliti na nas rečima da mi fantaziramo, da smo apsurdni itd, itd, itd, ali to nas nimalo ne zanima.

Pitanje: Imate vi, gnostičari, kakve informacije o tome kakva će biti šesta velika rasa?

Odgovor: Stvarno, prijatelju, svu informaciju što se tiče velike šeste rase treba da tražimo u onome što se ezoterički zove Akaški registri (zapisi). Tamo je sadržana istorija našeg sveta, prava istorija o onome što se dogodilo od originacije čoveka do današnjih dana i šta će slediti posle nestanka sadašnje naše rase. Ono što možemo predvideti to je da će sledeća šesta velika rasa biti srednjeg stasa, a njihova koža će imati boju cimeta. U toj epohi, sadašnji Polovi biće na Ekvatoru našeg sveta i obrnuto, Ekvator će biti pretvoren u polove.

Pitanje: A kako bih ja mogao imati pristup u te Akaške registre o kojima vi govorite?

Odgovor: Budeći vašu Svest. Kada vi budete probudili vašu Svest, moći ćete da se krećete u astralnom svetu i da posetite Akaške registre. Ovi Akaški zapisi izgledaju kao neki veliki bioskopi u kojima možete videti sve vaše prošle živote ili istoriju našeg sveta na ogromnim platnima. I što je najneverovatnije, ako vi vidite tamo nešto što je vezano za vašu budućnost, kasnije u fizičkom svetu, proverićete i potvrditi ovu stvar. Ovo je slično kao kada neka osoba sanja o nekom ili nečem, pa na kraju se taj san ispunjava ovde, u ovom materijalnom svetu.

— Kako je divna ova stvar o Akaškim zapisima...

22

GNOZA I UMETNOST

itanje: Izvinjavam se što ponovo menjam subjekat, ali kakvo mišljenje ima gnoza o modernoj umetnosti, kao ona Pikasova (Picasso), Salvadora Dalia itd, itd?

Odgovor: Slikari kao Pikaso, Salvador Dali bili su, na početku, pravi geniji slikarstva i mogli bismo reći da i dalje ostaju geniji u ovoj grani Umetnosti. Ali, za žaljenje je da se genijalnost gubi ili da se rasipa na realizaciju apstraktnih tema koje, realno rečeno, ne prenose ništa dublje posmatraču. Umetnost treba uvek da prenaša lepotu i poruke prema Svesti, to je njen finalitet. Kada Umetnost ne ispunjava ovaj finalitet nalazimo se onda ispred nečeg pseudo-umetničkog. Sa sigurnošću će, ponovo, cenjeni ignoranti, snobovi, reći da mi, gnostičari, ne znamo ništa o Umetnosti i prema tome ne umemo da je cenimo. Snobovi osvežavuju svoju gordost priča-jući prave gluposti, u muzejima, prilikom otvaranja neke izložbe moderne Umetnosti. Tamo su viđeni, izmišljajući argumente koji, ko bojagi, objašnjavaju škrabanja koja je neko uradio na platnu ili nekoj skulpturi. Najgore je od svega ovoga da se dotične slike, čudnovato, prodaju po milionskim cenama i da stižu da nakite zidove uobraženih sinova bogataša i ovo vodi tome da se mnogi pravi slikari određuju, dakle, prema toj apstraktnoj Umetnosti. U suštini ti umetnici „prodaju svog prvenca za šaku dolara", bivaju fascinirani novcem i zaboravljaju na svoju pravu vokaciju, da bi ušli u kraljevinu apsurda. Neosporiva je genijalnost Pikasova ili Salvadora Dalia, ali da ne zaboravimo da prema nekim istraživanjima koja su bila kasnije sprovedena, Salvador Dali i Gaudi (arhitekta, Dalijev savremenik) često su pušili marihuanu i nakon toga, potopljenim mozgom sa dotičnom drogom, prihvatali bi se slikanja i pravljenja arhitektonskih planova kao što su oni koje vidimo u Španiji (na pr.: La Pedrera). U Dalijevom slučaju, ovaj je počinjao, opijan marihuanom, da slika suprarealističke stvari, odnosno stvari koje pripadaju infradimenzijama Prirode. Mi ne napadamo Modernu umetnost, ali želimo reći da je šteta da se današnjih dana podiže kult nečijem škrabanju. Ali, kako glasi poslovica: „O ukusu se ne raspravlja" i svako, ako tako želi, može se radovati Modernoj umetnosti.

Pitanje: Šta je prava Umetnost, za vas u Gnozi?

Odgovor: Dakle, sva ona umetnička dela koja mogu i stižu da zatrepere srce i emocionalni centar posmatrača, pružajući mu duboku radost i unutrašnji mir. Naprimer, kad posmatramo Mikelanđelovu (Michelangelo) Pijetu, Mojsija od istog autora, kada takođe vidimo Mikelanđelove slike urađene u Sikstinskoj kapeli, freske Rafaela u Vatikanskom muzeju, Đokondu, Leonarda da Vinčija itd, itd, osećamo se obuzeti veoma lepim emocijama koje ponekad ne možemo objasniti, jer pripadaju višem emocionalnom centru naše ljudske mašine. Ovo je Umetnost. Isto tako, kada slušamo Betovenove simfonije, Brandenburški koncert Sebastijana Baha, opere Verdija ili Vagnera, emocionalno se prenesemo u neko divno psihološko stanje i kada se taj koncert ili audicija završi, uglavnom, ostane u nama neka sila koja nas bodri da volimo život, da se borimo za naše ideale itd, itd. To je krajni cilj Umetnosti, prijatelju. Ovo nećete nikada osetiti kada prisustvujete izložbi apstraktnih slika, zbog toga što škrabanja ne prenose ništa, ništa, ništa.

Pitanje: Govoreći o slikama, može li mi Gnoza objasniti koje je pravo značenje enigmatičkog smeška, uglavnom slike, Đokonda, Leonarda da Vinčija?

Odgovor: Sa punim zadovoljstvom. Vidite vi, u vezi sa ovim umetničkim delom, Đokonda; hiljade intelektualaca su zamarali mozak vekovima i nikada nisu uspeli da otkriju pravo značenje ovog lepog dela. Na sreću, čovek sa stopostotnom budnom Svešću, koji se zove Samael Aun Weor, Otac Savremene Gnoze, dao nam je objašnjenja. Prvo treba da znate da je Leonardo bio Majstor Misterija, pored činjenice da je majstor slikarstva. Prema tome, kao Majstor Misterija, bio je obdaren moćima ultravidovitosti, ultra-sluha, moć da vidi prošlost i budućnost čovečanstva. Zato je bio u stanju da slika svoju unutrašnju Božansku Majku, ženski aspekat božanstva iz njegove unutrašnjosti. Zato Đokonda ima enigmatičan osmeh jer nije, ni manje ni više, već osmeh njegove sopstvene unutrašnje Božanske Majke. Ovo je razlog zbog čega je odevena u mističku i skromnu haljinu. Iza nje se vide dva puta, jedan koji vodi ka šumi i drugi koji vodi ka goloj planini, stenovitoj, strmoj. Ova dva fizička puta su dva puta koja poznaje Alhemijska Umetnost, Suvi ili Pravi Put i Vlažni ili Spiralni Put. Suvi Put je onaj po kojim alhemičari traže potpuno oslobođenje. Vlažni Put je onih alhemičara koji žele samo Nirvanu. Ipak, nemojte zaboraviti količinu gluposti izgovorene o Đokondi: kako je bila Leonardova ljubavnica, kao da je bila prijateljica koja je posećivala porodicu Mediči u Firenci, a ova je bila Leonardova i drugih umetnika mecena, kako je reč o nekoj trudnici zato što ima gornju usnu natečenu na desnoj strani (ovo poslednje je nedavno rekao neki ginekolog) itd, itd. Takvi su slavni ignoranti koji misle da spoznaja pripada samo univerzitetima današnjih dana. Oni sude stvari i pojave pomoću svojih koncepata i ti koncepti se ne poklapaju sa stvarnošću. Jedna stvar je koncept, a druga, veoma različita, može biti stvarnost. Ali cenjeni ignoranti žele da silom prihvatimo njihove koncepte iako ih stvarnost negira stalno, stalno.

Pitanje: Oprostite što vas prekidam, ali upravo sam se sada setio, kada sam se jednom nalazio u nekom televizijskom studiju, u Meksiku. Odjednom se tamo pojavila neka osoba sa nekim instrumentom nalik na violinu. Ova osoba je govorila da je pronašla trinaesti zvuk, da može ubijati životinje ovim zvukom i ako ne verujemo ono što priča, onda on može da nam to upravo tamo demonstrira.

Odgovor: I šta se onda desilo?

Pitanje: Pa taj je čovek odsvirao nekoliko čudnih muzičkih nota i počeli su da zvone telefonom mnogi ljudi, koji su kazivali kako im je umrla mačka, da je poginuo pas, da su uginule ptice u kavezu itd. Šta nam mogu reći gnostičari o ovome?

Odgovor: Pa, prijatelju, sigurno je da zvuk stvara. Postoje sedam životnih nota u Prirodi, ove se izražavaju pomoću sedam ezoteričkih samoglasnika, tj.: I-E-O-U-A-M-S. Primećujete da sam naveo kao samoglasnike slova M i S, koja u našoj normalnoj azbuci nisu kao takvi, nego su suglasnici. Ali u sanskritskom, jedan od najstarijih jezika čovečanstva, M i S jesu samoglasnici. Ovih sedam nota odjekuju u celoj Prirodi i dozvoljavaju muzičke kombinacije koje svi mi poznajemo. Ali broj trinaest je u Kabali veoma simboličan i predstavlja smrt. Sa tih sedam ključnih zvukova mogu se vršiti kombinacije u vezi sa raznim dimenzijama i mogu se stvoriti pozitivne i negativne sintetične note. Prisetite se da se u Bibliji kaže kako je Josif rušio zidove koji su branili grad Jerihon, pomoću svirke nekih truba. U tom slučaju Josif je odsvirao sinteznu notu koja je takođe delovala na atomsku strukturu zidova; kada sviramo sinteznu notu nekoga ili nečega, taj neko ili nešto može biti uništen u tom momentu. Svako od nas ima svoju sinteznu notu. Ova sintezna nota je rezultat zbira svih atomskih zvukova našeg tela. Ako bi neko odsvirao našu sinteznu notu, mi bi umrli. Čovek sa instrumentom, koji je svirao znameniti trinaesti zvuk, našao je, znači, sinteznu notu nekih životinja i zbog toga su te životinjice uginule.

Pitanje: Recite mi kakvo je mišljenje o pozorišnim delima u kojima se glumci, u našim danima, potpuno svlače pred gledaocima? Oni govore da je to Umetnost. Šta kaže Gnoza o ovom?

Odgovor: Pa, iskreno, prijatelju, dozvoli mi da kažem da je Pozorište, jedan oblik prefinjene Umetnosti, bilo zauzeto hordama homoseksualaca, lezbejkama i ljudima kojima se sviđa pornografija. Nema sumnje, ne postoji lepota u takvim priredbama, postoje samo seksualni instinkti koji se prikazuju skupovima, sa punom životinjskom okrutnošću. Ova uspavana mnoštva aplaudiraju onome što im stvara iskrivljene mentalne slike, o onome šta je u stvarnosti seks i o onome šta je u realnosti život. Definitivno, takve predstave nemaju ništa umetničkog, to je obična forma promovisanja pornografije sa javnom dozvolom vlasti te i te zemlje.

ZAKLJUČAK

Potrebno je da vam priznam, gospodine izlagaču, da posle ovih divnih dijaloga vođenih sa vama, osećao sam se veoma prijatno i zadovoljan sam sa odgovorima na različita moja pitanja. Stvarno, uvek sam tražio ozbiljna objašnjenja, duboka i jednostavna o svim enigmama o kojima smo govorili, Vi i ja. Nemam reči da vam se zahvalim!...

—Nije potrebno da mi se zahvaljujete. Svi smo mi zahvalni večitoj Gnozi zato što nam je dala ove odgovore koji su bili toliko potrebni, svima nama. Posredstvom ove božanske nauke (Gnoza) moći ćemo otkriti cilj naše egzistencije i onda kada ljudsko biće dostigne ovaj cilj, počinje da oseća prave čežnje da živi, ali na transcendentalniji način. Ovo je zbog činjenice, da sve ono što nam se događa u našim životima, počinje da se preobražava u vidove višeg karaktera, jer shvatamo tajne uzročnike pojava koje integrišu dotična događanja.

Treba naglasiti, prijatelju, da iako Gnoza jeste, bila je i biće majka svih saznanja, tokom stoleća, takođe je vrlo sigurno da zadatak aktualizacije gnostičkih atemporalnih istina, za naša vremena, bio je titanski zadatak kojeg je do kraja, sa upornošću, obavio znameniti savremeni filozof, koji se zove Samael Aun Weor.

Venerabilni Majstor Samael Aun Weor posvetio je čitav svoj život otkrivanju svih prastarih gnostičkih tekstova koji su bili šifrovano napisani i da ih uskladi sa savremenim načinom shvatanja, sa jedinim ciljem, da bi pomogao ljudskom biću, naših dana, otvarajući mu pristup razumevanju onih večitih pitanja, koja nas sve, milenijumima, uznemiravaju.

Možda je najgrandioznije u Samaelovoj gnozi činjenica da doktrinarna izlaganja, pored toga što su duboko logična, uključuju mogućnost da budu u praksi proverena.

Zbog toga podvlačimo, ono što razlikuje Gnozu od drugih filozofskih, mističnih ili religioznih doktrina jeste, sigurno, njen praktični karakter, a ovo je bilo moguće zahvaljujući Majstoru Samaelu koji je, ostavivši po strani bilo koji egoizam ili lični interes, poklonio svim zainteresovanima hiljade i hiljade ezoteričkih ključeva kako bi na praktičnom terenu proverili egzistenciju „aeona" (ili nebesa svesti), anđela, paklova itd, itd.

Prema tome i na kraju, ako želite nekome da se zahvalite, lično, za sva ova saznanja koja vas danas čine srećnim, onda bi vam ja rekao da usmerite vaše zahvalnosti prema tom biću prema kojem sam se odnosio u prethodnim redovima.

Umesto zaključka, dozvolite mi da citiram neke paragrafe izvedene iz dela ovog dobrotvornog Majstora (Samaela Aun Weora), koje nosi naslov VELIKA POBUNA:

„Očigledno, kada današnji muškarac ili žena salona za ulepšavanje čuju ponešto o ezoterizmu, pošto to nije deo njihovih planova, niti njihovih seksualnih uživanja, odgovaraju sa „ne znam šta" zastrašujuće hladno ili jednostavno stežu usnama, uzdižu ramena i ravnodušno se udaljuju.

Odsutan je jedan spoj, električni šok; niko ga nije uspostavio u prodavnici, niti u nečemu što se smatra „ozbiljnim" ili u zadovoljstvu kreveta.

Ako bi neko bio u stanju da uspostavi indiferentnom blesavku ili površnoj ženici, električni spoj momenta, iskru u srcu, neku čudnu daleku uspomenu, nešto vrlo intimno, možda bi onda sve bilo drugačije.

Ali nešto potiskuje maleni tajni glasić, prvi predosećaj srca,

intimnu čežnju: verovatno neka glupost, neki lep šeširić iz nekakvog izloga, ukusni slatkiši iz restorana, sastanak sa prijateljicom, koja kasnije neće imati za nas nikakve važnosti itd.

Gluposti, blesavosti, koje budući da nisu transcendentalne, ali koje ipak u određenom momentu imaju potrebnu snagu da ugase prvi duhovni nemir, čežnju srca, malenu iskru svetlosti, predosećaj srca koji nas je, bez da znamo zašto, uznemirio na trenutak.

Ako ovi koji su danas živi leševi (hladne noćne ptice klubova ili obični prodavci kišobrana iz neke radnje sa ulice Real) ne bi bili potisnuli prvo intimno nespokojstvo, bili bi, u ovom momentu, buktinje duha, adepti svetlosti, autentični ljudi u najkompletnijem smislu reči.

Iskra, predosećanje srca, čudesni uzdisaj, nešto ne znam šta, bilo je u osećanju mesara sa ugla, čistača cipela, prvoklasnog lekara, ali sve je bilo uzalud. Gluposti personaliteta uvek ugase prvu iskru svetlosti; potom nastaje hladnoća zastrašujuće ravnodušnosti."

„Na nesreću, čitajući sve ovo, prepredeni intelektualci, naviknuti da suviše pričaju ili pak da ćute sa nepodnošljivom gordošću, radije bi potcenjivački bacili knjigu i čitali novine.

Nekoliko gutljaja dobre kafe i hronika dana pokazali bi se kao divna hrana za racionalne sisare.

Ipak, ovi se smatraju veoma ozbiljnim; jesu, nesumnjivo, halucinirani sopstvenim paradama erudicija i ove stvari solarne vrste, ovde napisane, ogromno im smetaju. Nema sumnje da boemske oči, ovih homunkula racionalnosti, ne bi se usudile da nastave sa ovim studijama."

SADRŽAJ

*„Svi imamo pravo na sreću i svrha Gnoze je sreća ljudskih
bića bez razlike, ali moramo vrlo jasno shvatiti da je sreća
izvan Ega i da je čuveni Ego naš problem."*
Kwen Khan Khu

LITERARNA HRONOLOGIJA AUTORA

1980.	33 OTKRIVENE ALHEMIJSKE GRAVURE
1984.	GOVORI MUTUS LIBER
1987.	LAMBSPRINCK OTKRIVENI
1990.	GNOSTIČKI EGIPAT
1990.	SAMAEL AUN WEOR, APSOLUTNI ČOVEK
1993.	MOĆ TOTEMA
1999.	PAMĆENJA JEDNOG TEBANSKOG SVEŠTENIKA
2004.	EGO, ESENCIJA REALNOST
2004.	GNOSTIČKA ONTOLOGIJA
2007.	ALHEMIJSKI DRAGULJI
2008.	VEČITI GNOSTIČKI ARHETIPOVI
2008.	ODGOVORI KOJE JE DAO JEDAN LAMA
2011.	ČOVEK, ZAKONI I APSOLUT
2012.	GNOZA: MISTERIJE I REVELACIJE
2014.	ALHEMIJSKE RASPRAVE
2014.	GNOSTIČKA STUDIJA O DEMONOLOGIJI

2014.   VELIČINA I SJAJ GNOZE

2014.   PREMA BESKONAČNOSTI - AUTOBIOGRAFIJA

2016.   PISMA JEDNOG AVATARA

2016.   DIJALOZI SA MOJOM DUŠOM

2016.   SAVREMENI GNOSTIČKI TRAKTAT

2017.   ENIGME SNOVA

2017.   MELKISEDEK JE BIO U PRAVU!

2017.   OTKROVENJE SVESTI

2018.   RUŽOKRSTAŠKI EMBLEMI DANIELA KRAMERA
         – OTKRIVENI

2018.   AKSIOMI KABALE

2018.   MOĆ PONIZNOSTI

2019.   HORIZONTI SVETLOSTI

2019.   GOVORI GNOSTICIZAM

2020.   STUDIJA LJUDSKE PSIHE

2020.   GNOSTICIZAM XXI VEKA

PREPORUČENA LITERATURA

Autor ovog dela preporučuje čitaocu dela Majstora Samaela Aun Weora, u kojima će se preciznije produbiti postulati Gnoze — Božanske nauke.

SVEST HRISTA
TRAKTAT OKULTNE MEDICINE I PRAKTIČNE MAGIJE
SAVRŠENI BRAK
KNJIGA DEVICE IZ KARMENA
GNOSTIČKA KATEHEZIJA
MOĆ JE U KRSTU
SEDAM REČI
VATRENA RUŽA
VOLJA HRISTA
TRAKTAT SEKSUALNE MAGIJE
PRIRUČNIK PRAKTIČNE MAGIJE
MAJORNE MISTERIJE
OSNOVNI POJMOVI ENDOKRINOLOGIJE I KRIMINOLOGIJE
EZOTERIČKI TRAKTAT TEURGIJE
PLANINA IZ JURATENE
LOGOS, MANTRA, TEURGIJA
ŽUTA KNJIGA
PORUKA VODOLIJE
GNOSTIČKA ETIKA I SOCIOLOGIJA
ASTEČKA HRISTIČKA MAGIJA
KNJIGA SMRTI
MISTERIJE ŽIVOTA I SMRTI
MISTERIJE VATRE
KOSMIČKI BRODOVI
FUNDAMENTALNA EDUKACIJA

BUDINA OGRLICA
EZOTERIČKI TRAKTAT HERMETIČKE ASTROLOGIJE
LETEĆI TANJIRI
REVELACIJE JEDNOG AVATARE
EZOTERIČKA RASPRAVA RUNSKE MAGIJE
EZOTERIČKI KURS KABALE
MOJ POVRATAK U TIBET
ONOSTRANO SMRTI
PARSIFAL OTKRIVENI
MISTERIJA ZLATNE CVASTI
O MISTERIJI
TRI PLANINE
REVOLUCIONARNA PSIHOLOGIJA
DA POSTOJI PAKAO, DA POSTOJI ĐAVO DA POSTOJI KARMA
VELIKA POBUNA
TAJNA DOKTRINA IZ ANAHUAKA
TAROT I KABALA
EZOTERIČKI KURS TEURGIJE
MAJANSKE MISTERIJE
REVOLUCIJA DIJALEKTIKE
ZA MALOBROJNE
GNOSTIČKA ANTROPOLOGIJA
PISTIS SOFIJA OTKRIVENA
PETO JEVANĐELJE
BOŽIĆNE PORUKE

info@ageac.org

www.ageac.org · www.samael.org
www.vopus.org · www.radiomaitreya.org